이 책에 쏟아진 찬사

★★★★★

오늘날 기업의 생존과 발전을 위해 디지털 전환은 필수 불가결한 과제가 되었다. 이 책은 이러한 변화의 물결 속에서 기업 리더들이 반드시 읽어야 할 필독서이다. 이론이 아닌 실제 경험과 사례를 바탕으로 실질적인 원리와 전략적 접근을 제공한다. 특히 인공지능의 역할과 디지털 전환 과정에서 마주칠 수 있는 다양한 도전을 현실적으로 조명하며 극복하기 위한 구체적인 방안들을 제시하고 있다.

나 또한 LG그룹 최고운영책임자coo로서 디지털 전환을 이끌며 많이 고민했다. 이 책은 나 같은 사람들이 했던 고민에 대한 해답을 제시하려는 시도의 산물이다. 특히 조직 내 혁신을 추진하는 방법, 기술의 도입과 통합, 그리고 기업 문화의 변화 등은 매우 실질적이고 실행 가능한 통찰을 제공한다.

디지털 전환은 선택이 아닌 필수이다. 디지털 시대를 살아가는 현대의 기업 리더라면 누구나 영감을 얻을 것이다. 나 역시 이 책을 통해 디지털 전환의 중요성과 성공 원리를 깊이 인식하게 되었다. 디지털 전환의 여정에 있는 모든 리더에게 길잡이가 될 것이다.

—권영수, 전 LG그룹 최고운영책임자coo

디지털 트랜스포메이션은 그 수준의 차이는 있지만 오늘날 거의 모든 기업과 공공 부문이 직면한 당면과제이자 경쟁력의 핵심 요소로 부상하고 있다. 특히 인공지능 기술의 괄목할 만한 성장으로 디지털 전환의 진화는 더욱 빨라지고 있다. 이러한 상황과는 달리 현장에서 디지털 전환을 효과적으로 실행하는 데 필요한 요소들에 대한 논의는 부분적이고 단편적이다. 길잡이가 될 만한 깊이 있는 안내서를 찾기 어렵다. 디지털 기술에 대한 깊이 있는 이해, 현장에서의 실전 경험, 그리고 디지털 전환 조직 운영 경험 등을 바탕으로 한 종합적인 통찰력이 요구되기 때문이다.

저자인 최성호 대표는 디지털 기업을 창업한 경험은 물론 네이버와 LG전자 등 굴지의 기업에서 디지털 기술의 운용과 디지털 전환 실행의 최전

선에서 누구보다도 깊이 있는 지식과 현장경험을 갖춘 선두 주자다. 이 책은 그런 의미에서 지금까지의 단편적인 디지털 전환 관련 안내서들과는 차원이 다르다고 할 수 있다.

디지털 전환 실패 및 성공 요인, 다양한 사례, 그리고 전략과 실행방안을 낱낱이 짚어보는 이 책은 디지털 전환 리더의 필수적인 가이드가 될 것으로 생각한다. 특히 실행력의 관점에서 디지털 전환을 다루고 있다는 점에서 당장 현장의 리더들이 참고하고 적용할 수 있는 내용들로 가득하다. 디지털 전환의 성공적인 선제적 실행이 기업경쟁력의 핵심 요소로서 그 중요성이 커지고 있다. 그래서 더욱 이 책의 출간의 의미가 크다.

    −이창양, 카이스트 경영대학 교수 · 전 산업통상자원부 장관

네이버는 2016년부터 '프로젝트 꽃'을 통해 수많은 소상공인과 창작자들이 인공지능과 빅데이터 같은 첨단기술 도구를 적극적으로 활용하여 자신만의 개성과 경쟁력을 살려 새로운 디지털 환경에서 비즈니스 기회를 만들어가는 환경을 구축하는 데 주력하고 있다. 디지털 전환은 업무의 효율성을 향상할 뿐만 아니라 사업의 가능성을 확장하고 차별화된 경쟁력을 갖추기 위한 핵심 전략이다. 이는 곧 지속 가능한 성장의 토대가 되어 비즈니스 생태계의 다양성을 한층 높이는 데 기여하게 될 것이다.

이 책의 저자는 풍부한 실전 경험을 바탕으로 기술, 조직문화, 리더십의 중요성을 아우르며 성공적인 디지털 전환을 위한 방향성을 제시하고 있다. 혁신적인 사업 기회를 발굴하고 변화에 유연하게 대처하는 방법을 깊이 있는 통찰력으로 풀어냈다. 이 책이 빠르게 변화하는 비즈니스 환경에서 디지털 전환을 통해 팀과 동료의 능력, 회사와 비즈니스의 가능성, 사회전반의 다양성을 꽃피우고자 하는 리더들에게 좋은 길잡이가 될 수 있을 것이다.

    −한성숙, 전 네이버 대표

많은 인공지능과 디지털 전환 관련 서적이 홍수처럼 나오는 요즘 수많은 이론과 사례를 나열한 책들을 흔히 접할 수 있다. 하지만 이 책은 그 누구보다 다양한 곳에서 직접 실무를 이끌고 변화와 혁신을 주도한 저자의 경험을 바탕으로 실행력에 대한 현실적인 조언과 방향을 제시하고 있다. 디지털 전환을 리드하는 국내 많은 기업의 디지털최고책임자CDO들은 이 책을 꼭 탐독하고 실질적인 이슈와 문제에 대한 근본적인 고민과 조직 내에서 풀어가야 하는 방향에 대해 조언받을 수 있기를 바라는 마음이다.

아마도 이 책을 읽으면서 '아, 그렇지.'라고 다시 생각하게 하고 원점에서 고민하게 만드는 진정한 조언을 느낄 것이다. 책이 출간되면 주위에서 만나는 디지털최고책임자CDO들에게 같이 토론하고 싶은 책으로 꼭 추천할 것이다.

—김정욱, EY 컨설팅 대표

디지털 전환이 어려운 이유는 대부분 회사가 아날로그 시대의 성공 방정식을 가지고 있기 때문이다. 어설픈 디지털 전환의 적용은 오히려 회사의 장점을 잃어버리는 결과를 낳기도 한다. 회사 고유의 성공DNA를 디지털 버전으로 변화시키는 것이니 당연히 고통스럽고 힘든 과정일 수밖에 없다. 스타트업, 대기업, 디지털 기업과 전통 제조기업에서의 경험을 기반으로 한 저자의 날카로운 시선과 통찰력이 이 힘든 여정에 요긴한 길잡이가 될 것이다.

—김동욱, LG전자 B2B 선행기술센터장

디지털 전환을 고려하지 않는 기업은 세상에 단 하나도 없을 것이다. 반면에 디지털 전환을 제대로 하고 있다고 자신하는 기업도 없을 것이다. 저자는 이 책을 통해 반드시 해야만 하는, 그러나 실제 결과를 만들어내기는 어려운 디지털 전환 성공 방정식을 명확히 풀어냈다.

이론만이 아니라 수없이 현장에서 고민하고 실제 적용을 경험해본 사람만이 줄 수 있는 생생한 사례와 해결책은 디지털 전환을 고민하는 현대 기업의 리더들에게 희망과 용기를 북돋아 주는 지침서가 될 것이다.

—현준용, LG유플러스 EV충전사업추진단장

인공지능, 빅데이터, 클라우드가 글로벌 담론이 되면서 디지털 전환하지 않으면 시대에 뒤떨어진다는 위기감이 모든 산업에 퍼져 있고 이에 편승한 온갖 해법이 만연하여 오히려 혼란이 가중되고 있다. 특히 기존 레거시 사업에서 디지털 전환을 도입해야 하는 상황에서는 어떻게 시작해야 할지 엄두가 나질 않는다. 이러한 와중에 저자인 최성호 대표로부터 인사이트와 조언을 받을 수 있는 행운을 얻었다. 그의 가이드는 디지털 전환을 성공으로 이끄는 명쾌한 지침이 되었다.

저자는 이 책에서 디지털 전환 기술뿐 아니라 생산성 향상의 툴로 도입하기 위해 어떻게 조직을 구성하고 운영하고 어떻게 일하는 문화를 바꾸어나가는지에 대한 종합적인 해법을 명료하게 제시했다. 이 책은 시행착오 없이 디지털 전환에 필요한 지침을 얻을 수 있는 필독서임이 틀림없다고 생각한다. 이 책에 또 다른 제목을 붙인다면 아마도 '디지털 전환 성공 방정식'이 될 것이다.

—이상민, 카본코 대표

이 책에서 저자는 직접 디지털 전환 조직을 세우고 프로세스를 구축하며 얻은 경험을 바탕으로 실행 원리와 중요성을 이야기하고 있다. 특히 디지털 전환 분야에서 실질적인 성공을 이루기 위해서는 실행을 통한 경험이 더 중요하다는 것을 저자의 경험과 다양한 예시들로 풀어내고 있다.

저자가 강조하는 디지털 전환의 성공 원리에는 기술적인 변화뿐 아니라 비즈니스 모델의 혁신, 고객 경험의 개선, 기업 내부의 운영 방식을 아우르는 포괄적인 변화가 필요하다는 점도 인상적으로 다가온다. 이 책을 통해 저자의 경험과 통찰이 디지털 전환을 성공적으로 실행하고자 하는 기업의 리더와 전문가에게 큰 울림을 줄 것으로 기대된다.

—조봉수, LG전자 AI빅데이터 담당·포스텍 산업경영공학과 겸직교수

디지털 전환 분야에서 중요한 책의 등장을 목격하는 것은 언제나 흥미롭고 즐거운 일이다. 특히 이 책은 디지털 전환에서 리더들이 마주하는 다양한 도전과 과제들을 깊이 있게 탐구하며 그 해결책을 제시하고 있어서 더욱 주목할 만하다. 이 책은 단순히 이론적인 지식을 나열하는 것이 아니

라 저자의 풍부한 실무 경험과 깊은 통찰력을 바탕으로 디지털 전환을 성공으로 이끄는 실질적인 전략과 실행 방법을 제공한다. 저자가 과거 소프트웨어 스타트업 창업부터 대기업의 디지털 전환을 리드하는 역할까지 오랜 기간 다양한 경험으로부터 나오는 인사이트는 이 책의 가장 큰 자산 중하나이다.

저자는 디지털 전환이 실패하는 근본적인 원인을 실행력의 부재로 보고 극복하기 위한 구체적인 전략과 실천 방법을 제시한다. 이는 디지털 전환을 추진하는 리더와 실무자 모두에게 실질적인 도움이 될 것이다. 특히 FAANG과 같은 대형 테크 기업만이 아닌, 보통 기업도 디지털 전환을 통해 혁신할 수 있다는 메시지는 희망과 도전의식 그리고 위기의식을 불어넣어 줄 것이다.

이 책은 디지털 전환이 단순히 기술의 도입이나 적용에만 그치는 것이 아니라 조직문화, 리더십, 그리고 변화 관리와 같은 다양한 측면을 아우르는 종합적인 접근이 필요하다는 것을 강조한다. 디지털 전환의 실패 원인부터 시작해 조직의 성과 창출 방법, 리더십의 역할, 특성, 실행 과정, 그리고 조직 구축과 역량 강화에 이르기까지 성공의 모든 요소를 포괄적으로 다루고 있다. 이는 디지털 전환을 추진하는 모든 조직이 공통으로 직면하는 과제이다. 저자는 이러한 복합적인 과제들을 어떻게 해결해 나갈 수 있는지에 대한 실질적인 조언을 제공한다.

저자가 강조하는 '실행력'은 디지털 전환을 성공으로 이끄는 가장 핵심적인 요소이다. 실제 디지털 전환 현장에서 방향성과 전략보다는 실행력의 부재로 그 목표를 달성하지 못하는 상황이 자주 목격되기 때문이다. 이 책은 이러한 실행력을 강화하기 위한 구체적인 방법론을 제시하며, 이를 통해 독자들이 자신들의 조직 내에서 실질적인 변화를 끌어낼 수 있도록 돕는다. 디지털 전환을 단순한 기술 도입이 아닌 조직문화의 변화, 리더십의 강화, 그리고 지속가능한 혁신으로 보는 저자의 시각은 많은 리더와 실무자에게 새로운 통찰력을 제공할 것이다. 단순한 이론을 넘어 실행의 균형을 이루며 독자들이 자기 조직에 적합한 전략을 세우고 실행에 옮길 수 있도록 도와줄 것으로 기대된다.

이 책은 디지털 전환을 추진하는 모든 조직에 필수적인 지침서가 될 뿐만 아니라 디지털 시대를 살아가는 우리 모두에게 단순한 가이드를 넘어 변화를 이끄는 나침반과 같은 역할을 할 것으로 기대한다.

-황재선, SK디스커버리 DX 랩 실장

기업 경영자, 디지털 전환 리더, 비즈니스 리더, 그리고 디지털 전환에 관심을 가진 모든 전문가를 위한 책이다. 현대 기업이 디지털 경제의 도전에 대응하고 지속적인 성장을 이루어내기 위한 디지털 전환의 실용적인 가이드를 제공한다. 특히 기업 내 성공적인 디지털 전환 추진을 위한 전략과 실행 방안을 사례와 함께 잘 설명해 주고 있다. 디지털 전환을 주도적으로 이끌어가야 하는 리더라면 필독을 권한다. 디지털 전환 여정에 있는 많은 기업의 경영진들에게도 유용한 지침서로 실질적인 도움이 될 것이다.

-최희원, CJ제일제당 CDIO

저자는 자신의 경험을 바탕으로 디지털 전환의 실천적 원리를 제시하며 혁신을 추진하는 현장의 균형을 유지하는 것이 중요함을 강조한다. 이 책은 기업들이 디지털 기술을 활용하여 경쟁력을 강화하고 효율적인 전략을 수립하는 데 필요한 실질적인 조언을 제공하고 있다. 또한 AI와 디지털 기술의 발전 속에서 기업이 변화하는 디지털 환경에 적응하고 혁신을 고민할 때 많은 도움을 줄 수 있을 것이다.

-김주민, 포스코홀딩스 미래기술연구원 AI 연구소장

The DX

더 디엑스

The DX

디지털 전환 실행 교과서
Digital Transformation

최성호 지음

클라우드나인
CLOUD 9

디지털 전환이라는 한 번도 가보지 않은 길을 가려는 리더들을 위한 실전 안내서

"디지털 전환에 실패했습니다."

많은 경영자가 나에게 했던 고백이다. 실제로 맥킨지 보고서(2018)에 따르면 기업들의 디지털 전환 실패율이 70% 이상이라고 한다. 3분의 2 이상이 실패한다는 것이다. 천하의 GE와 포드마저 실패했다. 그러니 아마 당신도 확률적으로 디지털 전환에 실패할 것이다. 디지털 전환을 하지 않으면 죽는다DT or Die. 하지만 준비 없이 시작한다면 실패한다.

최근 드라마와 영화에 N차 인생을 다루는 내용이 인기다. 디지털 전환은 한 번도 가보지 않은 길이다. 그런 디지털 전환도 N차를 할 수 있다면 얼마나 좋을까? 그럼 「재벌집 막내아들」의 송중기처럼 과거의 실패를 복기해서 반드시 성공할 테니 말이다. 이 책은 현실에서 당신의 디지털 전환의 N차 실행 교과서가 될 수 있을 것이다. 기업에서 직접 한 디지털 전환 현장 경험을 토대로 디지털 전환이 왜 실패하는지와 어떻게 해야 성공하는지를 자세히 다루었기 때문이다.

나는 두 차례의 소프트웨어 스타트업 창업과 인터넷 기업 네이버의 본부장을 거쳐 제조기업 LG전자에서 디지털 전환을 했다. 주로 새로운 사업, 새로운 조직, 새로운 프로세스를 만드는 일을 했다. 수십 명 조직에서 수천 명 그리고 수만 명 조직을 거치면서 거의 예외 없이 제로베이스에서 시작하는 일을 했다. 어느 날 갑자기 대학생 몸집으로 커져 버린 초등학생 기업 네이버에서 프로덕트 관리와 프로젝트 관리 체계를 구축하고 그 기반 위에서 서비스를 만들고 운영하는 본부장으로 일했다. 전형적인 제조기업 LG전자에서 네이버와 같은 소프트웨어 조직문화의 조직을 만들고 디지털 전환을 통해 클라우드와 빅데이터 역량을 회사 미래의 한 축으로 만들려고 노력했다.

나는 경력 대부분을 창업자로서 또는 창업자에게 보고하는 위치에서 일했다. 리더십과 조직 역학을 항상 고민하고 난관을 돌파해야 했다. 특히 대기업처럼 경직된 조직구조 안에서 이전에 없던 조직과 조직문화 그리고 새로운 일을 만들어내는 일은 절대 쉽지 않았다. 그런 쉽지 않은 과제를 해결하는 과정에서 얻은 수확은 매우 컸다. 바로 디지털 전환의 '실천적 원리'를 세울 수가 있었다.

디지털 전환의 실천적 원리들은 현장에서의 다양한 상황에 적용할 수 있도록 설계됐다. 또한 정통한 자료 검토를 통해 완결성을 확보하려 노력했다. 그래서 이 책에서는 각 원리에 내가 실제 경험한 사례를 포함하여 독자들에게 구체적인 이해를 돕고자 했다. 실제 사례가 포함되지 않은 원리들도 모두 내가 현장에서 직접 적용해 본 것들이다.

보통 기업들을 위한 디지털 전환이 필요하다

스마트폰은 1969년에 사람을 달에 착륙시킨 컴퓨터보다 수천 배 연산 처리 능력이 뛰어나다. 게다가 전 세계 인류를 연결하고 일상을 뒤바꿔놓았다. 세상을 바꾼 스마트폰이 나온 지도 15년이 넘었다. 여행 앱으로 호텔과 교통수단을 예약하고 휴가 중에 차량 공유 앱이나 지도 앱으로 익숙하게 여행지를 돌아다닌다. 여행 중에 화상회의를 하고 집의 조명과 에어컨을 껐는지 확인하고 돌아오는 길에 휴가 사진을 사진 갤러리로 만든다. 그러다가 우리는 디지털화가 덜 된 보통 기업으로 돌아가서 문서를 뒤적이고 컴퓨터로 단순 작업을 하면서 연간 주기에 맞춰진 프로세스에 따라 전략을 만들고 실행한다.

최대 수준의 재고를 유지하고 누구보다도 빠른 배송을 하며 가장 낮은 비용으로 최고의 고객 경험을 제공하는 것은 일반적인 기업의 경영방식으로는 불가능하다. 과거에는 새로운 산업 트렌드가 왔을 때 초기의 불확실성이 사라질 때까지 관찰했다. 그리고 다른 회사들이 실험 비용을 부담할 때까지 기다렸다 빠르게 쫓아가는, 이른바 빠른 추격자Fast Follower 전략이 가능했다. 그러나 그 기회는 이제 애자일Agile 기업들의 차지다. 이들은 끊임없이 테스트하고 학습한다. 최소 핵심 기능만 들어간 프로덕트를 최소기능제품 MVP, Minimal Viable Product으로 빠르게 출시해서 시장 반응을 실시간으로 수집해서 개선한다. 수개월이 걸릴 개발 시간을 며칠로 단축해서 보통 기업이 버전 1.0으로 따라갈 때 애자일 기업은 버전 3.0, 4.0을 만들면서 치고 나간다. 이러다가 경쟁에서 이기기는커녕 자신의 생존을 걱정해야 하는 처지에 내몰리지 않을까 불안해질 수밖에 없다.

이 책은 기업의 80% 정도를 차지하는 보통 기업을 위해 썼다. 시가 총액 상위 기업 중 7개 기업이 디지털 생태계를 주도하고 있다. 페이스북, 아마존, 애플, 넷플릭스, 구글(알파벳) 등 소위 팡과 알리바바다. '보통 기업'이란 넓게는 이들 디지털 네이티브 기업을 제외한 기업을 의미한다. 좁게는 조직과 IT의 레거시Legacy에 갇힌 채로 생성형 인공지능과 같은 최신 디지털 기술을 도입하려고 애쓰는 기업이다.

혁신은 현장이 준비되어 있을 때 트렌드가 된다

디지털 시대의 특징은 모든 것이 쉬지 않고 끊임없이 변화하는 것이다. 자고 나면 신기술이 등장해 세상을 놀라게 한다. 덕분에 디지털 전환 현장의 어려움이 이만저만이 아니다. 최근에는 인공지능 전환AI Transformation이 화두가 될 정도로 인공지능이 기존의 디지털 전환을 확장하고 진화시키고 있다. 새로운 기술이 나올 때마다 디지털 전환의 화두가 바뀌고 새로운 트렌드에 대한 관심이 때로는 부담으로 작용한다. 현장은 현재의 디지털 전환 로드맵이 새로운 사업 환경과 기술 변화에 부합하는지 계속 확인하고 수정하고 다시 채택하는 과정을 반복하며 혁신을 추진해야만 한다.

버겁기는 디지털 기술 공급 회사도 마찬가지다. 2023년 8월 네이버는 생성형 인공지능 하이퍼클로바 엑스를 출시하며 인공지능 경쟁에 뛰어들었다. 네이버는 하이퍼클로바 엑스 개발과 서비스

에 필요한 인프라 비용만 연간 1,000억 원 이상 들어간다. 하이퍼
클로바 엑스를 네이버 클라우드 기업 고객에게 열심히 마케팅하지
만 투자를 보전하기는 당분간 쉽지 않다는 게 세간의 평가다. 생성
형 인공지능 기술을 제공하는 클라우드가 뜨거운 화두이지만 아직
기업들이 실제 디지털 전환 현장에 적용하기는 쉽지 않다. 기업 현
장, 트렌드, 디지털 전환 기술의 적용 사이에는 생각보다 훨씬 높
은 장벽이 존재한다.

실패를 줄이는 디지털 전환 전략의 기본은 바로 지피지기知彼知
己다. 모든 기업이 같은 수준의 디지털 기술이 필요하지는 않다. 기
업마다 기술을 활용할 수 있는 여건이나 수준이 다르기 때문이다.
디지털 전환을 시도하는 주체는 디지털 기술의 본질과 가치를 제
대로 알고 자사에 맞는 기술인지, 역량이 있는지 스스로 판단할 수
있어야 한다. 디지털 전환을 주도하는 리더는 혁신을 추진하는 현
장이 트렌드에 흔들리지 않도록 균형을 잡아야 한다. 그렇지 않으
면 디지털 전환은 언제라도 방향을 잃고 좌초할 수 있다.

실행력이 없어서 디지털 전환이 망한다

'왜 디지털 전환을 해야 하는가?'

질문과 설득은 더 이상 필요 없다. 전통적인 비즈니스 구조를 파
괴적으로 혁신하지 않으면 새로운 시장 질서에서 살아남을 수 없
다. 디지털 전환은 선택이 아니라 필수라는 사실을 기업들은 안다.
그런데 일찌감치 디지털 전환이라는 거대한 파도에 올라탄 기업들
의 디지털 전환 실적은 실망스럽다. 방향을 잃고 헤매는 경우가 너

무 많다. 우리 기업만의 이야기가 아니다. 내로라하는 글로벌 기업도 성공적인 변화를 이뤄내는 사례는 소수에 불과하다. 30~40년 전부터 진행되어 온 디지털 전환은 왜 아직도 실패를 반복하는가? 이 책의 출발은 바로 이 질문으로부터 시작한다.

내가 개인의 현장 경험을 토대로 디지털 전환의 실패와 성공 조건에 관한 글을 정리하기로 한 까닭은 디지털 전환이 교과서 밖 현장에서 일어나는 혁신이기 때문이다. LG전자의 가치사슬 전반에 걸쳐 디지털 전환을 진행하고 그 결과로써 의미 있는 성과를 만들어낸 8년의 경험은 현재 디지털 전환을 계획하고 실행하는 사람들에게 실질적으로 활용이 가능한 정보라고 믿는다.

디지털 전환은 언젠가 끝나는 프로젝트가 아니라 지속적인 변화를 만들어가는 종점 없는 여정이다. 경영진과 실무진 그리고 이해관계자들이 모두 함께 노력해야 비로소 성과를 기대할 수 있는 참 어려운 길이다. 이 과정에 꼭 필요한 것은 모두 각자의 현장에서 '반드시 해야 할 일들'이 무엇인지 정확하게 인식하는 것이다.

경영자부터 실무자까지 디지털 전환을 잘 안다고 생각하지만 실제 현장에서 왜, 무엇을, 어떻게 해야 하는지 잘 알고 실행하는 경우는 많지 않다. 디지털 전환은 잘 정리된 보고서를 이해하는 것이 아니라 현장에서 '내가 실행할 업무'로서 이해하는 것이 중요하다. 책과 뉴스를 통해 전쟁을 아는 것과 실전 전쟁을 이해하는 것은 크게 다르다. 실제로 디지털 전환은 비전이나 잘못된 목표로 실패하는 경우는 많지 않다. 디지털 전환이 실패하는 이유는 대부분 실행력이 없어서다.

실행력은 전략과 실무진을 잘 연결하는 능력이다

디지털 전환이 정말 어려운 것은 기업마다 고유한 사업 모델과 조직문화 그리고 2, 3년마다 바뀌는 리더십과 조직개편 등의 난관을 무사히 통과해 어떻게든 중단 없이 전진해서 실질적인 결과를 만들어내야 하기 때문이다. 디지털 전환은 신임 CEO가 선임되면 으레 선언되는 혁신 활동의 형식으로는 성공할 수 없다. 디지털 역량을 조직의 중요한 축으로 만드는 장기적인 혁신 활동이어야 하기 때문이다.

이 책은 한마디로 디지털 전환 실행력에 관한 것이다. 일을 잘하는 법이다. 경영진부터 실무진까지 무엇을 하고, 무엇을 하지 말아야 하고 현장 과제로서 혁신을 수행하기 위해 어떻게 협력하고 함께 위기를 넘어야 하는지 등을 제시한다. 그리고 지속가능한 디지털 전환을 위해 조직이 반드시 해야 할 일이 무엇인지까지 정리했다. 모두 내가 디지털 전환 책임자로서 실행하고 실패하고 성공한 경험을 바탕으로 했다.

디지털 전환은 강력한 톱다운Top Down 리더십이 필요하다는 사실은 잘 알려져 있다. 하지만 실제 디지털 전환 과정에서 톱다운 리더십이 제대로 발현되기 쉽지 않다. 책상 위에서 이뤄지는 지시와 통제가 아니라 현장에서 실행해야 할 직무로서 톱다운 리더십을 이해하지 않기 때문이다.

디지털 전환 조직을 CEO 직속의 독립적 기구로 설계하지 않을 때 실제 디지털 전환에 얼마나 부정적 영향을 미치는지 잘 알지 못한다. 인재가 중요하다는 사실을 잘 알지만 좋은 인재를 유지하기 위해 조직 스스로 변화해야 하는 노력은 게으르다. 바텀업Bottom Up 의 혁신 동력을 일으키기 위해 리더들은 디지털 전환 전문가들이 현업의 실무진과 어떤 방식으로 일해야 저항을 줄일 수 있는지 더 많이 고민하고 정보를 공유해야 한다.

나는 이 책에서 디지털 전환의 실패와 성공의 열쇠를 찾기 위해 다양한 사례, 전략, 실행 방안들을 담고자 노력했다. 1부는 디지털 전환의 실패와 성공 사례를 들여다보면서 성공 특징을 분석하며 디지털 전환 원리를 소개했다. 2부는 리더십의 중요성, 디지털 전환의 특성, 구체적인 실행 방법, 그리고 조직 구축과 역량 강화 방안 등을 다룬 실행과 관련한 내용을 소개했다. 이를 통해 독자들이 디지털 전환의 진정한 의미와 가치를 이해하고 그 과정에서 마주칠 수 있는 다양한 문제를 해결하는 데 필요한 통찰력을 얻을 수 있기를 바란다. 이 책이 리더가 디지털 전환 현장에서 직접 적용할 수 있는 가이드가 되기를 희망한다. 혁신은 언제나 어렵고 실패를 각오한 도전이다. 그 도전의 여정을 함께 하는 동료의 마음으로 오랜 시간 생각을 정리하고 원고를 썼다. 이 책이 디지털 전환 현장에서 고군분투하는 여러분에게 의미 있는 도움이 된다면 더없는 영광이 될 것이다.

마지막으로 항상 가족을 위해 애쓰는 아내 장소영과 아들 최반석과 딸 최주안은 나에게 늘 든든한 버팀목이다. 그리고 이 책은 네이버와 LG전자에서의 소중한 경험이 없었다면 세상에 나오지 못했을 것이다. 이해진 네이버 GIO님, 이준호 NHN 회장님, 구본준 LX그룹 회장님, 권영수 LG그룹 부회장님, 조성진 LG전자 부회장님께 이 자리를 빌려 진심으로 고맙다는 말씀을 드린다. 또한 초고를 꼼꼼하게 살피고 조언을 아끼지 않은 벗 김원준과 성상경 그리고 서울숲양현재 권혜진 대표에게도 감사의 마음을 전한다.

2024년 2월
최성호

목차

7장 디지털 전환 조직은 어떻게 역량을 강화할까 · 275

1부

디지털 전환 원리

The DX

1장
왜 디지털 전환은 실패할까

The DX

1

변화를 읽고 미래의 충격에 대비하라

오늘날 기업은 다양한 변화에 직면하고 있다. 가장 중요한 것은 속도 향상과 탄력성 강화다. 연속되는 위기에서 빠르게 회복하고 앞으로 계속 나아갈 수 있도록 미래의 충격에 대비해야 한다. 회복 탄력성이 좋은 기업은 그렇지 않은 기업보다 총주주수익률TSR, Total Shareholder Return이 50% 더 높다. 인공지능과 같은 새로운 디지털 기술 적용도 요구된다. 인공지능은 회사 오퍼레이션을 개선하는 잠재적 기회 이상이다. 기업들은 이미 인공지능을 사용하여 작업 방식을 극적으로 개선하고 데이터 기반Data-driven으로 변화하고 있다.

디지털 역량의 격차Chasm를 해소하지 않으면 구조적 변화를 이루기 어렵다. 많은 기업이 디지털 기술을 핵심으로 하는 전략을 선언하고 있지만 전략과 기술의 통합에 어려움을 겪고 있는 것이 현실이다. 사람, 프로세스, 그리고 기술이 통합된 조직 역량을 구축해야 한다. 이를 위해서는 인재를 유치하고 유지하는 새로운 방법이 필요하다. 불확실한 경제 환경에서도 예산을 신중하게 관리하면서 핵심 인재를 유지하고 가치 있는 일에 최고의 인재를 배치할 수 있어야 한다.

근로자들의 회사와 일에 대한 인식과 태도는 변화하고 있다. 근로자들은 더 이상 단순히 급여와 복리후생만을 중시하지 않는다. 그들은 일의 의미, 가치, 그리고 개인의 성장과 발전을 중시한다. 이러한 변화에 따라 기업은 직원에게 맞춤화된 가치 제안을 통해 근로자의 요구와 회사의 필요 사이의 격차를 줄이는 것이 중요하다. 대면 근무와 원격 근무의 새로운 균형이 좋은 예다. 혼합 근무 모델은 코로나19로 활성화되었지만 이제는 인재 유치의 중요한 요소가 되고 있다(McKinsey & Company, 2023).

역사적으로 산업의 변화는 언제나 기술의 변화와 함께 진행됐다. 가내수공업에서 지금의 현대적 기업 형태로 변화하는 과정은 곧 증기와 전기 그리고 정보통신기술ICT로 이어지는 기술의 발전 과정이었다. 새로운 기술을 적극적으로 수용하고 적응하는 과정이 곧 기업이 성장하는 과정이었다. 지금 우리가 직면한 디지털 혁명은 전 산업과 시장에 걸쳐 변화를 촉진하고 있다. 이런 환경에서는 어느 기업이 디지털 기술을 더 잘 활용하느냐가 성패를 결정한다. 기술 발전 속도가 과거와 비교할 수 없을 정도로 가속화되면서 예전에는 상상할 수 없었던 디지털 기술들이 출현하고 있다. 새롭고 혁신적인 기술이 세상에 나타나면 바로 디지털 전환 현장에 변화의 바람이 분다.

최근 디지털 전환 트렌드 중심에는 생성형 인공지능 기술이 있다. 챗GPT의 등장과 함께 디지털 전환에도 생성형 인공지능 바람이 불고 있다. 생성형 인공지능은 대화부터 동화, 음악, 이미지, 영상에 이르기까지 다양한 콘텐츠를 상업적으로 사용할 수 있을 정도로 놀라운 수준으로 만들어낸다. 뛰어난 추론 능력과 콘텐츠 생성 능력을 기업들이 활용하기 위한 관심이 뜨겁다. 한국산업진흥기술협회가 발표한 「기업의 디지털 전환 추진현황 및 실태조사」 (2023)에 따르면 디지털 전환을 추진 중이거나 계획 중인 기업의 48.9%가 생성형 인공지능 기술 및 서비스의 '적극 또는 일부 활용'을 검토하고 있다고 한다.

그런데 현장은 언제나 그렇듯 기술의 발전 속도와 같지 않다. 아직 생성형 인공지능 기술을 적용한 디지털 전환은 극소수에 불과한 현실이다. 기술은 엄청난 잠재력이 있지만 기업의 기술적 역량과 현장 사이의 격차가 커서 디지털 전환 활용은 여전히 제한적이다. 새로운 기술 변화와 현장 간 괴리 상황에서 기업은 디지털 전환을 어떻게 지속해야 할까. 이러한 격차를 해소하기 위해서 기업은 자신의 역량과 신기술이 제공하는 기회 사이에서 균형을 찾아야 한다. 디지털 전환의 성공은 최신 기술 활용이 아니라 문제 해결에 있다. 디지털 전환은 기업이 해결하고 싶은 문제를 정의하는 것부터 시작해야 한다.

핵심은 문제의 본질을 이해하고 그에 맞는 기술을 찾아 적용하는 것이다. 예를 들어 소비재 회사의 매출 성장을 위해서는 가격

책정, 수요 예측, 프로모션 효과 등의 분석이 필요하다. 이러한 분석은 생성형 인공지능보다는 전통적인 고급 분석 기술 영역이다. 디지털 전환은 기업의 특정 문제에 맞는 기술을 찾아 적용하는 일련의 과정이다. 후보 기술들의 본질과 작동 원리를 잘 이해하는 것이 필수다.

전 세계적으로 디지털 전환에 대한 투자는 2020년 1.3조 달러에서 2026년 3.4조 달러로 연평균 12.8%의 성장률을 기록할 것으로 전망된다(IDC, 2023). 이는 제조, 소매, 금융, 의료 등 다양한 산업에서 디지털 전환이 활발하게 추진되고 있음을 반영한다. 그렇다면 한국의 디지털 전환 추진 현황은 어떨까. 아쉽게도 아직 초기 단계에 머물러 있다. 대기업 및 중견기업의 경우 62%가 디지털 전환을 추진하고 있지만 중소기업은 31.7%에 불과하다. 이들 기업이 디지털 전환을 추진하며 겪는 가장 큰 애로사항은 '전문인력 부족(31.2%)'이다. 인공지능, 클라우드, 빅데이터 등 디지털 전환에 필요한 기술은 전문인력의 역량이 뒷받침되어야 제대로 활용할 수 있다. '디지털 전환 성과'에 불만족스러운 이유로는 '관련 기술 및 시스템 구축과 인력 운용 비용이 많이 드는 데 비해 아직 가시적 효과가 크지 않다.'라는 것이다(한국산업진흥기술협회, 2023). 디지털 전환을 해야 하는 당위성과 실제 실행해 내는 역량의 차이가 바로 우리나라 디지털 전환 현장의 현실이다.

2

기술에 집착하지 말고 문제를 해결하라

최근에 큰 주목을 받는 생성형 인공지능 기술은 그 적용 범위가 계속 확대되고 있다. 챗GPT의 텍스트뿐만 아니라 달리DALL-E, 플라밍고Flamingo, 오토알티AutoRT 등 이미지, 음악, 로봇제어까지 다양한 콘텐츠를 생성할 수 있는 모델이 개발되고 있다. 이러한 발전에 따라 생성형 인공지능 모델을 '파운데이션 모델FM, Foundation Model'이라 불리기 시작했다(Stanford University HAI, 2023).

파운데이션 모델은 언어모델을 넘어 다양한 형식의 데이터를 학습하고 콘텐츠를 생성할 수 있는 '범용성' 있는 모델을 의미한다. 챗GPT는 파운데이션 모델의 한 분야인 언어모델 기반 기술이다. 확률적 연관성을 기반으로 단어를 연결하고 추론하여 문장을 생성한다. 이 모델은 대규모 텍스트 데이터 세트를 학습하여 다양한 텍스트 패턴을 이해하고 이를 바탕으로 문맥에 맞는 문장을 생성할 수 있다.

 일반기업은 자체 데이터로 대규모 언어모델을 구축하기가 매우 어렵다. 데이터 부족, 기술 전문성 부족, 그리고 비용 부담이라는 세 가지 주요 어려움 때문이다. 맞춤형 생성형 인공지능 서비스를 개발하기 위해서는 방대한 양의 데이터가 필요하다. 특히 대규모 언어모델은 더 많은 매개변수를 학습시킬수록 더 많은 데이터가 요구된다. 예를 들어 GPT-4는 2023년 11월에 공개된 대규모 언어모델로 이전 버전인 GPT-3보다 100배 많은 170조 개의 매개 변수를 가지고 있다. 또한 생성형 인공지능은 전문적인 기술 인력이 필요한 고도의 기술이다. 자체 데이터 기반의 생성형 인공지능 서비스 개발과 활용은 상당한 비용이 소요된다. 삼성전자 반도체는 네이버의 생성형 인공지능 플랫폼을 도입하기 위해 수백억 원을 투자했다. 데이터 준비와 학습에 드는 비용도 상당할 것이다.

 기업이 자신만의 독점적인 생성형 인공지능 모델을 개발하는 것은 매우 자원 집약적이기 때문에 세계 최고 수준의 자원을 가진 기업만 가능하다. 클라우드 사업자들이 독자 생성형 인공지능 모델 구축 솔루션을 기업에 마케팅하고 있지만 일반기업에는 문자 그대로 마케팅에 불과하다. 신약 개발과 같이 방대한 양의 데이터 세트가 존재하고 대규모 데이터 학습과 프로세싱에 필요한 인프라 투자를 정당화할 수 있는 규모의 사업성이 나오는 산업만 예외다. 생명 과학과 화학 산업은 이른바 생성 디자인Generative Design으로 알려진 분야에서 생성 인공지능 파운데이션 모델을 사용하기 시작했다. 파운데이션 모델은 후보 분자 물질의 화학식을 생성할 수 있어

생성형 인공지능의 4개 전형적 응용 영역

생성형 인공지능의 4개 전형적 응용 영역			
콘텐츠 요약과 합성 비정형 데이터 소스에서 내용 요약과 인사이트 추출	**자동 코딩** 코드 해석과 생성	**고객 참여** 고객 서비스 및 고객 활동 강화 (챗봇)	**콘텐츠 생성** 문서 생성 (기사, 이메일, 계약서)
~40%	〉55%	〉60%	~80%
전 산업에 걸친 작업 시간 단축	깃허브 코파일럿 사용으로 개발 효율성 향상	고객 서비스 자동화에 인공지능 적용으로 대 고객 활동 양적 증가	법률사무소들의 인공지능 법률 보조 프로그램 하비 베타 테스트 도입률

(출처: Generative AI could raise global GDP by 7%, Goldman Sachs, 2023)

새로운 약물과 재료의 개발 과정을 가속화할 수 있다. 바이오테크 제약 회사인 엔토스Entos는 작은 분자 치료제를 설계하기 위해 생성형 인공지능과 자동 합성 개발 도구를 결합했다(McKinsey Digital, 2023).

아직은 생성형 인공지능이 제공하는 가치의 약 75%는 고객 서비스, 마케팅 및 영업, 소프트웨어 엔지니어링, 연구개발R&D 등 4개 영역에 있다(McKinsey Digital, 2023). 대부분 일반기업은 콘텐츠 요약과 합성, 프로그램 코딩, 생성형 인공지능 서비스 등을 고객센터 챗봇 대화 인터페이스 등에 활용하는 '고객 참여' 그리고 마케팅 카피, 이메일, 계약서, 기사 등을 자동 생성하는 '콘텐츠 생성' 등 업무 자동화 영역에 생성형 인공지능 서비스를 활용한다(Goldman Sachs, 2023).

맥킨지는 2030년까지 기업 근로 시간의 30%를 생성형 인공지능으로 자동화할 수 있을 것으로 예측했다(McKinsey Global Institute, 2023). 자동 코딩은 생산성 향상 이상의 의미가 있다. 이 기술은 초보 프로그래머의 능력을 중급자 이상으로 향상할 뿐만 아니라 경험 많은 프로그래머의 문제 해결 속도를 대폭 높여준다. 2017년에 엔비디아의 CEO인 젠슨 황이 "소프트웨어가 세상을 잡아먹고 있지만 인공지능은 소프트웨어를 잡아먹을 것이다."라고 한 말(MIT Technology Review, 2017)이 지금 현실화하고 있다.

생성형 인공지능은 제약, 자동차, 기계, 엔지니어링, 조달, 공급망, 고객 운영 등 다양한 산업 전반에 걸쳐 가치를 창출할 수 있다. 삼성전자도 연간 반도체 매출이 수십조 원에 달하는 큰 기업인 만큼 생성형 인공지능을 활용하여 반도체 설계 기술을 차별화한다면 투자에 대한 경제적 보상이 수십 배 이상 될 수 있을 것이다. 골드만 삭스는 생성형 인공지능이 전 세계 국내총생산GDP을 7%까지 끌어올릴 수 있다고 전망했다. 또한 맥킨지는 생성형 인공지능을 활용하면 세계 경제에 연간 2조 6,000억~4조 4,000억 달러의 가치가 더해질 수 있다고 추정했다. 이는 2021년 영국의 국내 총생산 3조 1,000억 달러와 맞먹는 규모다(중앙일보, 2023).

최근에는 생성형 인공지능을 포함해서 인공지능이 기업의 디지털 전환에 적극적으로 활용되는 현상을 부각하기 위해 '디지털 및 인공지능 트랜스포메이션DAIX, Digital and AI Transformation'이라는 표현을 사용하기 시작했다. 더 나아가서 '인공지능 트랜스포메이션 AIX, AI Transformation'이라는 표현도 사용되기 시작했다.

인공지능은 디지털 전환의 핵심 기술로 기업의 다양한 영역에서 활용되고 있다. 후지쯔와 리켄과 같은 생명공학 기업들은 인공지능을 활용하여 기업 경쟁력을 근본적으로 혁신하고 있다. 두 회사는 협력하여 전자현미경 이미지를 분석하고 단백질의 구조적 변화를 예측하는 데 생성형 인공지능을 활용한다(TechTarget CIO, 2023). 후지쯔는 전자현미경 이미지를 분석하여 단백질의 구조를 자동으로 인식하는 인공지능 기술을 개발했다. 리켄은 단백질의 구조적 변화를 예측하는 인공지능 기술을 개발했다. 두 회사가 공동 개발한 기술은 단백질의 구조적 변화를 예측할 수 있다. 이를 통해 신약 발견 시간과 비용을 크게 단축할 것으로 기대한다.

인공지능이 네트워크의 종단Edge에 있는 컴퓨터에 통합되어 데이터를 클라우드로 끌고 오지 않고도 종단에서 바로 데이터를 분석해서 문제를 해결한다. 이러한 발전은 특히 소매업과 제조업 분야에서 큰 효과를 발휘한다. 현장에서 빠르게 데이터를 처리하여 운영 효율과 고객 경험을 개선할 수 있다. 사이버 보안 방어 분야에서는 최첨단 인공지능 도구를 통해 기업들은 피싱, 맬웨어, 사이버 공격을 감지하고 실시간으로 대응할 수 있다.

2023년 11월에 공개된 오픈AI의 GPT 빌더는 특정 문서 내용 내에서 질문과 답변을 하는 에이전트 챗봇을 만들 수 있는 도구이다. GPT 빌더 인터페이스에서 에이전트의 이름, 소개 글, 답변 지침을 설정하고 참조할 문서를 업로드하면 에이전트를 생성할 수 있다. 이렇게 생성한 에이전트는 GPT 스토어에 공개하거나 특정인에게 링크를 공유하여 사용할 수 있다.

GPT 빌더에서 생성된 에이전트는 언어모델 기반의 생성형 인공지능의 특성을 그대로 보여준다. 질문을 받을 때마다 연관된 단어

오픈AI의 GPT 앱 생성기 인터페이스

(출처: 오픈AI)

들을 확률적으로 조합하여 답을 생성하기 때문에 동일한 질문에도 매번 다른 답변을 할 수 있다. 이러한 특성은 자주 묻는 질문FAQ과 같이 정확한 답변이 필수적인 서비스에는 적합하지 않을 수 있다.

PTC는 자사의 고객 서비스 챗봇을 개선하기 위해 챗GPT 대신 자체적으로 개발한 인공지능 모델을 적용했다. 대규모 언어모델이 존재하지 않는 그럴듯한 정보를 생성하는 환각Hallucination 현상으로 인해 고객에게 잘못된 답변을 할 수 있다는 이유 때문이다. PTC는 이러한 문제를 해결하기 위해 PTC의 내부 정보와 관련 웹사이트의 데이터만 학습하는 인공지능 모델을 개발하여 챗봇을 만들었다.

인공지능은 10년 넘게 혁신의 중심에 있었던 디지털 전환을 변화시키고 있다. 앞으로도 인공지능은 디지털 이니셔티브에서 중요한 역할을 할 것이다. 후지쯔와 리켄의 사례에서 보듯이 인공지능은 디지털 전환을 주도하고 있다. 인공지능이 계속해서 발전한다면 디지털 전환과 인공지능 전환이 동의어가 될 수도 있다. 하지만 아직은 디지털 전환과 인공지능 전환이 완전히 중복되지는 않는다 (TechTarget CIO, 2023).

인공지능이 디지털 전환을 언제 완벽히 대체할 수 있는지는 그 시기를 아직 알 수 없다. 따라서 인공지능 전환이 디지털 전환을 직접 대체한다는 개념은 시기상조일 수 있다. 그런데도 기업들은 점점 인공지능 기반 혁신에 초점을 맞추고 있다. 인공지능 기술은 디지털 기술의 한 종류이며 디지털 기술을 활용하여 디지털 전환에 성공해야 한다는 명제는 여전히 유효하다. 따라서 인공지능 전환은 디지털 전환의 확장과 발전으로 보는 것이 더 적절할 것이다. "디지털 및 인공지능 혁신에서는 기술이 아닌 문제부터 시작해야 한다."라는 맥킨지 보고서(McKinsey & Company, 2023)처럼 핵심은 기술이 아니라 어떤 문제를 해결할 것인가에 있다.

3

새로운 디지털 게임의 규칙에 적응하라

디지털 기술을 잘 활용할 수 있는 능력이 곧 기업의 역량인 시대다. 생태계의 판은 이미 바뀌었다. 싫든 좋든 디지털 전환을 하지 않고 시장에서 살아남을 수 없다. 디지털 전환은 새로운 시대의 생존 조건이다. 생태계의 변화는 게임의 규칙이 바뀌었음을 의미한다. 새로운 규칙에 적응한 선수만이 게임에 참여할 수 있다. 디지털 혁명이 요구하는 게임의 규칙은 선수 모두가 '디지털 기업'이 되라는 것이다.

디지털 기업이란 위키피디아에 따르면 디지털 기술을 활용해 새로운 게임의 법칙을 창출하고 산업 구조를 재정의하는 기업을 말한다. 디지털 기술이란 무엇인가. 빅데이터, 클라우드, 인공지능, 증강현실AR, Augmented Reality과 가상현실VR, Virtual Reality 블록체인 같은 소프트웨어 기술, 공장이나 기기에서 데이터를 수집해 지능화를 가능하게 해주는 센서와 프로세서 같은 사물인터넷과 반도체, 로봇, 웨어러블 같은 하드웨어 기술을 포함한다.

'디지털화'는 디지털 전환이라는 용어가 본격적으로 등장하기 훨씬 이전부터 진행되어 왔다. 지금의 디지털 혁명을 "소프트웨어가 세상을 잡아먹는다."라는 말로 표현하지만 인터넷이 전 산업에 엄청난 충격을 던졌던 1990년대 후반에도 회자했던 말이다. 당시 사람들은 곧 세상이 발칵 뒤집히는 공상과학 영화SF와 같은 혁명 수준의 변화를 예측했다. 하지만 실제로 기업들의 변화는 생각만큼 빠르지 않았다. 지난 30여 년 동안 우리는 여전히 '소프트웨어가 세상을 잡아먹을' 미래를 준비하라는 클리셰Cliché를 반복해 왔다. 그런데 지금은 생성형 인공지능이 전 세계에 충격을 던지고 있다. 우리는 이미 '인공지능이 소프트웨어를 잡아먹는' 시대에 살고 있는지도 모른다.

디지털 전환의 첫 번째 단계는 아날로그 정보를 디지털 형식으로 변환Digitization해서 처리하는 전산화의 시기다. 이후 2010년 무렵까지는 정보화Digitalization의 시기라고 할 수 있다. 기업용 IT 시

디지털 전환의 단계

전산화, 정보화, 디지털 전환, 인공지능 전환(?)

전산화 DIGITIZATION	정보화 DIGITALIZATION	디지털 전환 DIGITAL TRANSFORMATION	? 디지털 및 인공지능 전환	인공지능 전환 AI TRANSFORMATION
아날로그를 디지털로 변환	디지털 기술 활용으로 비즈니스 프로세스 개선	최신 디지털 기술 활용으로 새로운 사업체계, 사업 모델 및 고객 경험 구축	인공지능 진보로 디지털 전환 진화	인공지능 기술 발전으로 기존의 디지털 전환을 대체 하는 한 차원 다른 수준의 혁신

스템의 도입과 확산은 이 시기의 주요 특징 중 하나였다. 전사적 자원관리ERP, 고객관계 관리CRM, 공급망관리SCM 등 다양한 솔루션이 도입되면서 기업의 업무 효율화가 이루어졌다.

1990년대 중반부터 인터넷 보급과 웹 기술의 발전으로 기업들이 온라인으로 확장하기 시작했다. 전자상거래 등 인터넷 기반의 새로운 서비스 모델들이 등장한 시기다. 2000년대 중반부터 2010년대까지는 스마트폰과 모바일 인터넷의 급속한 확산으로 고객과 기업의 행동 패턴이 크게 바뀌었다. 앱 경제, 클라우드 컴퓨팅, 빅데이터, 사물인터넷 등의 기술이 중요해지면서 디지털 전환의 필요성이 부각하기 시작했다.

2010년대 후반부터 현재까지는 인공지능, 블록체인, 가상현실과 증강현실, 5G 통신 등의 첨단 기술의 발전과 함께 디지털 전환이 단순히 디지털 기술 도입을 넘어서 기업의 전반적인 혁신을 포함하는 방향으로 발전했다. 즉 '디지털 전환'의 개념은 2000년대에 처음 등장했지만 그 뿌리는 이전부터 있었다. 그리고 2010년대에 들어와서 기업과 조직의 핵심 전략이 된 것이다.

최근 들어 기업들이 생성형 인공지능 도입을 적극적으로 시도하면서 '디지털 및 인공지능 전환'이라는 용어가 사용되기 시작했다. 앞에서 설명한 것처럼 디지털 및 인공지능 전환은 인공지능이 디지털 전환을 대체하는 개념이 아니라 인공지능을 통해 디지털 전환을 확장하는 개념이다. 그러나 인공지능 기술이 한층 더 발전한다면 디지털 전환이 정보화 시대를 넘어섰듯이 언젠가 인공지능이 디지털 전환 시대를 넘어설 날도 올 수 있다.

그러나 아직은 진정한 의미의 '인공지능 전환' 시대가 오지 않았다. '기업의 인공지능 전환'이라고 할 수 있으려면 디지털 전환의 목표가 무엇이든 기업 전반에 걸쳐 인공지능 기반으로 전환할 수 있어야 한다. 비트코인이 처음 나왔을 때 기존의 실물화폐를 대체할 수도 있다고 예상되었지만 아직은 그렇지 못하다. 마찬가지로 '인공지능 전환'이라고 말할 수 있으려면 디지털 전환을 온전히 대체할 만큼 발전해야 할 것이다.

디지털 전환과 IT에 의한 혁신은 모두 디지털 기술을 활용한 변화를 의미한다. 하지만 그 핵심 의도와 강조점은 다르다. 가치 창출 측면에서 IT에 의한 혁신은 업무의 효율성과 생산성 향상을 목표로 한다. 디지털 기술을 활용하여 업무 프로세스를 개선하여 비용 절감, 업무 속도 향상, 에러 감소 등의 효과를 달성하는 것이다. 즉 기업의 경쟁력을 강화하는 것이다. 반면에 디지털 전환은 경쟁력 강화를 넘어 새로운 비즈니스 모델, 고객 경험의 혁신, 인공지능 등을 포함한 디지털 기술을 기반으로 한 새로운 가치 제안에 집중한다. 디지털 전환의 목표는 기업의 전략적 위치와 경쟁력 향상을 위한 본질적인 변화다.

"소프트웨어가 세상을 잡아먹는다."라는 마크 안데르센Marc Andreessen의 말은 이제 바뀌어야 한다. 지금은 "소프트웨어가 곧 세상"인 시대이다. 그리고 생각보다 빨리 "인공지능이 곧 세상"인 시대가 올지 모른다. 소프트웨어 산업은 계속해서 엄청난 속도로 성장하고 있다. 점점 더 많은 전통적인 기업들이 디지털 세계에서 경쟁하고 성장하려면 소프트웨어 기업처럼 보이고 생각하고 행동해야 한다는 사실을 깨닫고 있다. 경제적 성과가 가장 높은 기업의 거의 70%가 '자체적으로 개발한 소프트웨어로 경쟁사와 차별화'하고 있다. 그리고 이들의 3분의 1은 소프트웨어로 수익까지 창출하고 있다(McKinsey & Company, 2022).

디지털 전환은 궁극적으로는 비 디지털 기업이 디지털 네이티브 기업으로 전환하는 것이다. 오프라인 시장에만 집중했던 전통적인 사업 구조를 온라인 시장으로 확장하고 디지털 기술을 적용해 조직구조, 프로세스, 비즈니스 모델, 시스템 등을 전면적으로 바꿔서 '디지털화된' 기업으로 탈바꿈하는 것이다. 이를 위해서는 인재 역량 정의와 조직문화를 디지털 기업에 맞게 재설계Redesign 해야 한다.

디지털 기업은 최신의 디지털 기술을 활용할 수 있는 소프트웨어 역량이 뛰어난 기업이다. 세 가지 주요 변화가 기업들을 디지털 네이티브 기업으로 진화하도록 재촉하고 있다. 첫째, 디지털 제품의 빠른 채택으로 인해 개인화에서부터 원활한 옴니채널 경험에 이르기까지 제품과 구매 경험에 소프트웨어를 통합하려는 노력이 가속화되고 있다. 둘째, 다양한 산업에서 제품과 서비스의 가치가 점점 더 소프트웨어에 의존하고 있으며 새로운 수익원으로 기대되고 있다. 기성 도구에 의존하기보다는 인공지능, 데이터, 그리고 소프트웨어를 활용해서 독점 자산을 확보하는 추세다. 마지막으로 셋째, 클라우드 컴퓨팅, 노코드no-code 도구, 생성형 인공지능 기반 프로그래밍 등 디지털 기술이 근로자에게 전례 없는 능력을 부여하고 있다. 디지털 기술이 내재화된 기업이 되고 싶다면 소프트웨어 개발에 능숙해져야 한다.

디지털 네이티브 기업으로 성공적으로 변모하기 위해서는 네 가지 핵심 전략이 필요하다. 첫째, 소프트웨어 조직문화 개발이다. 소프트웨어 조직문화는 단순히 소프트웨어 전문가를 고용하는 것이나 데브섹옵스DevSecOps 같은 소프트웨어 개발 방법론을 도입하는 것만으로 형성되지 않는다. 창의성과 고객 중심 가치를 지향하고 소프트웨어 사업 모델과 기술을 이해하는 리더들의 주도적인 참여가 필요하다. 소프트웨어 조직문화를 형성하고 발전시키기 위해서는 먼저 소프트웨어 분야의 전문가들을 리더로 확보해야 한다. 이러한 리더들은 소프트웨어 개발에 대한 이해와 경험을 바탕으로 조직문화를 형성하고 발전시키는 데 필요한 리더십을 발휘할 수 있다. 또한 이사회에 소프트웨어 경험이 풍부한 이사를 포함함으로써 소프트웨어 조직문화에 대한 이해와 지원을 강화할 수 있다.

둘째, 소프트웨어 역량 확보를 위해 상당한 투자를 해야 하며 필요한 경우 소프트웨어 회사 인수를 고려해야 한다. 셋째, 디지털 역량이 뛰어난 프로덕트 매니저를 육성하고 확보하는 것이 매우 중요하다. 프로덕트 매니저는 디지털 기술을 활용하여 제품을 차별화하고 그 기반이 되는 소프트웨어 역량을 강화하는 데 핵심적인 역할을 할 수 있다. 이를 위해 데이터 기반 의사결정을 하고 디지털 기술의 잠재력을 이해하고 활용할 수 있어야 한다. 또한 애자일한 개발 방법론을 도입하고 소프트웨어 기술 역량 강화에 중점을 두어야 한다. 마지막으로 넷째, 클라우드 사업자가 조성한 생태계와 같은 소프트웨어 생태계에 참여하여 개발자 인재에 접근하는 것이 필수적이다. 이를 통해 다양한 개발자 인재와 교류하고 협력할 기회를 마련할 수 있다(McKinsey & Company, 2022).

하드웨어 기업인 애플이 디지털 시대의 맹주가 된 까닭은 하드웨어와 소프트웨어를 통합해 최고의 고객 경험을 만들어냈기 때문이다. 아이폰 앱스토어는 아이폰 중심의 소프트웨어 생태계를 구축함으로써 애플 디바이스 생태계를 탄탄하게 만들었다. 커피 프랜차이즈 브랜드 스타벅스가 모바일 앱과 스타벅스 페이로 고객 충성도를 계속 유지할 수 있는 것도 기업만의 디지털 고객 경험을 만들어낸 덕분이다.

소프트웨어 역량은 위기에서 기회를 만들어내는 힘이기도 하다. 명품 패션 브랜드 버버리가 디지털 전환을 통해 위기를 벗어나 재도약의 문을 여는 과정은 참으로 드라마틱하다. 버버리는 2000년대 초에 영국의 악명 높은 훌리건과 대중적 이미지가 좋지 않은 스타들이 착용하는 모습이 미디어에 노출되면서 한순간에 농촌 하층 계급 출신의 비행 청소년 집단인 차브_{Chav}를 상징하는 브랜드로 이미지가 추락했다. 당연히 매출도 급감했다. 버버리의 위기 탈출 전략은 바로 디지털 전환이었다.

버버리는 기존의 오프라인 매장 중심의 채널에서 벗어나 온라인과 오프라인을 연결하는 옴니채널을 구축했다. 온라인 채널을 통해 패션쇼를 진행하고 웹사이트에서 24시간 전화 및 채팅 상담을 제공했다. 또한 매장과 온라인이 실시간으로 연결되는 서비스를 지원했다. 2006년에 '완전한 디지털 버버리_{Fully Digital BURBERRY}'를 비전으로 추진된 버버리의 디지털 전환은 9년 만인 2015년에 매출 4배 증가, 주가 165% 상승의 성과를 거뒀다. 디지털 전환을 통해 버버리는 옛 명성은 물론이고 채널의 다양화로 '젊음'의 이미지까지 확보하면서 브랜드 가치가 높아졌다. 물론 경쟁력도 강화되었다(Centric Digital, 2022).

디지털 혁신의 동인

왜 WHY	무엇 WHAT
고객 행동의 변화	고객 대부분이 디지털 채널로 이동함에 따라 기업들은 온라인상에서 고객의 개인화된 니즈를 실시간으로 해결하고 오프라인과 온라인 간 연결된 고객 경험 제공
기업의 효율성과 민첩성	디지털 기술을 통해 시장의 변화를 빠르게 파악하고 대응하며 기업의 업무 프로세스를 자동화하고 최적화하여 효율성과 생산성 향상
차별화 및 혁신에 대한 열망	디지털 기술을 활용하여 새로운 제품과 서비스를 개발하고 기존의 사업 모델을 혁신함으로써 경쟁에서 차별화하고 새로운 성장 동력 창출

디지털 혁명은 소프트웨어가 육체노동을 넘어 지능의 영역까지 대체하는 변화를 불러오고 있다. 모든 기업은 업종, 규모, 역사와 관계없이 기존의 비즈니스 모델을 유지하기 어려워졌다. 새로운 가치를 창출하기 위해서는 경영, 비즈니스, 고객 접근 방식 등 전반적인 혁신이 필요하다. 이제 모든 기업은 새로운 생태계에 적응하기 위해 디지털 기업이 되어야 한다.

4

기존 비즈니스에 기술만 덧붙이지 마라

전 세계에서 디지털 전환이 진행 중이지만 그 내용은 모두 같지 않다. 기존 질서를 파괴함으로써 새로운 가치를 창출하는 파괴적 혁신자Disruptor가 된 기업도 있고 이제 막 모바일 앱을 만드는 수준의 디지털 전환을 시작하는 기업도 있다. 각자 비전과 투입하는 자원의 규모는 다르지만 어느 기업이든 디지털 전환은 중요한 경영 목표다. 따라서 많은 자원이 투입된다. 적게는 수십억 원에서 많게는 수천억 원이 든다. 글로벌 기업의 경우 조 단위가 투입되기도 한다. 하지만 결과적으로 디지털 전환을 시도하는 기업의 70%는 실패하고 대부분 기업이 기대에 미치지 못하는 성적표를 손에 쥔다. 맥킨지의 수년간의 연구 결과도 디지털 전환 성공률이 30%에 머물고 있음을 보여주고 있다(McKinsey & Company, 2018).

보스턴컨설팅그룹은 디지털 전환의 결정적인 실패 원인을 사

디지털 전환을 시도하는 기업 중 30%만 성공

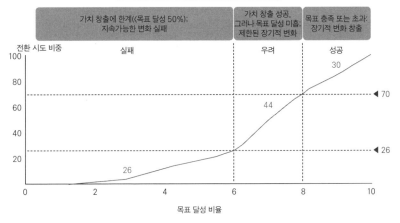

(출처: Companies Can Flip the Odds of Success in Digital Transformations from 30% to 80%, BCG, 2022)

람의 측면(조직, 운영 모델, 프로세스와 문화)으로 보았다. 깊이 뿌리 박힌 행동으로 인한 조직의 관성이 큰 장애물이라는 것이다(BCG, 2022).

포드의 디지털 전환 비전은 자동차 회사에서 모빌리티 회사로의 변신이었다. '포드 스마트 모빌리티Ford Smart Mobility'라는 자회사를 설립해 자율주행과 차량 공유 분야에 많은 돈을 투자했다. 포드는 클라우드 소프트웨어 기업 피보탈 소프트웨어Pivotal Software에 1억 8,200만 달러, 차량 공유 셔틀 서비스 샬럿Charlot에 6,500만 달러 를 투자하는 등 스타트업에 투자하는 방식으로 디지털 전환을 빌 드업하는 전략을 구사했다(The Strategy Group, 2021). 이 전략은 결과적으로 대표적인 하향식 디지털 전환 실패 사례가 되었다. 투자 손실은 물론이고 기존 조직과 디지털 조직의 협업이 전혀 이뤄지지 않아 전사적인 디지털 전환에 실패했다. 포드 스마트 모빌리티를 본사와 다른 캠퍼스에 별도의 사업 단위로 설립하기로 한 것이 핵심 사업과 디지털 전환 조직의 분리를 초래한 결정이 되고 말았다.

포드의 디지털 전환은 기존 비즈니스에 신기술만 덧붙인 오류의 대표적인 사례다. 경영진의 새로운 디지털 미래에 대한 비전을 기존 조직과 융합하지 못하고 기술만 덧붙이는 방식의 디지털 전환은 필연적으로 실패에 이른다는 교훈은 디지털 전환 세계의 불문율과도 같다.

디지털 기술을 덧붙이면 저절로 '변화'할 것이라는 생각은 틀렸다. 디지털 전환이 성공하려면 조직 전체의 변화가 일어나야 한다. 혁신 조직과 기존 조직이 가치를 공유하고 협력하는 체계를 만들지 못하면 디지털 전환은 실패한다. 『포브스』는 디지털 전환에 성공하려면 디지털 전환 노력이 회사의 나머지 부분에 통합되어야 한다고 말한다(Forbes, 2019).

2016년 『뉴욕타임스』로부터 '124년 된 소프트웨어 스타트업'으로 평가받을 만큼 제조기업의 성공적인 디지털 전환 모델이었던 GE도 안타까운 결말의 스토리를 썼다. 2011년 제조업에서 소프트웨어 회사로 변신을 선언한 GE는 소프트웨어 인력 6,000여 명을 채용해 'GE디지털'을 설립했다. 산업 현장의 장비와 기계에 사물인터넷을 접목하는 산업 인터넷Industrial Internet 개념을 최초로 제시하고 빅데이터 플랫폼 프레딕스Predix를 개발했다. 기기에서 수집되는 빅데이터를 기반으로 GE의 기업 고객에게 분석 플랫폼을 제공하는 게 목표였다. "2020년 소프트웨어 분야에서 150억 달러 이상 매출 달성과 세계 10대 소프트웨어 기업이 되겠다."라는 원대한 청사진을 펼쳤던 GE는 2017년 예상 밖의 상황에 봉착했다. GE의 디지털 전환을 상징했던 제프리 이멜트 회장이 실적 부진을 이유로 물러났고 2018년에는 디지털 사업부 매각이 결정됐다.

포드나 GE와 같은 실패 사례는 사실 성공의 스토리보다 흔하다. 레고, 피앤지P&G, BBC 등 디지털 전환이 아닌 디지털 재해라는 오명과 함께 디지털 전환을 잠시 멈춘 기업들이 수두룩하다. 그런데 이들의 실패 원인을 살펴보면 문제의 진단과 방향 설정에서는 큰 실수를 발견하기 어렵다. GE의 디지털 전환도 마찬가지였다. 제프리 이멜트 회장은 가까운 미래에 데이터와 사물인터넷 등 디지털 기술을 기반으로 한 소프트웨어가 기존의 중장비 기계를 설계하고 유지보수하는 방식을 완전히 바꿀 것으로 예측했다. 진단은 정확했고 목표 설정도 좋았다. 프레딕스 개발에만 한 해 50억 달러 이상을 쏟아부을 만큼 자금력도 충분했다.

그러나 프레딕스는 고객의 요구와 시장 상황을 충분히 고려하지 못했다. 프레딕스는 GE의 산업 장비에 최적화된 플랫폼이었기 때문에 다른 제조업체의 장비를 사용하는 고객은 사용하기 어려웠다. GE의 디지털 전환은 디지털 구현Digital Enablement, 말하자면 조금 발전된 디지털화 수준에 머문 것이다. 왜 이런 결과가 만들어진 걸까?

글로벌 디지털 전환 컨설팅회사들이 앞다퉈 GE의 디지털 전환 과정을 분석했다. GE 경영진은 장기적인 혁신 목표보다 단기적인 성과에 집착했다(『포브스』, 2019). 그리고 추진계획보다 소프트웨어 개발 속도가 느렸고 CEO가 명령을 내리는 방식으로 떨어진 비전을 구성원들이 함께 공유하지 못했다. 또한 내부 직원과 고객사가 모두 만족하지 못하는 소프트웨어를 개발하는 등 여러 문제가 복합적으로 얽혀 있었다(Thomas Gryta 외, 2020).

실패의 원인을 분석하면 실패하지 않을 방법을 찾게 된다. 디지털 전환이 디지털 재해가 되지 않으려면 당장 눈에 보이는 큰 성과에 집착하지 말고 직원과 고객 경험에 집중해야 한다. 한마디로 '조직적 관리역량'이 핵심이다. 즉 디지털 전환의 실패는 정확하게 말하면 디지털 전환 관리의 실패다.

5

책임과 오너십으로 변화를 관리하라

디지털 전환 성공 교과서에 등장하는 넷플릭스, 아마존, 네슬레, 디즈니 등의 성공 전략과 GE, 포드, 워싱턴포스트 등의 실패 경험은 거의 모든 기업의 디지털 전환에서 반복된다. 성공의 비결도 실패의 교훈도 사실 매우 특별한 내용은 없다. 디지털 전환이 실패하는 대부분의 원인은 예측하기 어려운 문제가 발생하는 탓이 아니다. 이미 디지털 전환 선행기업들의 사례를 통해 알려진 예측 가능한 문제들을 관리하지 못하는 데서 비롯된다. 디지털 전환이 실패하는 중요한 이유 중 하나는 빠른 의사결정에 필요한 명확한 책임과 오너십 부재다(McKinsey & Company, 2023).

영국 국영방송 BBC의 디지털 미디어 이니셔티브DMI, Digital Media Initiative는 '1억 파운드의 디지털 재해'로 불린다. 이 프로젝트는 BBC 스태프들이 프로덕션 전 과정에서 디지털 콘텐츠를 효율적으

디지털 전환 성공과 변화관리

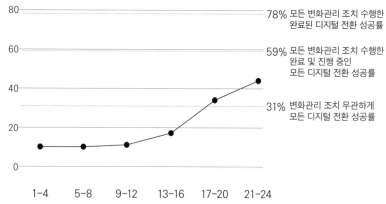

변화관리 조치 수 대비 성공률(%)

78% 모든 변화관리 조치 수행한 완료된 디지털 전환 성공률

59% 모든 변화관리 조치 수행한 완료 및 진행 중인 모든 디지털 전환 성공률

31% 변화관리 조치 무관하게 모든 디지털 전환 성공률

디지털 전환 성공은 종합적인 접근 방식에 의존하며 더 많은 변화관리 조치를 할 때 달성 가능성이 크다. (출처: McKinsey & Company, 2021)

로 사용할 수 있도록 중앙 디지털 아카이브를 구축하는 것이 목표였다. 하지만 이 프로젝트는 2013년에 약 1억 파운드의 자산 평가 절하의 성적표를 받았고 이에 따라 디지털 전환이 전면 중단됐다.

BBC가 디지털 전환 실패로 1억 파운드를 날려버린 후 글로벌 컨설팅사 프라이스워터하우스쿠퍼스PwC가 근본 원인을 분석했다. 실패의 원인은 조직적 관리역량을 충분히 갖추지 못한 채 기술 도입에만 집중했기 때문이다. 즉 조직 정치에 의해 방해받지 않는 외부 전문가의 참여가 없었던데다가 '프로젝트 관리역량' 등 변화를 관리할 조직 차원의 역량이 부족했다는 것이다(PwC, 2013). 이는 BBC뿐만 아니라 실제로 많은 디지털 전환 실패에서 공통으로 찾을 수 있는 핵심 원인이다. 디지털 전환의 주요 실패 요인 중 하나는 변화관리 부재다. 디지털 전환은 진행 과정에서 다양한 변화가 발생하기 때문에 이를 효과적으로 관리하는 것이 중요하다(McK-insey & Company, 2023).

조직적 관리역량은 조직 전체가 변화와 혁신을 수용하고 지속해서 발전시켜 나갈 수 있는 능력이다. 돈과 기술보다 사람과 변화의 관리 영역이다. 디지털 전환은 기술적인 변화를 넘어 조직문화, 인식, 마인드셋의 변화가 필요하다. 무엇보다 조직의 투명한 커뮤니케이션이 중요하다. BBC 디지털 미디어 이니셔티브 프로젝트는 직원들의 발언권을 제한하는 기존 문화로 인해 프로젝트에 대한 직원들의 우려가 개인적인 것으로 축소되어 의사결정에 반영되지 못했다(Computer Weekly, 2013). 결국 디지털 전환은 조직의 근본적 변화가 필요한 과업이다.

맥킨지는 15년간의 연구를 바탕으로 한 「첫날부터 실패: 성공적인 혁신조차 부족한 이유」라는 글에서 디지털 전환의 성공은 디지털 전환의 전 과정에 걸쳐 변화관리를 얼마나 효과적으로 수행하는지에 크게 의존한다고 강조했다(McKinsey & Company, 2021). 맥킨지의 연구 결과는 디지털 전환의 성공에는 지름길이 없음을 보여준다. 변화관리 실패는 프로젝트 달성 성공률뿐만 아니라 프로젝트의 재무적 목표 달성률에도 영향을 미친다. 연구에 따르면 성공적인 디지털 전환 프로젝트도 목표한 재무적 이익의 약 67%만 달성했다. 디지털 전환 프로젝트의 진행 단계별 목표 가치 상실 비율은 목표 설정 단계에서 22%, 계획 단계에서 23%, 구현 단계에서 35%, 구현 후에 20%로 나타났다.

디지털 전환의 성공과 실패는 이처럼 외부에서는 잘 보이지 않

디지털 전환 변화관리 유형에 따른 성공 가능성

디지털 전환 변화관리 유형	디지털 전환 성공 가능성 증가
임원 주간 브리핑	2.0x
월간 또는 분기 사업 평가	1.6x
사업 목적과 목표 설정	1.5x
연간 사업계획 수립과 예산 관리	1.4x
자본 배정	1.3x
IT 자원 배정	1.2x
인재 배정	1.2x
단위 조직 성과 리뷰	1.3x
개인 성과 리뷰	1.5x

변화관리를 일상 업무에 통합할 때 디지털 전환 성공 가능성이 더 커진다.
(출처: McKinsey & Company, 2021)

는 내부 역량으로 결정된다. CEO가 나서서 멋진 비전을 발표하고 구체적 계획이 세워지고 막대한 돈이 투자되면 디지털 전환이 잘 진행되고 있는 듯 보인다. 그러나 다국적 기업의 실패 경험에서 보듯 내부에서는 참으로 어이없는 상황이 펼쳐지기도 한다. 컨설팅 회사를 통해 만든 비전만 선언해 놓고 필요한 지원도 없이 결과만 바라는 CEO도 있다. 단기적 성과에 급급해 외부로 보이는 수치에만 집중하는 경영진도 있다. 이런 경우 디지털 전환 조직은 욕먹지 않을 결과물을 만드는 게 목표가 되어버린다.

그런가 하면 디지털 전환의 연속성을 고려하지 않는 인사와 예산 편성 그리고 디지털 전환을 승진의 발판으로 삼는 사내 정치로 디지털 전환이 흔들린다. 이런 경우 십중팔구 디지털 전환은 길을 잃고 흐지부지되는 결말을 쓰게 된다.

6

내부에 있는 최대의 적을 극복하라

디지털 전환은 장애물 경기와 같다. 어느 기업이든 디지털 전환을 시작하면 반드시 넘어야 할 공통적인 장애물이 있다. 기술적 문제나 시장 변화만이 디지털 전환을 어렵게 하는 요소는 아니다. 새로운 혁신을 추진할 때 변화에 대한 강한 저항이 일어나기도 한다. 어떤 조직이든 혁신은 저항을 동반한다. 혁신은 기본적으로 레거시와의 투쟁이기 때문이다. 기존 문화와 시스템의 저항은 생각보다 깊고 견고하다. 이를 적절하게 관리하지 못하면 디지털 전환은 디지털 재해로 끝날 수 있다.

• 변화에 대한 조직문화의 저항

디지털 전환은 비즈니스 프로세스와 체계에 상당한 변화를 요구한다. 따라서 구성원들이 수용하는 과정에서 저항이 일어날 수밖에 없다. 특히 기존 조직이 통제력과 지위 상실에 대한 우려가 클 때 혁신을 주도하는 조직에 대한 반감이 생기고 디지털 전환 과제 수행에 필요한 협력이 일어나지 않는다. 변화의 크기가 클수록 밀어내는 반작용도 크게 마련이다. 조직 구성원들은 새로운 변화의 이점, 즉 혁신의 효능감을 경험하지 못하면 변화를 수용하는 노력을 굳이 하지 않는다.

디지털 전환에서 디지털 기술은 수단에 불과하다. 디지털 전환 추진에서 가장 중요한 것은 구성원의 목적의식이다. 디지털 전환이 구성원들을 도와서 더 효율적인 결과를 만들고 결과적으로 더 나은 성과를 만들 수 있다는 기대와 신뢰가 있어야만 순방향으로 진행된다. 이때 상위 관리자의 역할이 중요하다. 자기 조직이 하는 일에 디지털 전환이 과연 어떤 이점을 가져올 수 있을지 구성원들과 같이 업무에 구체적으로 대입해 보고 가능성을 살피는 일을 직접 이끌어야 한다. 이와 동시에 디지털 전환에 참여하는 구성원들의 역할과 역량 수준에 따라 맞춤형 교육을 제공하여 도와야 한다. 교육은 디지털 전환 수요가 높고 자발적으로 교육을 원하는 조직에 먼저 제공하는 것이 효과적이다.

디지털 전환을 추진할 때 그 변화를 직접 맞닥뜨리는 구성원들의 의견과 피드백을 수집해서 현실적인 어려움을 파악하고 개선하는 것도 필요하다. 기존 체계가 혁신 활동을 근본적으로 막고 있을 수 있다. 국내 대부분 기업이 적용하는 상대평가 방식과 성과보수 체계는 디지털 전환 조직의 특성을 고려하지 못하고 있다. 디지털 전환 조직은 다른 조직보다 인재 밀도가 높다. 상대평가 방식으로 인해 뛰어난 인재가 낮은 평가를 받게 되면 좋은 인재가 조직을 떠나게 될 수 있다. 디지털 전환 조직이 인재를 유치하고 유지하기 어렵게 만드는 심각한 문제다. 이처럼 디지털 전환 조직의 발전을 막는 레거시가 있을 때 이를 없앨 수 있는 강력한 리더십이 필요하다. 리더십이 레거시를 극복하고 새로운 체계를 도입하지 못하면 실패할 수밖에 없다.

• 인적 자원과 디지털 전환 예산 확보의 어려움

디지털 전환 실현에는 상당한 규모의 비용이 투입된다. 투자 여력이 작은 기업의 조직은 디지털 혁신 이니셔티브에 필요한 자원 확보에 어려움을 마주하게 된다. 여기서 말하는 '자원'은 전문인력과 디지털 전환 과제 예산을 의미한다. 전담 조직의 독립 예산 그리고 전문인력은 디지털 혁신을 성공으로 이끌어가는 데 결정적인 요소들이다. 특히 독립 예산은 디지털 전환 조직이 과제 수요조직의 예산에 의존하지 않고 과제를 적극적으로 추진할 수 있게 하는 큰 힘이다.

디지털 전환 조직 구축은 매우 어려운 도전 과제다. 제로베이스에서 디지털 전환 조직을 시작할 때 충분한 전문인력을 확보하는 것부터 난제다. 높은 수준의 외부 디지털 인재를 확보하고 유지하려면 상당한 수준의 예산이 배정되어야 한다. 내부에서도 지속해서 인재를 충원할 수 있어야 한다. 하지만 삼성전자나 LG전자 같은 기술 중심 대기업을 제외한 많은 전통 기업은 디지털 인재를 내부에서 양성할 수 있는 인적 기반이 약하다. 결국 필요 자원을 충분히 확보할 수 없는 상황에서는 자사의 디지털 전환 추진 여력에 대한 냉정한 분석과 인식이 선행되어야 한다.

디지털 전환은 기업마다 서로 다른 출발점에서 시작할 수밖에 없고 저마다 도착점도 다르다. 디지털 전환은 자신이 투자할 수 있는 자원을 토대로 현실적인 전략과 목표를 설정해야 중도 포기에 이르지 않는다. 디지털 전환은 무모하지 않게 성공할 수 있는 목표를 세우는 것에서 시작한다. 목표가 명확하고 실현 가능할 수 있게 자원과 노력을 효율적으로 할당하고 관리할 수 있어야 한다.

• 리스크 관리역량의 부재

디지털 전환은 디지털 기술의 도입으로 기존의 비즈니스 프로세스를 개선 또는 확장하는 과정에서 새로운 리스크를 만들어낼 수 있다. 리스크에는 데이터 보안과 개인정보보호 문제 그리고 새로운 체계 전환 때 발생할 수 있는 운영 중단과 같은 오퍼레이션 리스크가 포함된다. 이러한 리스크 관리의 중요성을 개인정보보호를 예로 들어 살펴보자. 디지털 기술의 도입은 개인정보보호법같이 점차 강화되는 법률과 규정 위반 리스크를 안고 있다. 특히 글로벌 시장에서 활동하는 기업의 경우 유럽, 미국, 러시아, 중국 등 각 나라의 데이터 보호, 개인정보보호, 고객 보호 관련 정책과 법률에 대응해야 한다.

개인정보보호를 최우선의 가치로 여기는 유럽은 '개인정보를 최우선으로 보호'하는 개인정보보호 규정GDPR, General Data Protection Regulation을 적용한다. 먼저 사용자로부터 자신과 관련된 데이터 수집과 활용에 명시적으로 동의받아야만 수집을 허용하는 옵트인 Opt-In 방식이다. 반면 미국은 옵트아웃Opt-Out 방식이다. 옵트아웃 방식은 기본적으로 사용자가 데이터 수집과 활용을 원하지 않는다고 명시적으로 거부하기 전까지는 기업이나 기관이 사용자의 사전 동의 없이 데이터를 수집하고 활용할 수 있다. 미국은 개인정보보호 규제가 유럽에 비해 상대적으로 느슨한 편이다. 그러나 미국도 주마다 다르지만 점차 옵트인 방식을 도입하는 추세다. 예를 들어 캘리포니아주는 캘리포니아 고객 개인정보보호법CCPA, California Consumer Privacy Act을 통해 옵트인 방식을 도입했다.

세계적으로 개인정보보호법이 강화되는 추세는 전통 기업이 고객 데이터를 활용하는 디지털 전환을 추진할 때 강력한 도전이 된다. 그래서 미국과 유럽의 기업들은 일찌감치 개인정보 관련 법 대응 변화관리, 데이터 개인정보 컴플라이언스 전담 인력 확보, 개인정보 대응 프로세스 운영, 그리고 컴플라이언스 책임자 지정 등 개인정보 리스크에 대응하고 있다. 과거 개인정보 데이터를 다루지 않았거나 개인정보 데이터를 별도로 관리하지 않았던 기업은 이런 리스크에 노출될 수밖에 없다. 개인정보보호 등 법률적 규제는 일반적으로 일정 기간의 고지 및 유예 기간을 거쳐 효력을 발휘한다.

따라서 관련 법률의 동향을 지속해서 추적하고 영향을 분석하고 이를 기반으로 제품과 서비스의 변화관리를 할 수 있어야 한다. 개인정보보호를 담당하는 컴플라이언스 책임자와 조직의 구축은 디지털 전환 리스크 관리역량 확보에서 매우 중요하다.

7

점진적이고 지속적인 방식으로 접근하라

"결국 살아남은 종은 강인한 종도 아니고 지적 능력이 뛰어난 종도 아니라 변화에 가장 잘 적응하는 종이다."

진화론의 창시자 찰스 다윈의 말은 디지털 전환에도 그대로 적용된다. 생존을 위해 변화에 적응하는 과정이 디지털 전환이다. 그런데 디지털 시대의 변화는 일회적 변수가 아니라 상수다. 계속 움직이는 동사다. 그래서 디지털 전환의 성공과 실패도 완성형이 아니라 변화의 과정으로 이해하는 게 더 정확하다.

이런 이유로 조직이 나아가야 할 미래의 방향과 장기적 목표를 명확하게 수립해야 디지털 전환이 일관되게 진행될 수 있다. 문제는 속도와 결과에 대한 경영진의 조급함이다. 특히 시장의 리더로 군림해 온 기업일수록 낯선 비즈니스 모델로 기존 생태계를 위협하는 디지털 기업들의 등장에 빠르게 대응해야 할 강한 압박감을 느낀다. 사업 방식을 빨리 전환하지 않으면 도태될 것이라는 위기감이 높아진다. 이들의 목표는 과거에 그랬듯이 새로운 디지털 생태계의 리더로 변신하는 것이다. 이들은 풍부한 자본을 무기로 엄청난 규모의 디지털 전환을 시작한다. 하지만 대형 프로젝트에 대한 큰 투자와 기대가 항상 성공적 결과로 이어지는 것은 아니다.

네덜란드의 다국적 통신사인 베온Veon은 2017년에 디지털 플랫폼 개발에 나섰다. 새로운 디지털 플랫폼은 사용자에게 풍부한 현지화된 경험을 제공하고 마스터카드와 같은 상업 파트너를 위한 판매 채널 역할을 하는 모바일 앱을 만드는 것이 아이디어였다. 암스테르담에 100명의 직원과 런던 사무실에 100명 정도의 직원이 참여한 거대한 프로젝트였다. 팡파르를 울리며 출시했으나 고객 반응은 냉담했고 새로운 생태계를 구축하려는 노력은 무산됐다. 경영진은 대폭 교체되었고 그동안 쏟은 노력은 중단되고 말았다. 디지털 전환 전략은 원점으로 돌아갔다. 『하버드 비즈니스 리뷰』는 베온과 같은 회사는 핵심 오퍼레이션에서 문제 있는 프로세스를 하나씩 찾아서 계속 디지털화해 나가는 방식의 점진적인 접근 방식을 취하는 것이 훨씬 나을 수 있다고 진단했다(HBR, 2020).

수천억 원에 이르는 대규모 투자는 기업의 운명을 결정하는 도전이다. 실패했을 때 기업이 받는 타격은 엄청나다. 디지털 도박이 실패하면 근로자는 일자리를 잃고 물리적 자산은 헐값에 처분되어야 한다. 단기간에 대규모 자원을 투입하는 대형 프로젝트가 곧 디지털 전환의 큰 성공을 보장하는 것은 아니다. 그보다 오히려 점진적인 변화를 추진하는 방식이 더 현명할 수 있다. 문제는 이런 방식의 디지털 전환은 당장 눈에 띄는 성과를 기대하기 어렵다는 것이다. 여기서 현실적인 문제가 발생한다. 스포트라이트를 받는 만큼 경영진은 성과도 빨리 증명하고 싶다. 입으로는 장기적 비전과 전략을 강조하지만 성공에 대한 압박감이 크다. 변화는 아직 미미한데 회사의 사업 실적도 좋지 않으면 미래의 성과를 약속하며 현재를 버틴다는 게 참 어려운 일이다. 실제로 프레딕스 플랫폼 개발에 수조 원의 돈을 쏟아부은 GE디지털은 엄청난 손실을 메우기 위해 당장 돈이 되는 솔루션 개발에 집중했다. 그 결과 GE의 각 사업부를 지원하는 개발팀의 역할에 매몰되었고 매각의 대상이 되었다.

디지털 전환은 많은 자원을 투입해 한 번에 끝낼 수 없다. 애초에 원샷 과업이 가능하지 않으며 지속적인 투자로 진행된다. 디지털 전환 과제를 선정할 때는 한 번에 많은 자원을 올인하는 방식 대신 소규모 과제로 시작해서 결과에 따라 문제 해결 범위와 수준을 조절하는 방식이 유리하다. 이러한 방식은 개발 범위를 작게 나누어 점진적으로 개발하는 애자일 방식과 잘 맞는다. 예를 들어 생산공정 디지털 전환은 큰 문제를 작은 부분의 문제로 나누어 해결하는 분할정복Divide & Conquer 방식을 적용할 수 있다. 각 단위 공정의 데이터를 활용해서 문제를 풀고 최종적으로는 단위 공정들을 연결해서 전체 공정의 문제를 해결하는 것이다.

전체 디지털 전환 과제를 여러 하위 과제나 프로젝트로 나눠서 진행하면 각 하위 과제의 중요도, 긴급도, 투자 대비 수익ROI, Return On Investment 등을 고려하여 우선순위를 정할 수 있어 효과적인 자원 배분이 가능하다. 또 각 하위 과제를 독립적으로 또는 일부 연관된 과제끼리 엮어서 실행할 수 있다. 하위 과제가 완료되면 초기 단계에서 얻은 성과와 통찰력을 바탕으로 다음 단계의 방향성을 설정하면서 점진적으로 과제들을 확장하고 통합할 수 있다. 혁신은 실험을 통해 배우면서 역량을 쌓는 시간을 요구한다. 디지털 전환은 조급하면 망한다.

8

강력한 실행력으로 디지털 전환을 하라

디지털 혁신이 기업의 경쟁력을 강화하는 주요 도구로 부상하면서 많은 기업이 자신들만의 디지털 전환을 추구하고 있다. 이런 전환은 단순히 기술의 적용에 그치는 것이 아니라 기업의 핵심 가치와 비즈니스 모델의 재정립을 포함한다. 이런 이유로 전통적인 비디지털 기업이 디지털 전환을 통해 디지털 기업으로의 변신을 목표로 하는 것은 대담한 도전이라고 볼 수 있다.

그러나 디지털 전환의 성공이 반드시 큰 변화로 직결되는 것은 아니다. 실제로 현장에서 겪는 문제를 디지털 기술로 해결하고 그 효과로 비즈니스가 작게나마 긍정적인 방향으로 변화한다면 그것으로도 성공적인 디지털 전환이라고 할 수 있다. 디지털 전환은 단순히 기술적인 변화만을 의미하는 것이 아니다. 운영 방식의 변화, 비즈니스 모델의 혁신, 고객 경험의 개선, 팀의 문화와 협력 방식

그리고 기업 내부의 운영 방식에 이르기까지 기업 전체의 전략과 비전에 근거한 포괄적인 변화가 필요하다.

모든 기업이 같은 목표와 접근 방식을 일률적으로 적용해 디지털 전환을 추진할 수 없다. 각 기업은 그들만의 독특한 문화, 역사, 비즈니스 모델 등을 가지고 있다. 이 모든 영역에서 디지털 전환을 추진하면서 모든 기업이 자신만의 경로를 찾아야 한다. 그 경로에 따라 맞춤형 디지털 전환 방법론을 정립해야 한다. 이를 기반으로 강력한 실행력을 갖추어야만 진정한 디지털 전환의 성과를 거둘 수 있다. 디지털 기술은 변화를 돕는 도구다. 기업은 디지털 전환을 추구할 때 디지털 기술이 현장의 문제를 어떻게 해결할 수 있고 디지털 전환으로 비즈니스 모델과 외부와 내부의 고객 경험 등에 어떤 영향을 미칠지 깊게 고민해야 한다.

디지털 전환은 기업의 사업 모델과 그에 따른 고유한 운영 방식 그리고 조직문화 등 기업의 특성과 환경을 고려한 실행 방안을 찾지 못하면 실패한다. 디지털 전환 실행에 필요한 조직 역량과 추진 환경에 대한 냉정한 문제 인식과 분석으로 자사의 비즈니스 모델, 매출 및 수익 구조, 조직 내 역학, 인재 역량, 그리고 최고경영자의 디지털 전환에 대한 비전 및 지지 수준을 정확하게 파악해야 한다. 이 과정에서 디지털 전환 조직이 변화관리를 얼마나 효과적으로 수행할 수 있는지 스스로 판단할 수 있다. 적절한 추진 전략과 목표를 설정하는 능력은 철저한 자기 인식을 바탕으로 가능하다.

2021년 애비ABBYY의 조사에 따르면 주요 디지털 전환 이니셔티브로 프로세스 혁신과 고객 경험 혁신을 꼽고 있으며 디지털 전환을 위한 전담팀을 운영 중인 기업이 약 45%에 달한다. 그러나 상당수 기업이 디지털 혁신 프로젝트를 중단하거나 목표를 달성하지 못하고 있다. 이러한 문제의 원인은 레거시 시스템 대체의 어려움, 예산 확보의 어려움, 조직 내 필요 역량 확보의 어려움 등으로 나타났다. C레벨 경영진은 이러한 문제들을 인식하지 못하고 있으며 오히려 자사가 디지털 전환에 잘 대비하고 있다고 생각하고 있다. 반면에 실무 관리자들은 이에 동의하지 않는 것으로 나타났다(Business Wire, 2021).

거대 소비재 기업인 피앤지P&G는 '지구에서 가장 디지털화된 회사'를 목표로 디지털 전환을 시작했지만 결과는 실패였다. 목표 설정의 오류 때문이었다. 지구에서 가장 디지털화된 회사가 되기 위한 실행 계획은 과도한 투자로 이어졌다. 그러나 소비재 기업이 가장 민감하게 대응해야 할 경기 침체라는 대외 경제 환경 요소를 간과했다. 자사의 사업 모델에 맞게 기존 제품과 프로세스 혁신에 초점을 맞춘 소규모 디지털 전환에 집중해야 했다. 하지만 자사가 처한 경제 상황을 정확하게 인식하지 못했고 결과적으로 필요 이상의 규모로 디지털 전환을 추진하는 실수를 범했다(Forbes, 2019).

국내 기업들은 디지털 전환을 추진하는 과정에서 글로벌 기업의 성공 사례를 활용하는 경우가 적지 않다. 하지만 디지털 전환은 벤치마킹만으로 성공할 수 없다. 디지털 전환 선도기업이나 경쟁기업의 사례는 방향과 수단에 대한 정보를 파악하는 용도일 뿐이다. 자기 조직에 적합한 실행 방안을 찾으려면 주어진 여건 안에서 자신만의 접근법으로 디지털 전환 과제를 해결해 보는 경험이 중요하다. 실제 현장에서는 교과서에 나오지 않는 저마다의 다양하고 고유한 문제들에 직면한다. '실행을 통해 자신만의 접근법의 유효성을 검증하고 경험을 축적해 나가는 것'이 필요하다. 디지털 전환 실행력은 성공 공식을 기계적으로 적용해서 얻어지는 것이 아니다. 실전을 통해 부딪히면서 강화된다. 실패든 성공이든 실제 경험을 통해 기대와 현실 사이의 괴리를 줄이지 못하면 디지털 전환은 성공할 수 없다.

2장

디지털 전환 조직은
어떻게 성과를 만들어낼까

The DX

1

전략과 실행력은 마차의 수레바퀴다

성과는 좋은 전략과 탁월한 실행의 결과다. 사냥 잘하는 방법을 잘 알고 계획을 세워야 숲에서 헤매지 않는다. 또 아는 것만큼 실제로 목표물을 잡아 오는 실행력이 중요하다. 전략과 실행력은 마차의 수레바퀴인 셈이다. 어느 하나라도 부실하면 마차는 주저앉고 만다.

좋은 전략은 기본적으로 실행력을 극대화한다. 디지털 전환에서 성과를 거두는 기업들의 공통점은 전략과 실무진을 잘 연결하여 성과로 이어가는 능력이 탁월하다는 점이다. 디지털 전환의 성공은 단순히 기술을 잘 적용하는 것만이 아니다. 전략적 사고와 효과적인 실행력의 결합에 달려 있다. 그렇다면 디지털 전환 성과를 어떻게 극대화할 것인가. 실행력을 높이는 전략을 점검하는 것에서 출발해야 한다.

디지털 전환 전략의 핵심은 다음과 같이 크게 4가지로 정리할 수 있다. 첫째, 고객 중심의 사고와 행동이 출발점이다. 고객 행동의 변화와 기대를 민감하게 포착하여 고객의 요구와 경험을 깊이 이해하고 고객 경험을 개선하는 데 집중해야 한다. 둘째, 데이터 분석과 통찰이다. 데이터를 통해 시장 동향을 예측하고 고객 행동을 분석하여 의사결정 과정에 활용할 수 있어야 한다. 그래야 더 정교하고 효과적인 전략을 수립할 수 있다. 셋째, 프로세스 디지털화와 자동화다. 기업의 내부 프로세스를 디지털화하고 자동화하여 효율성을 증대시키고 자원을 최적화할 수 있다. 이로 인해 비용 절감뿐만 아니라 신속한 의사결정을 통해 고객의 요구에 빠르게 대응하고 민첩한 대응을 통해 시장 변화에 유연하게 대응할 수 있다. 넷째, 오픈 이노베이션이다. 혁신은 종종 조직의 경계를 넘어서 발생한다. 조직의 경계를 넘어 외부의 아이디어, 기술, 전문성 등을 적극적으로 활용하여 새로운 시장 기회를 창출하고 경쟁 우위를 확보할 수 있다.

디지털 전환 성과를 극대화하는 실행 전략은 이처럼 크게 4가지로 정리된다. 각 전략은 상호 연결되어야 하고 전체 비즈니스 전략과 긴밀히 통합되어야 한다. 디지털 전환의 성공은 각 전략이 얼마나 잘 실행되고 조직 내부의 문화와 프로세스에 통합되는지에 달려 있다. 전략적 접근과 실행력의 조화는 디지털 전환 성공의 필수 요소다.

• 전략 1. 모든 디지털 전환 과제의 초점은 고객에 맞춘다

고객 경험의 개선은 브랜드 충성도와 장기적인 비즈니스 성공을 이끄는 핵심 요소이며 디지털 전환의 궁극적인 목표다. 고객 중심 디지털 전환은 모든 디지털 전환의 노력을 고객의 필요와 경험에 맞추는 것이다. 고객의 구매 패턴, 선호도, 행동 등을 이해하고 이를 바탕으로 맞춤형 제품과 서비스를 제공해서 고객 만족도를 높여야 한다.

고객 선호도뿐만 아니라 고객의 피드백을 적극적으로 활용하면 제품 개발, 서비스 개선, 마케팅 등 다양한 분야에서 비즈니스를 개선할 수 있다. 먼저 고객 피드백은 제품 개발에 중요한 정보를 제공한다. 고객이 어떤 기능을 원하는지, 어떤 부분이 불편한지 등을 파악하여 제품 개발에 반영하여 고객 만족도를 높일 수 있다. 둘째, 고객 피드백은 서비스 개선에 도움이 된다. 고객이 서비스에 대해 어떤 의견을 갖고 있는지, 어떤 부분이 개선돼야 하는지 등을 파악해 서비스 품질을 향상시킬 수 있다. 셋째, 고객 피드백은 마케팅에 활용할 수 있다. 고객의 관심사와 취향을 파악하여 맞춤형 마케팅을 진행하여 고객의 구매 욕구를 자극할 수 있다.

아마존 쇼핑 서비스의 개인화 전략은 이제 고전이다. 서비스 초기부터 고객 피드백을 적극적으로 활용한 결과다. 아마존은 고객의 구매 이력, 검색 기록, 리뷰 등을 분석하여 관심사에 맞는 상품을 추천한다. 이러한 고객 경험 중심 전략 덕분에 아마존이 전자상거래 분야에서 두각을 나타내며 시장의 주요 플레이어로 자리매김할 수 있었다. 에어비앤비도 사용자의 예약 패턴과 선호도를 분석해 개인화된 숙박 옵션을 제공하고 고객 피드백을 바탕으로 호스트와 숙소의 품질을 관리한다. 에어비앤비 또한 이런 맞춤형 여행 경험 제공을 통해 숙박 공유 플랫폼의 선두 주자가 될 수 있었다. 이렇듯 고객 중심 접근 방식은 기업이 디지털 전환을 통해 고객 경험을 혁신하고 시장에서 경쟁 우위를 확보하는 데 핵심적인 역할을 할 수 있다.

고객 피드백을 수집하고 분석하기 위해서는 고객 데이터를 수집, 관리, 분석할 수 있는 디지털 플랫폼이 필요하다. 디지털 플랫폼은 고객 데이터를 효율적으로 수집하고 통합하여 분석할 수 있도록 지원한다. 또한 분석 결과를 시각화하여 이해하기 쉽게 제공할 수 있다. 대표적인 디지털 플랫폼으로는 고객 데이터 플랫폼 CDP, Customer Data Platform과 고객관계 관리CRM, Customer Relationship Management 시스템이 있다. 고객 데이터 플랫폼은 고객 데이터를 통합하여 관리하고 분석할 수 있도록 지원한다. 고객관계 관리 시스템은 고객의 정보를 관리하고 고객과의 관계를 강화하기 위한 시스템이다.

고객 중심 디지털 전환을 추진할 때 어려운 점은 고객 접점에 있는 조직 간 협업이다. 오프라인 매장과 오프라인 고객 데이터 관리는 각국 법인이나 지역의 영업 조직이 책임지고 있다. 반면에 온라인 사이트와 온라인 고객 데이터 관리는 본사 마케팅 조직의 거버넌스에 따라 각 지역 마케팅 조직이 협업하는 구조가 대부분이다. 이런 비대칭적이고 이원적인 책임 구조에서 고객 데이터를 통합하는 방안을 마련해야 한다. 그러기 위해서는 온오프라인 고객 데이터를 통합하는 역할을 디지털 전환 조직의 고객 데이터 플랫폼이 담당한다. 그리고 영업 조직의 고객관계 관리 시스템은 오프라인 고객 데이터를 고객 데이터 플랫폼에 공급하는 방식으로 서로 연결하는 것이다. 이런 상호 연동을 통해 영업 조직은 온오프라인 전방위 360도 뷰View 고객 데이터를 활용할 수 있게 된다.

• 전략 2. 데이터 기반 의사결정 체계를 구축한다

데이터 기반 의사결정은 조직 내에서 수집된 대량의 데이터 분석 결과를 중요한 비즈니스 의사결정에 활용하는 것을 말한다. 데이터 기반 의사결정의 성공 여부는 데이터의 품질, 데이터 분석 방법의 적절성, 그리고 의사결정자의 역량에 달려 있다.

기업이 직원들의 업무 생산성과 커뮤니케이션 효율성을 높이기 위해서는 직원들이 필요로 하는 데이터를 최대한 잘 제공해야 한다. 경영진은 지시를 내리는 대신 직원들이 정보에 기초하여 결정을 내릴 수 있도록 권한을 부여해야 한다. 예를 들어 대출 담당자는 신청자의 데이터 시각화를 사용하여 위험한 대출인지 여부를 판단할 수 있다. 하역장 관리자는 하역 시간과 각 제품의 고유 사양에 대한 종합적인 지식을 바탕으로 창고 운영을 간소화할 수 있다. 사업기획 담당자는 정확한 데이터 분석을 통해 시장 트렌드를 예측하고 고객과 비즈니스에 대한 이해는 높이면서 리스크는 최소화하여 비즈니스를 효과적으로 수행할 수 있다.

또한 좋은 의사소통은 그룹 프로젝트의 실행 속도를 높이고 완료 시점을 앞당길 수 있다. 직원들이 서로의 업무에 대한 정보를 공유하고 협력할 수 있도록 지원하는 것이 중요하다(Centric Digital, 2015).

데이터 기반 의사결정에 사용되는 데이터는 크게 내부 소스와 외부 소스로 구분할 수 있다. 내부 소스는 기업이 자체적으로 보유한 데이터를 말한다. 대표적인 내부 소스로는 회계 시스템의 매출, 비용, 이익과 같은 재무 데이터가 있다. 그리고 고객관계 관리 시스템의 고객 관련 정보, 구매 이력, 서비스 요청 기록, IT 정보 시스템의 생산, 재고, 판매, 인사 데이터 등이 있다. 이러한 내부 소스의 데이터는 기업의 현재 상태와 성과를 파악하는 데 유용하다. 또한 기업의 목표를 달성하기 위한 전략을 수립하고 실행하는 데 중요한 정보를 제공한다.

외부 소스는 기업 외부에서 수집한 데이터를 말한다. 대표적인 외부 소스로는 시장조사 기관이 제공하는 시장 동향, 경쟁사 분석, 업계 보고서, 소셜 미디어 및 온라인 사이트에 있는 사용자 리뷰와 댓글, 검색 트렌드 데이터, 정부, 공공기관, 연구 기관의 통계 데이터, 경제 지표, 규제 관련 정보 등 여러 가지 데이터가 있다. 이러한 외부 소스의 데이터는 기업의 외부 환경을 이해하고 변화하는 트렌드를 파악하는 데 유용하다. 또한 기업의 경쟁력을 강화하고 새로운 기회를 발굴하는 데 중요한 정보를 제공한다.

데이터 기반 의사결정을 위해서는 다양한 내외부 소스의 데이터 분석 결과를 내부 고객에게 전달하는 수단을 구축해야 한다. 이러한 수단은 크게 두 가지로 나눌 수 있다. 첫 번째는 데이터 분석 결과를 시각적으로 표현하여 이해하기 쉽게 해주는 대시보드와 시각화 도구이다. 대시보드는 다양한 데이터를 한눈에 파악할 수 있도록 도와준다. 시각화 도구는 데이터를 다양한 그래프, 차트, 지도 등으로 표현하여 이해를 돕는다. 두 번째는 최종 분석 결과뿐만 아니라 원천 데이터를 분석가들에게 제공하는 도구이다. 원천 데이터를 통해 분석가들은 데이터의 세부 내용을 파악하고 다양한 시각에서 분석을 수행할 수 있다.

원천 데이터를 분석가들에게 제공하기 위해서는 데이터 웨어하우스와 데이터 레이크를 구축해야 한다. 데이터 웨어하우스는 기업 IT 정보시스템의 데이터를 통합하여 저장하는 시스템이다. 데이터 웨어하우스는 정형 데이터를 주로 저장하며 분석에 필요한 데이터를 빠르게 조회할 수 있도록 설계되어 있다. 데이터 레이크는 정형과 비정형을 포함하는 다양한 형태의 원천 데이터를 있는 그대로 저장하는 시스템이다. 데이터 레이크는 다양한 종류의 데이터를 저장할 수 있으며 분석에 필요한 데이터를 추출하여 가공하는 과정이 필요하다.

데이터 웨어하우스와 데이터 레이크를 통해 다양한 소스의 원천 데이터를 중앙에 저장하면 분석가들은 필요에 따라 원천 데이터에 접근하여 분석을 수행할 수 있다. 이때 분석가들이 전사적으로 보유하고 있는 데이터의 내용과 형식 그리고 위치를 파악할 수 있도록 데이터 카탈로그를 제공해야 한다. 데이터 카탈로그는 데이터의 메타 데이터를 관리하는 시스템으로 분석가들이 데이터를 쉽게 찾고 사용할 수 있도록 도와준다.

이러한 분석 수단들을 통합적으로 제공하는 방안은 데이터 포털이다. 데이터 포털은 데이터 분석 결과의 최종 고객뿐만 아니라 데이터를 가공하고 분석하는 데이터 엔지니어, 데이터 사이언티스트 그리고 데이터 애널리스트 들이 모두 모이는 데이터 중심 커뮤니티 공간이다.

데이터 포털은 디지털 전환 전사 조직의 책임으로 데이터 수집, 관리, 거버넌스 등 데이터 관련 전반적인 업무를 담당한다. 데이터 거버넌스는 데이터의 품질, 보안, 접근성, 활용성 등을 보장하기 위한 정책과 프로세스를 설계하고 운영하는 것이다. 데이터 포털 조직이 데이터 거버넌스 책임을 같이 가져가는 것이 바람직하다. 데이터 거버넌스 책임이 다른 조직에 있으면 리스크를 막는 수비 역할에만 주력해서 데이터 활용을 위축시킬 수 있기 때문이다. 데이터 포털과 데이터 거버넌스를 한 조직이 운영하면 방패로 막으면서 동시에 창으로 공격하는 운용의 묘를 전략적으로 발휘할 수 있다.

• 전략 3. 프로세스를 디지털화하고 자동화한다

비즈니스 프로세스 혁신은 기업의 디지털 전환에 매우 중요한 영역이다. 디지털화를 통해 데이터와 정보의 흐름을 개선해서 의사결정 속도를 높인다. 그리고 반복적이고 시간 소모적인 작업을 자동화해서 오류를 줄이고 고객 만족과 직결된 제품과 서비스의 품질을 높여 기업의 오퍼레이션 경쟁력이 크게 향상된다.

보쉬Bosch는 독일의 블라이하흐Blaichach 공장의 생산 및 물류 프로세스를 디지털로 통합하고 자동화했다. 보쉬의 디지털 전환 전략의 중심에는 자체 개발한 산업 4.0 소프트웨어 넥시드Nexeed가 있다. 6만 개 이상의 센서에서 데이터를 분석해 예지보전Predictive Maintenance을 가능하게 하고 기계 가동 중단 시간을 줄였다. 물류를 최적화해 자재를 운반하는 차량 상태와 운송 경로에 대한 실시간 정보를 제공하여 제조 효율성과 품질을 대폭 향상시켰다. 넥시드의 도입으로 보쉬의 생산성이 최대 25% 증가했고 재고가 최대 30% 감소했다(Bosch, 2023).

로봇 프로세스 자동화RPA, Robotic Process Automation는 반복적인 작업을 자동화해 기업의 생산성 향상과 비용 절감을 돕는 기술이다. 소비재 회사는 로봇 프로세스 자동화를 활용하여 고객 주문 처리, 청구서 및 송장 생성, 데이터 입력 등과 같은 업무를 자동화하고 있다. 은행은 고객 서비스, 거래 처리, 보고서 작성 등에 로봇 프로세스 자동화를 적용하여 업무 효율성을 높이고 있다. 병원과 보험사는 환자 데이터 관리, 청구서 처리, 의료 보고서 작성 등과 같은 업무에 로봇 프로세스 자동화를 도입하여 업무 부담을 줄이고 있다. 로봇 프로세스 자동화와 생성형 인공지능을 함께 활용하면 더욱 강력한 생산성 도구가 될 수 있다. 예를 들어 데이터를 자동으로 분석하여 보고서를 작성하거나 사람의 질문을 이해하여 대화하듯 응답하는 서비스에 활용할 수 있다.

기존 프로세스의 디지털화뿐만 아니라 협업 커뮤니케이션 같은 비정형 프로세스에서도 팀즈Teams, 지라Jira, 컨플루언스Confluence, 노션Notion, 슬랙Slack 같은 디지털 협업 도구를 활용하는 것이 필요하다. 디지털 협업 도구는 팀원들 간의 의사소통과 협업을 간소화하여 프로젝트 관리, 문서 공유, 실시간 커뮤니케이션 등을 용이하게 한다. 이는 업무 흐름의 효율성을 높이는 데 기여한다.

디지털 협업 도구를 도입할 때 가장 큰 문제는 상위 조직장들의 저조한 참여다. 이들은 오프라인 대면 방식의 보고 문화에 익숙하기 때문이다. 또한 조직의 디지털 숙련도가 낮을수록 사용률이 떨어진다. 이를 극복하기 위해서는 소규모 단위에서 먼저 협업 도구를 도입하여 성공 사례를 만들고 조직 전체로 확산시키는 것이 효과적이다.

• 전략 4. 오픈 이노베이션으로 외부 역량을 적극 활용한다

오픈 이노베이션은 기업이 외부 파트너와 협력하여 새로운 제품, 서비스, 기술 등을 개발하는 방식이다. 다양한 산업 분야에서 디지털 전환 성과를 극대화할 수 있는 중요한 전략으로 주목받고 있다. 오픈 이노베이션은 기업의 내재 역량을 보완하고 새로운 아이디어와 기술을 확보하는 데 도움이 된다. 기업이 자체적으로 보유하지 못한 역량이나 기술을 외부 파트너로부터 확보할 수 있기 때문이다. 또한 다양한 분야의 전문가들과 협력함으로써 새로운 시각과 통찰력을 얻을 수 있다.

일반기업들이 많이 사용하는 전형적인 오픈 이노베이션 유형은 '협업형'이다. 다양한 기업 및 연구 기관과 협력하여 공동 개발, 기술 교환, 투자 등을 진행한다. 두 번째는 '경쟁형'이다. 기술 챌린지나 해커톤과 같은 경쟁 형식을 통해 최고의 아이디어와 솔루션을 찾는다. 일론 머스크가 설립한 우주선 회사 스페이스엑스는 초대형 발사체인 스타십에 필요한 우주 기술과 솔루션 개발에 해커톤을 활용했다. 스페이스엑스는 해커톤을 통해 스타십의 엔진 설계, 연료 시스템 개발, 착륙 기술 등 다양한 분야에서 아이디어를 모았다. 또한 우주 산업 전문가들의 피드백과 도움을 받아 스타십의 개발을 더욱 빠르게 진행할 수 있었다.

세 번째는 '고객 참여형' 오픈 이노베이션이다. 고객 참여형 오픈 이노베이션은 고객의 아이디어와 피드백을 제품 개발과 서비스 개선에 활용하는 방식이다. 기업은 자사의 사이트에 고객 참여 창구를 운영하거나 크라우드펀딩 서비스에 제품을 최소기능제품 개념으로 출시하여 시장 반응을 미리 알아볼 수 있다.

완구회사 레고는 고객들의 창의성을 발휘할 기회를 제공하기 위해 자사 웹사이트에서 레고 아이디어즈라는 플랫폼을 운영하고 있다. 이 플랫폼을 통해 고객들은 자신의 레고 상품 아이디어를 제출하고 다른 사용자들의 투표를 받을 수 있다. 만약 아이디어가 충분한 지지를 받으면 레고는 이를 실제 제품으로 개발하고 판매한다.

피앤지P&G 역시 '연결+개발Connect+Develop'이라는 프로그램을 통해 외부 혁신자들과 협력하여 새로운 제품을 개발하고 있다. 이 프로그램은 전 세계의 혁신자들을 대상으로 제품 아이디어를 공모하고 선정된 아이디어를 실제 제품으로 개발하는 방식으로 운영된다. 피앤지P&G는 이 프로그램을 통해 기존의 연구개발 방식에 비해 새로운 제품을 개발하는 데 소요되는 시간을 단축하고 개발 비용을 절감하는 효과를 거두고 있다.

스타벅스는 '마이 스타벅스 아이디어My Starbucks Idea'라는 웹사이트를 통해 고객들로부터 제품, 서비스, 고객 경험 개선 등에 대한 아이디어를 수집하고 있다. 이 웹사이트를 통해 고객들은 자신의 아이디어를 제안하고 다른 고객들과 토론할 수 있다. 스타벅스는 이런 피드백을 제품과 서비스 개선에 활용한다. 고객의 의견을 제품과 서비스에 반영함으로써 고객 만족도를 높이고 매출을 증대하는 효과를 거두고 있다.

오픈 이노베이션의 한 유형으로 기업이 자신의 사업과 시너지를 낼 수 있는 스타트업에 전략적 투자를 하는 경우가 있다. 이러한 투자를 목적으로 조성한 펀드 또는 기업을 기업형 벤처캐피털CVC, Corporate Venture Capital이라고 한다. 스타트업얼라이언스가 발간한 「한국의 CVC들: 현황과 투자 활성화 방안」 보고서에 따르면 2022년 기준 국내 기업형 벤처캐피털 투자 규모는 전체 벤처캐피털 투자 규모의 31%에 달했다. 이는 전년 대비 10% 증가한 수치다. 그동안 대기업은 법적인 제약으로 기업형 벤처캐피털 설립에 어려움을 겪었다. 하지만 지난 2021년 12월에 일반지주회사의 제한적 기업형 벤처캐피털 보유를 허용한 이후에 대기업의 독립법인 기업형 벤처캐피털 설립이 늘어나고 있다(전자신문, 2023).

마지막 오픈 이노베이션 유형은 '오픈소스 전략'이다. 오픈소스 전략은 기업이 혁신과 개방을 추구하는 데 효과적인 방법이다. 오픈소스 전략은 크게 두 가지 방식으로 나눌 수 있다. 첫 번째 방식은 오픈소스를 가져다 쓰는 것이다. 두 번째 방식은 기업의 독점적 소프트웨어를 오픈소스로 개방하는 것이다.

첫 번째 방식인 오픈소스를 활용한 소프트웨어 개발 방식은 크게 두 가지로 나눌 수 있다. 한 가지는 오픈소스를 그대로 활용하는 방식이다. 이 방식은 오픈소스 소프트웨어의 장점인 무료, 개방성, 유연성 등을 활용하여 비용을 절감하고 개발 시간을 단축하는 데 도움이 된다. 구글의 안드로이드 운영체제와 리눅스 운영체제 등은 오픈소스 소프트웨어를 기반으로 개발되었다.

다른 한 가지는 오픈소스 소프트웨어를 기반으로 새로운 소프트웨어를 개발하는 방식이다. 이 방식은 오픈소스 커뮤니티를 통해 전 세계 개발자들의 참여와 협력을 끌어내고 이를 통해 새로운 기능과 혁신을 창출할 수 있다는 장점이 있다. 깃허브GitHub, 젠킨스Jenkins 등은 소프트웨어 개발을 위한 오픈소스 도구이다. 소프트웨어 개발자는 깃허브를 사용하여 코드를 저장하고 다른 개발자와 협업하고 버전 관리를 수행할 수 있다. 젠킨스는 소프트웨어 개발 프로세스를 자동화하여 개발 속도와 품질을 향상시킬 수 있다.

오픈소스 도입 전략은 기술 중심 기업에 유리하다. 오픈소스를 사용하면 최신 연구결과와 기술을 빠르게 도입하고 전 세계 개발자 커뮤니티의 지원을 받을 수 있다. 특히 자본과 자원이 부족한 스타트업이나 중소기업은 오픈소스 전략을 통해 개발 비용을 절감하고 제품 개발을 빠르게 진행할 수 있다. 클라우드, 데이터, 인공지능 등의 관련 분야 기업은 오픈소스 전략이 선택이 아니라 필수다. 전 세계 오픈소스 커뮤니티에 있는 개발자들이 집단 지성으로 만들어내는 혁신의 속도를 단일 기업 혼자서는 도저히 따라갈 수 없기 때문이다.

두 번째 오픈소스 전략은 자신의 독점적 소프트웨어나 기술을 오픈소스로 공개하는 것이다. 이 전략은 경쟁 우위를 유지하면서도 다른 기업과 협력해 새로운 가치를 창출할 수 있다는 장점이 있다. 대표적인 사례는 전기차 관련 특허를 모두 공개한 테슬라다. 테슬라는 2014년 6월에 일론 머스크가 올린 '우리의 특허는 모두 여러분 것입니다All Our Patent Are Belong To You'라는 제목의 글을 통해 전기차 관련 특허를 모두 공개하겠다고 발표했다. 일론 머스크는 이 결정에 대해 "전기차를 만드는 것은 전 세계 20억 대의 휘발유 차량과 경쟁하는 일이며 테슬라가 탄소 위기를 해결하기 위해서는 다른 회사들과 협력해야 한다."라고 설명했다. 전 세계 차량이 20억 대나 되는 상황에서 자신의 진정한 경쟁 상대는 다른 전기 자동차 회사가 아니라 "매일 전 세계 공장에서 쏟아져 나오는 엄청난 양의 휘발유 자동차" 회사이며 "테슬라가 탄소 위기를 해결할 만큼 빠르게 전기 자동차를 만드는 것은 불가능"하므로 특허 공개를 통해 전기 자동차를 만드는 다른 회사들과 함께 공통 기술 플랫폼을 개발해 나겠다는 것이다(Elon Musk, 2014).

테슬라의 오픈소스 전략은 크게 두 가지 측면에서 의미가 있다. 첫째, 전 세계 전기차 기술 커뮤니티의 참여를 유도하고 전기차 기술의 발전을 촉진할 수 있다는 것이다. 테슬라의 특허를 누구나 자유롭게 사용할 수 있게 되면 전 세계의 개발자들이 전기차 기술 개발에 참여할 수 있게 된다. 이는 전기차 기술의 발전 속도를 높이고 전기차의 가격을 낮추는 데 도움이 될 수 있다. 둘째, 전기차 시장의 확대를 촉진할 수 있다는 것이다. 테슬라의 오픈소스 전략은 다른 전기 자동차 회사들의 성장을 도와 전기 자동차의 전체 점유율을 높이기 위한 대승적 차원의 전략이다.

오픈소스 전략은 기업의 혁신과 경쟁력 강화에 기여할 수 있는 효과적인 방법이다. 기업은 자사의 상황에 맞는 오픈소스 전략을 선택해서 혁신적인 기업 문화를 조성하고 새로운 시장을 개척할 수 있다.

2
전략적 과제의 성공 확률을 높여야 한다

디지털 전환을 포함한 혁신 조직은 초기 2년 동안 대체로 유예 기간을 가진다. 이 기간에는 기존 조직과의 성과 경쟁에서 어느 정도 자유로워서 다양한 시도를 할 수 있다. 그러나 유예 기간이 끝나면 상황은 급변하여 다른 내부 과제와 성과나 예산 경쟁에 직면하게 된다. 3년 차에 그동안 추진했던 과제들의 결과가 부진하면 내부 경쟁에서 밀려 디지털 전환 프로젝트의 우선순위가 하락할 위험이 있다. 이 시점에 중요한 것은 유예기간 동안 추진했던 과제들이 설정한 목표를 달성하고 그 성과를 통해 지난 2년 동안의 디지털 전환 방향성이 옳았음을 증명하는 것이다.

디지털 전환의 성공은 전략적으로 우선순위가 높은 과제들의 성공 확률을 높이는 것에서 시작된다. 한정된 예산과 개발 자원을 전략적 우선순위가 높은 과제들에 효율적으로 배정하는 관리가 절대

우선순위 결정 프로세스

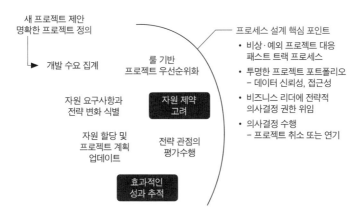

엔드 투 엔드 우선순위 결정 프로세스는 견고한 사실 기반 위에서 조직적 의사결정을 강화한다. (출처: Matching the right projects with the right resources, McKinsey & Company, 2017)

적으로 필요하다. 즉 디지털 전환 프로젝트 포트폴리오 관리PPM, Project Portfolio Management를 해야 한다. 프로젝트 포트폴리오 관리의 가장 큰 목적은 중요한 프로젝트일수록 그에 적합한 역량과 인재를 배정하여 성공 가능성을 높이는 것이다.

디지털 전환의 성공을 위해서는 가장 중요한 이니셔티브에 회사최고의 인재를 연결하는 것이 필수적이다(McKinsey & Company, 2023). 디지털 전환을 성공적으로 수행하려면 프로젝트의 전략적 중요도를 고려하여 자원을 효율적으로 배분해야 한다. 우선순위가 높은 프로젝트에서 자원 부족 리스크가 발생하면 우선순위가 낮은 프로젝트에서 자원을 재배분하는 방식으로 전략적 중요성이 높은 프로젝트들의 성공 가능성을 높일 수 있다. 프로젝트 포트폴리오 관리는 이러한 자원 배분을 효과적으로 수행하는 데 도움이 된다.

프로젝트 포트폴리오 관리는 자원이 극히 제한적인 디지털 전환 초기뿐만 아니라 장기적인 조직 성장과 혁신을 지원하는 핵심 프로세스로 상시 운영되어야 한다. 투자를 프로젝트의 전략적 우선순위에 더욱더 잘 정렬시키면 하이테크 기업 같은 경우 개발 예산의 20%를 성장 잠재력이 더 큰 새로운 혁신 영역으로 전용할 수 있다(McKinsey & Company, 2017).

• 포트폴리오 관리, 프로덕트 관리, 프로젝트 관리의 이해

프로젝트 포트폴리오 관리 프로세스는 4단계로 이루어진다. 첫 번째 단계에서는 진행 중인 프로젝트들의 관리 정보를 수집하고 분석한다. 이를 통해 프로젝트들의 목표, 범위, 일정, 예산, 리스크, 성과 등을 파악한다. 두 번째 단계에서는 수집한 정보를 바탕으로 프로젝트들의 우선순위를 지정한다. 우선순위 기준은 회사의 전략적 목표와 연관성, 프로젝트의 비즈니스 가치, 시급성 그리고 리스크 등에 따라 달라진다. 우선순위 지정은 프로젝트 포트폴리오 관리의 핵심 단계다. 우선순위가 잘못 지정되면 기업의 전략적 목표를 달성하기 어렵다.

세 번째 단계에서는 프로젝트 우선순위에 따라 자원을 배정한다. 자원에는 인력, 예산, 기술, 장비 등이 포함된다. 자원 배정은 프로젝트의 성공을 위한 필수 요소다. 프로젝트 진행 상황에 따라 자원 재조정도 필요하다. 예를 들어 프로젝트가 지연되면 추가 인력이나 예산이 필요할 수 있다. 네 번째 단계에서는 프로젝트의 진행 상황을 모니터링하고 제어한다. 프로젝트 관리자는 프로젝트의 진행 상황을 주기적으로 점검하고 필요한 경우 조치해야 한다.

프로젝트 포트폴리오를 효과적으로 관리하기 위해서는 프로젝트 현황을 명확하게 파악하는 것이 무엇보다 중요하다. 이를 위해서는 프로젝트 현황 데이터를 정확하고 체계적으로 수집하고 시각화하여 이해관계자들이 쉽게 이해할 수 있도록 해야 한다. 프로덕트 관리자PdM, Product Manager 또는 프로덕트 오너PO, Product Owner는 프로젝트의 비즈니스 요구사항을 분석하고 이를 프로젝트 개발 계획에 반영하는 역할을 한다. 또한 프로젝트 진행 과정에서 발생하는 전반적인 리스크를 관리하고 해결하는 최종 책임도 있다. 특정 프로젝트의 중요한 변경이 필요할 때 프로젝트 포트폴리오 관리 프로세스에 따라서 최종 의사결정권자의 의사결정을 받아야 한다.

프로젝트 관리자PM, Project Manager는 프로젝트의 계획, 실행, 종료까지 전반적인 관리를 책임지는 역할을 한다. 프로젝트 관리의 최종 목표는 프로젝트의 성공적인 완수다. 이를 위해서는 개발 품질과 리스크 관리가 중요하다. 프로젝트 진행 상황을 실시간으로 파악하고 문제점을 조기에 발견하여 대응해야 한다. 이를 위해 프로젝트의 일정, 예산, 품질, 리스크 등을 관리하고 프로젝트 현황을 이해관계자들에게 투명하게 보고해야 한다.

영국 국영방송 BBC의 디지털 미디어 이니셔티브 프로젝트는 1억 파운드의 손실을 냈다. 프로젝트의 품질, 시간, 비용 관련 진척 사항 등을 투명하게 보고하지 않은 부실한 관리와 이를 제대로 챙기지 않은 의사결정기구의 실패였다(PwC, 2013).

이렇게 디지털 전환 성공, 프로젝트 포트폴리오 관리, 프로덕트

프로젝트 관리자·프로덕트 관리자 또는 오너의 차이점

차이점	프로젝트 관리자	프로덕트 관리자 또는 오너
역할	개발에서부터 출시까지 모든 요구사항 관리	과업 할당에서부터 프로젝트 완료까지 모든 프로젝트 요구사항 실행 감독
주안점	마감 시간과 프로젝트 개발 과업 조정	프로젝트의 목적 가치 달성을 위한 프로덕트 전략 개발
스킬	프로젝트 라이프 사이클의 다섯 단계(프로젝트 개시, 계획 수립, 일정 수립, 추적, 종료) 관리	프로덕트 개발에서 런칭, 성장 등 프로덕트의 전 생애 관리
기간	최종 개발 결과물이 전달되면 임무 종료	프로젝트 결과물 딜리버리 후에도 마케팅과 영업 활성화 등 프로덕트 관리 집중

관리, 그리고 프로젝트 관리는 서로 긴밀하게 연결되어 있다. 프로덕트 오너와 프로젝트 관리자의 역할은 디지털 전환 과제의 성공에 결정적인 영향을 미친다.

• 프로젝트 관리 방법론: 워터폴 대 애자일 방법론

일반기업들이 주로 사용하는 워터폴Waterfall 방법론은 선형적이고 순차적인 접근 방식이다. 각 단계가 완료되어야 다음 단계로 넘어갈 수 있다. 앞에서 일정이 밀리면 뒤 일정도 같이 밀리는 바람에 일정 관리가 어렵다. 각 단계가 큰 단위로 작업 되기 때문에 이전 단계의 품질 리스크가 잠복한 상태로 다음 단계로 넘어가기 쉽다. 이 때문에 품질 리스크도 크다.

스타트업에서 많이 사용하는 애자일 방법론은 워터폴 방식과 달리 유연하고 반복적인 접근 방식을 택한다. 전체 스펙을 한꺼번에 개발하지 않는다. 전체 스펙을 스프린트Sprint, 즉 작은 부분으로 나누어 개발하고 이전 개발 결과물에 합쳐서 테스트하고 검증하는 방식이다. 작업을 작은 단위로 나눠서 개발하기 때문에 시간이 지날수록 리스크가 누적되는 워터폴 방식보다 리스크가 훨씬 줄어든다.

애자일 방식은 변화에 유연하게 대응하고 고객의 요구를 빠르게 반영할 수 있는 장점이 있어 작은 승리Small Win 방식으로 나눠서 추진하는 디지털 전환 과제에 적합하다고 평가받고 있다. 애자일 방식은 별도의 프로젝트 관리자를 두지 않는다. 개발 품질을 개발팀 스스로 책임진다는 것이 애자일 방식의 철학이기 때문이다. 대신 프로덕트 오너와 스크럼 마스터Scrum Master가 프로젝트 관리자 '역할'을 나눠서 한다. 애자일 프로덕트 오너는 제품의 비전과 목표를 설정하고 요구사항을 수집하고 관리한다. 스크럼 마스터는 스크럼 프로세스Scrum Peocess를 운영하고 개발팀의 협업을 지원한다. 그래서 프로덕트 오너가 백로그, 즉 개발 사항을 관리하고 결

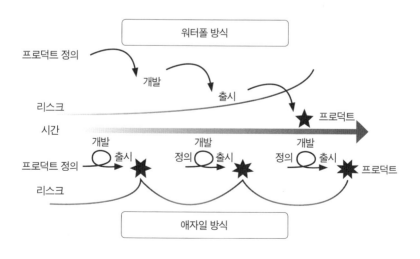

과물을 검토해서 조정한다. 결과물에 대한 책임을 지는 프로덕트 오너의 입장에서 프로젝트 관리자를 하는 셈이다.

이처럼 프로덕트 오너가 프로젝트 매니저 역할을 겸하는 방식은 워터폴 방식에서 프로젝트 매니저가 개발 리스크를 적시에 노출하지 않을 가능성을 원천적으로 배제하는 장점이 있다. 그러나 프로덕트 오너와 프로젝트 매니저가 구분되지 않아서 생기는 리스크도 있다. 비유하자면 감독이 실수를 두려워하는 선수를 겸하는 것과 비슷하다. 감독이 선수로 직접 뛰면 감독의 전술적 관점이 아니라 선수의 입장을 대변하게 되고 경기를 주관적으로 바라보게 되는 것과 같은 이치다. 기획 관점과 개발 관점의 혼선으로 고객과 시장 관점이 아닌 개발 관점으로 과제 관리가 될 수 있는 위험이 생길 수 있다.

3

프로덕트 오너가 의사결정을 해야 한다

대부분의 디지털 전환에서 기업들은 투자 대비 원하는 결과를 얻지 못하고 있다. 맥킨지 조사에 따르면 기업 CEO 중 단 6%만이 혁신 노력에 만족한다고 한다. 그 원인으로는 다음과 같은 것들이 꼽힌다. 잘 정의된 목표 부족, 고객의 목소리에 대한 집중 부족, 그리고 고객과 사업과 디자인과 기술 등 네 가지를 정렬하는 프로세스 고장 등이다.

마지막 원인인 '정렬의 문제', 즉 프로세스 고장을 책임지는 사람이 바로 프로덕트 오너다. 프로덕트 관리를 통해 고객, 디자인, 비즈니스와 기술 등 4가지를 모두 정렬시킬 수 있어야 실질적인 혁신을 만들어낼 수 있다(McKinsey & Company, 2020).

프로젝트 관리자는 프로젝트 개발 리스크 관리를 담당한다. 프로덕트 오너는 프로젝트 산출물이 목적한 가치를 제대로 구현되도

프로덕트 관리 프로세스 4가지 요소 정렬

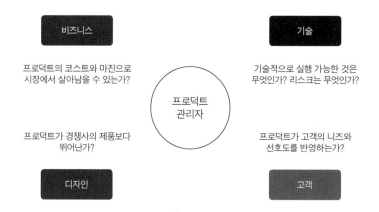

프로덕트 관리자는 프로덕트 관리 프로세스에서 위의 4가지 요소를 정렬시켜야 한다.
(출처: Modern CPG product development calls for a new kind of product manager,
McKinsey & Company, 2020)

록 관리하는 역할을 한다. 따라서 프로젝트 최종 성과의 질은 프로
덕트 오너가 책임지며 이는 고객이 체감하는 만족도에 좌우된다.
따라서 디지털 전환 과제 성과는 프로덕트 오너에 크게 좌우된다
고 할 수 있다.

그런데 우리나라 기업들이 약한 부분이 프로덕트 관리역량이다.
프로덕트 오너는 흔히 상품기획 조직에서 맡는 직무다. 그런데 TV
처럼 디스플레이 소재와 화질과 음향 처리 기술 중심으로 경쟁력
이 결정되는 제품의 경우 디자인 조직과 연구소에 제품 개발을 전
적으로 의존하게 된다. TV는 디스플레이 소재가 LCD에서 올레드
OLED로 바뀌는 정도의 큰 변화가 아니면 10년 가까이 디자인과 옵
션 변경 수준의 기획만 한다. 상품기획 조직은 프로덕트 로드맵
PRM, Product Road Map 관리에 머문다. 사실상 디자인과 연구 조직이

제품 기획의 상당 부분과 설계 그리고 개발을 모두 담당한다. 결과적으로 상품기획 조직의 프로덕트 관리역량이 많이 떨어져 있다. 제대로 된 프로덕트 관리 프로세스가 없다고 해도 과언이 아니다. 이로 인한 문제는 프로젝트 진행 때 프로덕트 오너가 해줘야 할 의사결정이 제대로 이뤄지지 않는다는 점이다.

LG전자가 과거 스마트TV에 새로운 운영체계인 웹OS를 적용하는 개발 과정에서 있었던 사례다. 웹OS는 개인용 디지털 단말기 PDA, Personal Digital Assistant로 유명했던 팜 파일럿의 운영체계를 LG 전자가 휴렛팩커드로부터 인수하여 LG전자 스마트TV에 맞게 수정한 버전이었다. 당시 웹OS를 스마트TV에 적용하면서 홈 인터페이스를 완전히 새로 설계해야 했다. 당시 사용자 경험UX, User eXperience과 설계를 맡았던 팜 파일럿 조직 출신 수석 디자이너와 기획자가 한국 출장길에 본사 스마트 전략 책임자인 나를 예정 없이 찾아왔다. 그 이유는 TV사업부의 수십 명이 참석한 회의에서 자신들이 설계한 새로운 홈 화면 인터페이스 시안을 제안했지만 회의에서 의사결정 논의가 이루어지지 않아 의논하기 위해서였다. 현재 LG 스마트TV 리모컨 홈 버튼을 누르면 화면 하단에 팝업으로 뜨는 플로팅 바 개념의 인터페이스가 바로 그 결과물이다. 해당 인터페이스는 당시 한국 본사 기획 조직에서 설계하던 홈 인터페이스와 완전히 다른 개념이었다.

상황을 파악해 보니 의사결정권자가 참석하지 않아서 새로운 시안 검토가 제대로 이루어지지 못했다. 이는 기획 내용의 변경 검토에 필요한 의사결정권자를 회의에 참석시키는 '프로덕트 관리' 프로세스가 제대로 작동하지 않아서 발생한 문제였다. 곧 TV사업부장과 회의를 마련했고 의사결정 단계를 거쳐 그 시안이 최종 채택되었다. 이 사건은 프로덕트 관리와 프로젝트 관리의 차이에 대한 조직의 이해 부족으로 인해 발생할 수 있는 흔한 사례 중 하나다. 프로젝트 관리자는 개발 관리만을 담당하는 것이 아니다. 개발에 변경을 줄 수 있는 기획 안건이 생기면 기획 책임자인 프로덕트 관리자에게 안건을 올려서 올바른 판단을 받아야 한다.

기업에서 신규 과제를 시작할 때 사업 책임자에게 보고하는 태스크 구성도에는 프로덕트 오너와 프로젝트 관리자 역할이 표시되지 않는 경우가 많다. 수십 명이 투입되는 중요한 과제인데 프로덕트 오너와 프로젝트 관리자가 없는 조직도로 보고한다면 그 과제는 제대로 관리될 수 없다. 또한 최고책임자가 파랑, 노랑, 빨강 등의 신호등 표시가 달린 과제 현황판으로 진척도 보고만 받는 경우도 많다. 과제는 스펙, 자원, 일정 등 세 가지를 동시에 만족시키기 쉽지 않다. 따라서 책임자는 항상 관심을 가지고 방향을 조정하고 문제를 해결해 주어야 한다.

프로젝트 관리 프로세스의 최종 사용자는 바로 디지털 전환 책임자다.

4

현업의 중요 문제를 해결해야 한다

초기 디지털 전환 단계에서는 큰 비전이나 조직문화의 혁신 같은 구호가 앞선다. 하지만 이런 구호만으로는 현업의 실무자들이 디지털 전환의 중요성을 체감하기 어렵다. 디지털 전환의 성공은 현업의 문제 해결 여부에 달려 있다. 디지털 전환 조직과 현업이 손을 잡고 함께 과제를 발굴하는 협력이 필수다. 원활한 협력의 핵심은 '좋은 디지털 전환 과제'를 기획하는 것이다.

좋은 디지털 전환 과제는 4가지 특징이 있다. 첫째, 현업의 중요한 문제를 해결하는 데 도움이 되는 과제다. 현업 실무자들의 지지를 얻어야 일회성 과제로 끝나지 않고 지속해서 발전할 수 있다. 실제로 경험했던 현장의 사례를 보자. 사업본부의 한 실무자는 글로벌 고객사의 제품 고장과 관련한 배상 청구 처리에 애를 먹었다. 언어 번역은 물론이고 중복 청구나 잘못된 청구를 수작업으로 확인하는 일은 상당한 시간과 노력이 필요했다. 디지털 전환팀은 이 문제를 구글 번역 프로그램과 텍스트마이닝 기술을 이용해서 소프트웨어로 해결했다. 작업 오류와 시간 감소뿐만 아니라 청구서 처리 지체에 따른 거래처 불만을 해소했다. 중복과 잘못된 청구로 인한 손실을 줄인 것은 물론이다. 작지만 내부 고객의 고통Pain Point을 해결하는 과제는 현업의 성과와 실무자의 동기부여라는 두 마리 토끼를 모두 잡는다.

둘째, 좋은 과제는 단발적인 성과에 그치지 않는다. 첫째 문제 해결을 통해 현업을 후원자로 만들면 현업은 문제를 주도하기 시작하고 결국에는 조직의 최종 책임자가 후원자로 나선다. 고객센터 디지털 전환은 고객 클레임 분석을 자동화하는 것으로 시작했다. 상담사가 기록한 내용을 일일이 눈으로 확인하여 클레임 유형을 나누고 통계를 내는 것은 힘든 작업이었다. 수작업으로 인해 이슈 보고도 늦어질 수밖에 없었다. 디지털 전환팀은 텍스트마이닝 기술을 사용하여 이슈 키워드를 자동으로 추출하고 키워드가 포함된 고객의 소리VOC, Voice of Customer의 통계 리포트를 소프트웨어로 자동으로 생성할 수 있게 했다. 이로써 수작업으로 인한 실무의 어려움과 때늦은 보고 시간 문제를 한 번에 해결할 수 있었다. 이 방식은 인터넷 회사의 기술과 응용 프로그래밍 인터페이스API, Application Programming Interface 같은 소프트웨어 간 연결 기술을 이용한 것으로 2013년 당시만 해도 제조기업의 업무 효율화에 사용되지 않았던 생소한 방식이었다.

품질 문제는 제조사의 최고경영자가 직접 살피는 중요한 이슈다. 당시 LG전자 모바일 사업부가 스마트폰 품질 문제로 어려움을 겪고 있던 때다. 따라서 고객센터 상담 보고서 자동분석 기능은 사업본부장을 포함한 최고경영자 보고에 바로 활용되었다. 이는 고객센터 책임자가 디지털 전환을 고객센터 업무 전반에 적용하는 계기가 되었다. 고객센터 최고책임자가 디지털 전환의 강력한 후원자가 되면서 글로벌 현지 고객센터의 수리 부품 수요예측, 인공지능 상담 챗봇 서비스 등으로 디지털 전환 적용 범위가 계속 확대되었다. 품질센터도 고객센터 디지털 전환에 적용된 디지털 기술을 활용하기 시작했다. 품질센터는 각국 법인들의 수리 보고서를 자동으로 분석하여 시장 실패 품질보고서를 자동으로 생성하는 방식으로 디지털 전환을 시작했다.

LG전자 홈가전사업본부는 텍스트 마이닝과 긍정과 부정 분석 기술을 활용하여 신제품 기획에 큰 성공을 거두었다. 경쟁사의 무선 청소기에 대한 온라인 고객 리뷰를 크롤링 기술로 수집하여 긍정과 부정 분석을 진행했더니 고객의 가장 큰 불만은 한 개의 배터리만 제공되는 청소기로는 집 전체를 한 번에 청소하기 어렵다는 것이었다. 이를 바탕으로 용량이 큰 배터리 두 개가 제공되는 신제품을 기획하여 시장에 출시하였고 큰 호응을 얻었다.

셋째, 좋은 과제는 시간이 지남에 따라 문제 해결 수준이 점차 높아지는 특징이 있다. 초기에는 빅데이터를 활용하여 고장을 진단하거나 통계 보고서를 작성하는 수준에서 시작한다. 이후에는 고장이나 수요를 예측하는 수준으로 발전한다. 그다음에는 주어진 조건에서 최대 결과를 만들어내는 최적화 수준으로 계속 발전한다.

디지털 전환 수준이 높아질수록 경제적 효과도 커진다. 데이터 기반의 공정 최적화는 디지털 전환의 최고 단계에 속한다. 그러나 디지털 전환은 바로 최적화 단계로 진입할 수 없다. 일종의 준비 과정이 필요하다. 복잡한 문제를 해결하기 위해서는 단순한 문제부터 해결해 나가야 하는 것과 같은 이치다. 이전 단계 문제가 해결되어야 다음 문제를 해결할 수 있는 기반이 마련되기 때문이다.

역량 측면에서도 쉬운 문제부터 풀면서 실력을 쌓아가는 것이 중요하다. 예를 들어 단일 공정에서 수집한 데이터를 통해 진단이나 현황 분석 같은 기초적인 분석 역량을 쌓아야 이상 예측 분석을 수행할 수 있다. 생산공정 최적화 단계는 이상 탐지와 예방을 넘어서 최고 품질의 제품을 생산하는 생산공정 조건을 찾는 것이다. 따라서 공정 최적화 디지털 전환은 궁극적인 목표라고 할 수 있다.

공정 분석 역량 측면만 아니라 생산라인 데이터 인프라 측면에서도 진화가 필요하다. 단위 공정의 이상 진단 단계에서는 단위 공정 데이터만 수집하는 수준이다. 하지만 모든 단위 공정의 데이터를 수집할 수 있게 되면 특정 제품의 일련번호 기준으로 생산라인의 모든 공정 데이터를 연결해서 분석할 수 있다. 이 수준의 '공정 정보화'가 이루어졌을 때 비로소 제대로 된 '공정 지능화'가 가능하다. 디지털 전환의 최고 단계 과제들은 하위 단계의 과제들을 체계적으로 실행해야 성과를 기대할 수 있다.

마지막으로 좋은 과제는 운영혁신 단계를 넘어 새로운 사업 모델 혁신을 가능하게 한다. 문제 해결 수준을 계속해서 높여나가는 축적의 시간이 지나면 새로운 시도를 할 수 있는 자산이 쌓인다.

LG전자 가전은 원격제어 수준의 스마트 단계에서 출발하여 빅데이터와 인공지능 서비스가 결합된 사물인터넷 기기로 발전하면서 새로운 혁신을 시도할 수 있게 되었다. 예를 들면 스마트 가전 데이터 수익사업이다. 미국에는 수요 반응DR, Demand Response 서비스 사업자가 있다. 수요 반응 사업자는 지역 전력 수요가 피크에 이르면 발전소와 가정 사이에서 전력 수요를 낮춰주고Peak Shaving 그 대가를 받는다. 수요 반응은 여름에 주로 발동된다. LG전자는 이러한 수요 반응 서비스의 가능성에 주목하여 수요 반응 사업자가 발동한 수요 반응 시그널을 받아서 자사가 판매한 에어컨의 설정 온도를 원격에서 몇도 올려서 에어컨 전기 수요를 낮춰줘 지역 전력 수요를 낮춰주고 그 대가를 고객과 LG전자가 나누는 서비스 모델을 개발했다.

에어컨 고객은 구매 시점에 수요 반응 서비스에 동의하면 실제 수요 반응 발동 시 원격에서 몇도 높인 설정 온도를 유지하면 대가를 받을 수 있다. 고객은 구매 시점에 미국 에너지스타 프로그램에서 지원하는 30달러와 발전회사에서 지원하는 65달러의 리베이트 총 95달러를 받을 수 있다. 또한 수요 반응 시그널 발동 시에는 시간당 2.5달러의 저전력 운전 대가를 받을 수 있다. LG전자는 에어컨 구매 고객에게 100달러에 가까운 리베이트를 제공함으로써 에어컨의 구매력을 높일 수 있다. 또한 에어컨당 연간 20달러 정도의 수요 반응 시그널 중개 수수료를 수익으로 벌 수 있다.

모든 가전에 와이파이 칩을 넣고 가전 칩을 마이크로컴퓨터 수준으로 업그레이드한 의사결정은 '인공지능이 모든 곳에 사용된다

AI is Everywhere.'라는 시대에 그 빛을 발하고 있다. 글로벌로 판매된 가전을 연결하고 데이터를 수집하는 인프라를 구축하고 수집한 데이터를 분석하기 위해 뒤죽박죽이던 데이터 분류체계를 사업부와 협력하여 정비하는 등 길고 힘들었던 디지털 전환의 시간이 지나 드디어 그 결실을 보게 되었다. 앱을 통해 가전 자가 진단이 가능해졌고 고객이 구매할 때 없던 기능이 소프트웨어로 업그레이드되는 가전이 등장했으니 말이다.

디지털 전환을 추진하는 기업들은 모두 '빅 윈Big Win'을 기대한다. 하지만 일회성으로 끝나는 보여주기식 프로젝트로는 장기적으로 디지털 전환에 성공하기 어렵다. 기업 현장에서 직접 디지털 전환을 추진하며 늘 강조했던 말은 "좋은 과제가 내부 고객을 디지털 전환의 스폰서로 만든다."라는 것이다. 좋은 과제는 초기에 자연스럽게 내부 고객의 참여와 열정을 끌어낸다. 그리고 그들을 디지털 전환의 스폰서로 만들어 조직 전체의 변화와 성장을 주도하게 만든다. 디지털 전환은 결국 내부 고객이 만족하고 내부 고객이 자발적으로 추진할 때 성공한다.

5

작은 목표를 해결해 큰 목표에 도달한다

조직이론의 거장 칼 와익Karl Weick 미시간대학교 교수는 '작은 승리 전략Small Wins Strategy' 이론을 통해 "산을 오르는 것이 겁날 때 극복하는 가장 좋은 방법은 작은 언덕부터 넘는 것"이라고 강조했다(Karl E. Weick, 1984). 목표를 작게 설정하라는 얘기가 아니다. 무리해서 획기적인 반전을 노리는 것보다 당장 필요하고 또 바로 시행할 수 있는 작은 목표를 하나씩 해결함으로써 궁극적으로 큰 목표에 도달할 수 있다는 의미다.

작은 승리는 성과의 크기는 미미할 수 있으나 숨겨진 의미와 가치는 매우 크다. 작은 승리는 주로 디지털 전환 시작 단계의 빠른 성공 경험을 의미한다. 초기 단계의 작은 성공 경험은 디지털 전환의 기반이 되는 문화와 마인드셋을 구축하는 데 핵심적인 역할을 한다.

성공은 절대적 크기 못지않게 작은 성공이라도 자주 경험하는 것이 중요하다. 작지만 성과를 빠르고 반복적으로 경험하면 조직 안에서 일어나는 변화에 대한 저항성이 줄어든다. 대신 성취감을 바탕으로 해낼 수 있다는 자신감이 높아진다. 구성원 스스로 더 높은 목표를 설정하고 어지간한 어려움은 포기하지 않는 분위기가 형성된다.

작은 승리는 그냥 작은 성과가 아니라 조직의 디지털 전환을 지속적이고 성공적으로 이끌기 위한 핵심적인 전략으로 활용해야 한다. 작은 승리 전략은 신속한 피드백을 통해 필요한 수정 사항을 신속하게 파악하고 프로젝트의 방향성을 재조정하는 등 전략의 유효성을 검증하는 역할을 한다. 그러나 변화와 혁신의 세계에서 항상 작은 승리만을 추구하는 것은 제한된 전략일 수 있다. 시장의 변화나 조직 내부의 긴급한 문제 상황 혹은 기회를 잡기 위해서는 작은 승리 전략을 넘어선 큰 변화도 함께 전략적으로 추진해야 한다.

2016년 LG전자는 전 세계 150여 개 국가에서 판매되고 있는 1억 대 이상의 스마트 기기를 지원하는 컴퓨팅 인프라를 클라우드로 전환했다. 일반적으로 이러한 대규모 프로젝트는 파일럿 프로젝트를 통해 타당성을 검토한다. 하지만 LG전자는 파일럿 프로젝트 없이 전면적인 전환을 결정했다. 파일럿 프로젝트는 작은 성공 경험을 통해 본 과제를 진행하는 데 필요한 신뢰를 확보하기 위한 것이지만 모든 경우에 필수적인 것은 아니다.

수요조직 입장에서 이점이 명확한 상황에서 통과의례처럼 파일럿을 진행하면 기회비용을 날려버리고 조직 이기주의가 개입할 위험이 있다. LG전자가 전 세계 컴퓨팅 인프라를 클라우드로 전면적으로 이전하는 큰 규모의 프로젝트를 파일럿 없이 진행하기로 한 것도 그 때문이다. 그 덕분에 두 가지 효과를 누릴 수 있었다.

첫째, 비용 절감 효과가 명확했다. 스마트TV 출하 비중이 빠르게 증가하고 있었기에 인프라 비용이 급증할 것이 분명했다. 의사결정이 늦어질수록 비용 절감 시점이 늦어진다. 퍼블릭 클라우드를 선택한 이유는 당시 이용하던 국내 계열사 인프라 사업자의 해외 소재 데이터센터가 현지 경쟁력이 떨어져 단가가 두 배 이상 비쌌기 때문이다. 전면적인 클라우드 전환의 효과는 컸다. 첫해는 인프라 전환 작업 자체에 들어간 비용이 인프라 이전 절감 효과를 상쇄했으나 이후에는 예측대로 3년간 매년 50% 가까이 인프라 비용을 절감했다.

둘째, 변화에 대한 저항을 빠르게 넘어설 수 있었다. 당시 클라우드 방식이 아닌 온프레미스On-premise 기반으로 컴퓨팅 인프라IDC, Internet Data Center를 LG전자에 임대하던 계열사의 퍼블릭 클라우드 전환에 대한 반대가 거셌다. 클라우드 시대에 대비하지 못한 상태에서 계열사 중 가장 큰 고객이 빠져나가면 당장 매출 타격은 물론이고 다른 계열사로까지 도미노 효과가 미칠 것이라고 우려했기 때문이다. 계열사의 사정 때문에 클라우드 전환을 기약 없이 미룰 수는 없었다. 비용 측면과 아울러 애자일한 개발 환경을 조속히 확보하기 위해 하루빨리 클라우드 전환을 추진해야 했다. LG전자에서 가장 많은 인프라 물량을 사용하는 수요조직인 TV사업부를 설득하여 선제적으로 의사결정을 하지 않았다면 클라우드 전환은 수

년 동안 지연되었을 수도 있다.

클라우드 전환이 만 3년이 지났을 때의 일이다. 2019년 초에 권영수 부회장이 그룹 최고운영책임자COO, Chief Operating Officer로 취임한 직후에 내가 맡고 있던 클라우드 센터를 특정해서 단독으로 방문했다. 센터의 업무를 보고받은 뒤에 권영수 부회장이 나에게 한 질문은 "클라우드 이전 결정을 센터장이 먼저 했는가, 아니면 계열사가 먼저 했는가?"였다. 나는 센터가 먼저 결정했다고 대답했다. 그 자리에서 권영수 부회장은 LG화학의 배터리 공정 빅데이터 분석을 클라우드 센터가 지원해달라는 요청을 했다.

LG전자는 인프라의 클라우드 이전을 한꺼번에 진행했지만 전사에 흩어져 있는 데이터의 클라우드 이전은 단계적으로 진행했다. 스마트 기기용 인프라는 LG전자의 클라우드 센터에서 직접 운영했기 때문에 이전이 바로 가능했지만 최고정보책임자CIO, chief information officer 산하의 정보시스템에 있는 데이터는 이전이 어려웠다. 결국 전사 데이터 포털에서 데이터 카탈로그로 검색할 수 있는 수준에서 그쳤다. 보안 정책 등 풀어야 할 문제가 많은 정보시스템 데이터까지 한꺼번에 빅뱅 방식으로 클라우드로 끌어오려 했다면 실패했을 것이다.

큰 승리에 대한 강한 유혹에도 불구하고 디지털 전환의 과정은 기본적으로 여러 작은 승리의 연속이다. 결국 작은 승리와 큰 승리는 상반된 전략이 아닌 서로 보완적인 전략이다.

6

협력 시스템 구축으로 신뢰를 쌓아야 한다

현대의 업무 환경은 점점 더 복잡해지고 있고 다양한 조직 간 원활한 업무 협력은 필수가 됐다. 디지털 전환 조직은 현업과 협력하면서 도전적인 과제를 해결한다. 기업 내부의 모든 부서와 협력해야 하는 디지털 전환 조직의 특성상 협업은 업무의 중심에 있다. 하지만 많은 조직에서 협업은 여전히 풀어야 할 어려운 숙제다. 조직마다 추구하는 목표가 있어 협력 과제를 수행할 때 각자의 이해관계가 작용한다. 협력에 참여하는 조직들이 각자의 기여도를 인정받을 수 있어야 한다.

하지만 해외 기업들이 복수 조직 간 협업 체계를 잘 마련하고 있는 것과 달리 국내 기업들은 그렇지 못한 곳이 많다. 특히 협업이 기본인 디지털 전환 전담 조직이 어려움을 겪는다. 이는 곧 디지털 전환 조직 전체의 사기 저하로 이어질 수 있다.

• 협력의 시스템 1. 엔드투엔드 책임 체계

맥킨지는 2018년에 보고서 「디지털 전환 성공하기Unlocking success in digital transformations」에서 디지털 전환 성공을 위해서는 정보 접근성, 교차기능팀, 내부 협업 등이 필요하다고 말한다. 정보 접근성을 높이면 의사결정 속도가 빨라지고 업무 효율성이 높아지고 새로운 비즈니스 기회가 창출된다. 디지털 전환은 다양한 부서의 협력이 필수적이다. 따라서 엔드투엔드End to end 책임을 지는 교차 기능팀을 운영하여 부서 간 경계를 허물고 협업을 효율적으로 이끌어야 한다. 정식 성과관리 체계를 통해 내부 협업의 목표와 성과를 명확히 설정하고 지속적으로 모니터링하여 협업 성과를 개선해야 한다.

여기에서 주목해야 할 것은 엔드투엔드 책임을 지는 '교차기능팀'과 '정식 협업 성과관리 체계'다. 교차기능팀은 회사가 기능별로 나뉘어 있을 때 각 기능 조직에서 구성원을 차출하여 조직한 프로젝트팀 형태를 말한다. 프로젝트팀은 구성원들이 하나의 팀으로써 공동의 목표를 처음부터 끝까지 책임진다. 프로젝트 기반의 교차기능팀은 각 구성원이 프로젝트 관리자와 원래 소속 기능 조직장 등 두 명의 상사로부터 복수 평가를 받는 매트릭스 구조다.

프로젝트 관리자는 프로젝트 개발을 총괄한다. 이를 위해 프로젝트 계획, 실행, 관리, 종료 등을 수행한다. 또한 프로젝트 성과와 과업 완수율을 평가한다. 기능 조직장은 구성원의 기술 역량 개발을 책임진다. 이를 위해 구성원의 교육, 훈련, 인사 관리 등을 수행한다. 그리고 구성원의 보유 기술에 대한 역량을 평가한다. 과제 구현 성과 평가와 인센티브 분배는 전적으로 프로젝트 관리자에게 있다. 따라서 프로젝트 관리자와 기능 조직장은 공동 목표 달성을 위해 원팀으로 협력해야 한다. 매트릭스 체계는 복수 보스 체계로 인한 역할 혼란의 단점이 있지만 여러 조직이 참여하는 복잡한 과제에 유리하다. 교차기능 조직을 잘 운영하면 디지털 전환 성공에 유리하다고 할 수 있다.

• 협력의 시스템 2. 게임의 규칙과 레퍼리

대기업처럼 규모가 크고 시스템이 치밀하게 설계된 구조일수록 법무와 마케팅같이 전사가 공유하는 업무는 공통 조직으로 기능화되어 있다. 반면에 상품기획과 제품 개발처럼 사업 종속성이 높은 기능은 같은 목적 조직 안에 있다. 목적 조직 중심의 회사는 어쩔 수 없이 사일로Silo를 만들기 때문에 협업이 쉽지 않다. 느슨한 거버넌스 구조의 태스크 형태로 협업하게 되고 협업 과제에 대한 정식 성과관리 체계가 없거나 있어도 정밀하지 않다. 여기에서 디지털 전환 협업 조직 간에 성과 분배의 어려움이 발생한다. 대개 태스크 목표와 별개로 참여 조직별로 내부 목표를 따로 설정하고 각 조직의 소속 조직장에게 따로 보고한다. 태스크의 성과 인정에 대한 혼선이 생길 수밖에 없는 구조다.

이 문제를 해결하기 위해서는 협업 과제를 태스크 형식이 아니라 공동 과제로 모든 참여 조직이 목표를 공유하는 형식으로 시작해야 한다. 공동 과제에서 각 조직이 이룰 성과를 공동 목표와 묶음으로써 조직들이 일 중심으로 연결될 수 있다. 그러려면 공동 과제 참여자들이 각자의 역할과 책임을 명확하게 정의하고 문서로 만들어 공식화해야 한다. 역할과 책임이 명확해지면 공동 과제의 성과를 어떻게 나눌 것인지 기준을 만들 수 있다.

이때 공동 과제에 참여하는 조직의 이해관계를 고려해서 목표를 구체적으로 정할수록 참여 조직의 역할과 책임도 선명해진다. 공동 과제의 목표가 두루뭉술하면 각 조직의 역할과 목표도 덩달아 두루뭉술해진다. 실제로 디지털 전환 시작 초기에는 목표를 과제의 숫자, 즉 '건件' 수로 정하는 경우가 생각보다 흔하다. 가령 '품질 관리 부문 디지털 전환 과제 두 건' 혹은 '데이터 분석 인프라 확보'라는 식으로 목표를 설정하는 식이다. 목표가 건수이니 성과도 건수로 측정된다. '두 건을 완료했다.'라거나 '한 건밖에 완료하지 못했다.'라는 식이다. 이제 막 디지털 전환 조직을 꾸린 상황에서는 협업 과제 발굴 자체가 어렵다. 디지털 전환을 실험적으로 추진해 보려는 현업 조직 입장에서 실패 우려로 부담스러워할 수도 있다. 그래서 건수 방식으로 디지털 전환 과제 목표를 정하는 것도 과제 추진 측면에서 현실적으로 필요하다. 그러나 가능한 복수의 조직이 각자의 역할을 발휘할 수 있도록 공동의 목표를 전략적으로 정하는 노력을 해야 한다.

공동의 목표를 전략적으로 정한 한 예는 앞에서 언급한 에너지 수요 반응 과제다. 에너지 수요 반응의 목표는 '미국 창문형 에어컨의 구매력 확대와 데이터 수익의 사업화'였다. 데이터 수익사업을 우선하여 고객가치를 훼손하는 것이 아니라 데이터 수익도 내고 고객가치도 높이는 전략으로 추진하겠다는 것이었다. 그것에 맞게 목표 달성 핵심성과지표KPI, Key Performance Index를 '고객의 에어컨 구매 비용 인하 효과의 목표 금액'과 '데이터 수익 목표 금액'으로 정했다. 사업부는 에어컨 판가 인하 효과라는 목표 달성을 위해 미국 정부의 에너지스타 프로그램 인증과 현지 발전소와 리베이트 계약을 책임졌다. 디지털 전환 조직은 수요 반응 중개 사업자 수수료 협상과 클라우드 기반의 수요 반응 서비스 구현을 책임졌다. 이를 통해 공동 목표 달성을 위한 두 조직의 역할을 구체적으로 정할 수 있었다.

성과 목표를 과제 건수로 정하는 방식은 단기적인 접근이다. 디지털 전환은 장기적인 전략이 필요하다. 실제로 디지털 전환 모범 사례 기업들은 과제의 질과 그로 인한 경제적 가치 창출에 중점을 두고 있다. 목표를 경제적 수치로 정할 수 있어야 그에 맞춰 예산과 자원을 적정하게 투입할 수 있다.

공동 과제의 조직 간 역할과 목표를 명확히 하려면 정한 규칙에 따라 게임을 하도록 감독하는 레퍼리Referee가 필요하다. 페어플레이 기준이 있어야 공정한 게임이 가능하다. 페어플레이 기준을 만드는 것은 '성과관리 시스템'이다. 이 시스템을 통해 협업 과제에 참여하는 각 조직 구성원의 역할과 책임을 명확히 정의할 수 있어야 한다. 협업 과제에서 기대하는 바를 분명히 하고 성과 평가의 기준을 설정할 수 있어야 한다. 기준이 있어야 기여도를 판단해서 성과를 공정하게 평가할 수 있다.

• 협력의 시스템 3. 톱 매니지먼트 미팅

협력을 체계화하고 운영할 책임은 조직 리더들에게 있다. 디지털 전환 성공의 가장 중요한 요소는 디지털 기술과 트렌드에 정통한 리더다. 맥킨지가 조사한 바에 따르면 설문 응답자 중 3분의 1 정도만이 최고디지털책임자CDO, Chief Digital Officer를 두고 있다고 답했다. 최고디지털책임자를 둔 기업은 그렇지 않은 기업보다 디지털 전환에 성공했다는 답변이 1.6배 더 높은 것으로 나타났다. 그런데 디지털 리더가 아무리 뛰어나더라도 비非 디지털 리더의 적극적인 참여 없이는 협력은 일어나지 않는다. 디지털 리더가 디지털 전환의 필요 조건이라면 비 디지털 리더의 협력은 충분조건이다.

디지털 전환팀과 수요 부서 간 협력은 공식적인 프로세스여야 한다. 이때 필요한 것이 '톱 매니지먼트 미팅TMM, Top management meeting'이다. 톱 매니지먼트 미팅은 수요 부서의 리더와 디지털 전환 리더 간 협력을 맺는 자리이면서 디지털 전환 과제팀과 수요 부서 간의 역할을 공식적으로 확인하는 자리다. 톱 매니지먼트 미팅을 통해 협력을 시스템화하면 양 조직의 조직장으로부터 축복받으면서 협력을 시작할 수 있다. 디지털 전환은 디지털 전환팀과 수요 부서의 장거리 이인삼각 경기와 비슷하다. 둘은 협력해야 경기를 마칠 수 있는 동맹군이다. 이때 중요한 것이 바로 페어플레이다. 공정한 성과 나눔은 디지털 전환 조직과 수요 부서가 진정한 원팀이 되어 과제를 수행하는 과정에 긍정적 영향을 미친다. 실질적 성과를 수요 부서가 독식하는 일이 반복되면 동맹은 깨지고 과제는 망한다.

장기적인 투자가 필요한 디지털 전환 과제는 협력 조직 간의 굳

건한 신뢰에서 가능하다. LG 가전의 빅데이터 자가 진단 서비스를 사업부에 처음 제안했을 때의 톱 매니지먼트 미팅이 지금도 기억에 생생하다. 사업부 연구책임자가 "스마트 가전을 자가 진단하려면 기기의 칩을 업그레이드해야 할 뿐만 아니라 전 세계에 깔린 가전에서 데이터를 24시간 수집해서 분석해야 하는 비용과 투자가 엄청나게 들어간다. 게다가 한번 시작하면 중단할 수 없고 몇 년 동안 해야 승부가 나는 일이다. 결과에 대해 책임질 수 있는가?"라는 질문을 했다. 이 질문에 내가 "책임지겠다."라고 답했다.

이 대답으로 두 조직은 동지적 관계를 맺게 되었다. 사업조직이 엄청난 자원을 몇 년 동안 투입하는 일을 과제 제안 조직장이 책임을 지겠다고 해서 그냥 추진될 수는 없다. 그 대답으로 인해 서로 믿고 함께 가겠다는 의지를 확인했기 때문에 가능했다. 당시의 그 톱 매니지먼트 미팅은 LG전자 홈가전사업본부가 왜 미국의 월풀을 제치고 글로벌 시장 1위가 되었는지를 알 수 있는 상징적인 장면이었다.

7

조직의 협력을 이끌어내는 것이 중요하다

디지털 전환 과제의 성공은 조직의 협력을 원활하게 끌어내는 리더의 역량에 크게 좌우된다. 특히 디지털 전환에 대한 이해가 깊지 않은 초기에 리더의 역할은 매우 중요하다. 이제 막 구성된 디지털 전환 조직이 활동을 시작하며 조직 안으로 파고들수록 반대로 기존 조직 안에서 '밀어내는' 힘이 작용한다. 적자생존의 경쟁이 심한 문화일수록 협력은 어렵고 디지털 전환 과제는 난항을 겪는다.

디지털 전환 전담 조직이 CEO 직속의 전사 조직이라고 해도 상황은 크게 다르지 않다. 현장에서 즉각적이고 일사불란한 협력은 기대하기 어렵다. 이 난관을 어떻게 뚫고 디지털 전환을 추진해야 하는가. 협력의 첫걸음은 갈등을 최소화하는 업무 조정이다. 예를 들어 어느 기업이든 디지털 전환을 시작하면 최고정보책임자 조직은 협력의 파트너이자 업무 조정 대상이다. 최고정보책임자 조직은 오랫동안 회사의 정보시스템을 주도해 왔다. 기존의 IT 거버넌스 체계를 구축하고 발전시켜 온 조직이다. 하지만 디지털 전환이 시작되면서 최고정보책임자 조직은 디지털 전환 지원이라는 새로운 역할을 요구받는다. 크게 보면 같은 정보기술인데 디지털 전환과 IT로 나뉜 역할 구분에 불편함이 생길 수밖에 없다. IT 거버넌스가 강한 조직에서는 디지털 전환 조직이 구축한 시스템들이 기존의 IT 거버넌스 체계에 포함되지 않아 관리와 운영에 어려움을 겪을 수 있다.

최고정보책임자 조직의 외주 업무를 담당하는 정보시스템 통합SI, System Integration 계열사 입장에서는 디지털 전환 조직의 등장은 내부 계열사 시장에서 빅데이터 분석 같은 새로운 사업 영역에서 경쟁력을 상실할 수 있다는 것을 의미한다. 이에 따라 정보시스템 통합 계열사는 디지털 전환 조직을 경쟁자로 인식할 수 있다.

갈등과 대치 상황을 극복하고 양측의 협력을 강화하기 위해서는 서로의 입장과 요구를 이해하고 이를 바탕으로 양 조직의 강점을 활용하여 시너지를 창출하는 것이 중요하다.

• 정보시스템 통합 계열사와 전략적 제휴를 한다

디지털 전환을 전사적으로 동시에 추진할 때 디지털 전환 조직은 인력 부족으로 인해 어려움을 겪는다. 문제 해결 업무 외에도 유지보수 등의 관리 업무가 쌓이면 새로운 문제 해결에 집중하기 어렵다. 이 지점에서 정보시스템 통합 계열사의 협력이 중요해진다. 디지털 전환 조직이 문제 해결 1.0 버전을 개발하고 정보시스템 통합 계열사가 이후의 유지보수와 버전 업그레이드를 담당하는 것이다.

이러한 역할 분담으로 디지털 전환 조직은 새로운 문제 해결에 집중할 수 있다. 사전에 이러한 전략적 협업 관계를 설정하면 정보시스템 통합 계열사는 1.0 버전 과제 개발부터 참여하여 유지보수를 미리 준비할 수 있다. 또한 문제 해결 건수가 쌓이면서 정보시스템 통합 계열사는 디지털 전환 문제 해결 경험을 바탕으로 디지털 전환 컨설팅 사업을 수행할 수 있다. 이러한 전략은 서로의 역량을 보완하여 시너지를 창출하는 윈윈전략이라고 할 수 있다.

일례로 온프레미스 기반의 데이터센터 임대 사업만 하던 정보시스템 통합 계열사가 내가 재직했던 조직의 퍼블릭 클라우드 운영 경험을 실적으로 활용해서 모 항공사의 퍼블릭 클라우드 전환 사업을 수주할 수 있었다. 정보시스템 통합 계열사는 과거에 내가 속한 조직의 퍼블릭 클라우드 도입을 반대했지만 대세를 거스를 수 없어 전환 작업에 참여했다. 그 결과로 정보시스템 통합 계열사는 향후 대외 수주 사업에 필요한 실적을 확보할 수 있었다. 정보시스템 통합 계열사가 데이터센터 임대 사업을 끝까지 수성하려 했다면 대세를 놓치고 뒤늦게 쫓아가기 급급했을 것이다.

유사한 접근 방식으로 내부 디지털 전환 과제의 결과물을 대외 사업화할 때 과제 개발에 사용했던 솔루션 사업자와 전략적 제휴를 시도해 볼 수 있다. LG전자는 생산라인에서 제품을 카메라로 촬영하여 양품인지 불량품인지 판정하는 기술을 개발했다. 이 기술은 클라우드에서 사진을 학습하여 판정 모델을 만들고 생산라인에 있는 컴퓨터 에지edge가 판정 모델을 내려받아 실행한다.

LG전자는 이를 상용 솔루션으로 판매하기 위해 과제 개발에 사용한 스플렁크Splunk와 손잡았다. 솔루션 사업자인 스플렁크는 고객을 찾아 가치 제안을 하고 프로젝트를 관리하는 역량이 뛰어나다. 반면에 LG전자의 디지털 전환 조직은 신기술 개발에 강하지만 영업과 솔루션 납품 경험이 부족하다. 두 조직이 협력할 경우에는 솔루션 사업자의 영업 및 납품 역량과 디지털 전환 조직의 기술 개발 역량이 시너지를 발휘하여 새로운 시장을 개척할 수 있다.

• 수요 부서의 문제를 해결해주고 아군으로 만든다

서로 이해관계가 있는 수요 부서 간 협력이 전사적 차원에서 요구됨에도 불구하고 각자의 책임 범위와 이해관계가 달라 각자도생하는 것이 낫다고 판단하는 상황이 벌어질 수 있다. 이럴 때는 각 수요 부서가 서로 타협할 수 있는 포인트를 디지털 전환 조직이 찾아서 그 포인트를 과제 추진을 위한 지렛대로 삼을 수 있다.

LG전자 디지털 전환 조직은 운영 디지털 전환에 이어 2018년에 고객 경험 디지털 전환으로 확대하기 위해 고객 데이터 플랫폼을 새로 구축하는 계획을 세웠다. 마침 그때 한국 영업본부는 자신의 고객관계 관리 시스템을 오프라인 고객 중심에서 온라인 고객으로 확장하는 계획이 있었다. 전사 글로벌 마케팅 조직은 각국 법인들의 온라인 고객 데이터를 수집하여 디지털 마케팅에 활용하는 과제를 기획하고 있었다. 두 조직 모두 온오프라인으로 확장된 고객 프로필이 필요했다.

그러나 고객 프로필을 만들어서 다른 조직에 공급할 책임이 있는 글로벌 마케팅 조직은 전문인력 부족으로 인해 시작조차 하지 못하고 있었다. 한국 영업본부는 국내용 고객 프로필을 따로 개발할 수 있다는 입장이었다. 자칫하면 고객 데이터 정의가 국내외로 나뉠 수 있는 상황이었다.

디지털 전환 조직은 글로벌 마케팅 조직의 고객 프로필 개발 역량 부족 문제를 파악하고 전문가들을 투입하여 지원하겠다고 제안했다. 글로벌 마케팅 조직은 디지털 전환 전문가들의 지원을 환영했고 한국 영업본부도 고객 프로필을 활용할 수 있게 되어 반겼다. 여러 조직이 얽힌 복잡하고 어정쩡한 상황에서 고객 프로필 책임 조직을 지렛대로 삼아 전사 고객 데이터 플랫폼 개발을 시작할 수 있었다.

이처럼 디지털 전환 수요 부서의 어려운 점을 해소하고 수요 부서가 내부 이해관계자들을 직접 설득하게 하는 전략은 매우 효과적이다. 수요 부서는 과제의 고객이자 현장에서 강력한 스폰서가 될 수 있다. 가령 정보시스템에 있는 데이터를 분석하기 위해 데이터 보안을 우려하는 최고정보책임자 조직에 데이터 접근을 요청할 때 데이터 소유권 조직인 수요 부서가 직접 나서서 협조 요청하면 더 부드러운 협력이 일어난다.

디지털 전환 실무팀도 역으로 수요 부서의 지렛대가 될 수 있다. 디지털 전환 과제에 적극적이었던 수요 부서의 모 팀장의 이야기다. 임원 보고를 앞둔 그가 어느 날 디지털 전환 실무팀에 임원 주관 회의에 참석해 줄 수 있는지를 물어왔다. 예상되는 구체적 질문에 디지털 전환 전문가가 참석해서 직접 답변하게 해서 과제에 대한 신뢰도를 높이려는 의도였다. 팀장의 전략은 성공적이었다. 해당 과제는 임원의 지지를 받으며 순조롭게 진행됐다.

• CEO를 개입시키고 지원을 이끌어낸다

스폰서를 활용하는 전략에서 가장 영향력 있는 지렛대는 바로 CEO다. 최고 의사결정권자인 CEO를 개입시키는 방법은 두 가지가 있다.

첫 번째는 수요 부서가 추진하는 디지털 전환에 CEO가 관심을 가지게 만드는 것이다. 가장 좋은 기회는 사업계획을 보고하는 자리다. 수요 부서의 비용 절감이나 새로운 사업 모델 개발 보고에 디지털 전환 활용 계획을 넣어 수요조직과 디지털 전환 조직이 함께 같은 배를 타는 것이다. 이런 연대는 CEO에게도 반가운 접근 방식이다. 많은 CEO가 디지털 전환을 자신의 경영 목표에 포함하고 있기 때문이다.

현업은 오랫동안 해결하지 못한 문제를 해결하고 싶어 한다. 하향식으로 부여받은 디지털 전환 목표 달성도 해야 한다. 디지털 전환 조직은 이런 현업의 욕구를 읽고 두 가지 목적에 부합하는 과제를 찾아서 수요조직이 CEO 보고에 디지털 전환을 포함하도록 해야 한다. "CEO가 여러분을 도와주게 만드세요."라는 컨설팅회사들의 조언이 디지털 전환에서도 통한다.

두 번째는 디지털 전환 조직 책임자가 직접 CEO의 강력한 지원을 끌어내는 것이다. 2017년 초에 내가 책임자로 있던 디지털 전환 조직이 신임 CEO에게 처음으로 조직 방향성과 사업계획을 보고할 때였다. 나의 조직인 클라우드 센터가 CEO 직속 조직에서 최고기술책임자 부문으로 이동했다가 1년 만에 복귀한 직후였다. 지난 1년 동안 센터가 '스마트 이니셔티브'에서 '디지털 전환 이니셔티브'로 피봇팅한 내용을 설명하고 공식적으로 디지털 전환 책임 조직으로 인정받을 수 있는 중요한 자리였다.

고민 끝에 나는 데모 형식의 보고를 선택했다. 디지털 전환에 생소한 CEO에게 전통적인 보고 방식으로는 관심을 끌 수 없을 것으로 판단했다. 클라우드 센터의 빅데이터 팀이 2014년부터 3년 동안 해 온 내용 중에 온라인 댓글 분석과 시스템 에어컨 빅데이터 원격진단 서비스 등을 직접 데모를 보여주면서 설명하기로 했다.

조성진 부회장 회의실 테이블에 모니터를 설치하고 회의를 시작하자마자 별도 보고 없이 바로 데모를 시작했다. 그동안 말로만 들었던 내용을 본 CEO는 수십 분 동안 모니터 앞에서 계속 질문을 했다.

"온라인 댓글 데이터는 어떻게 수집하나요?"

"크롤러Crawler라는 일종의 로봇 소프트웨어가 온라인 사이트를 찾아가서 읽어 옵니다. 온라인 사이트는 'robot.txt'라는 파일에 자신 사이트의 어떤 디렉터리를 읽을 수 있는지 없는지를 기록해 두는데 그 규약에 따라 읽어옵니다."

그럴듯한 말보다 실제 결과를 높이 평가하는 CEO의 성향에 제대로 부합한 준비였다. 그 자리 이후로 CEO는 디지털 전환의 가장 큰 후원자가 되었다. CEO는 다른 조직의 보고 내용 중에 빅데이터 기술을 활용하면 효과적일 것 같은 내용이 보이면 "클라우드 센터와 협의해서 검토하라."고 지시했다. CEO의 강력한 지원으로 사실상 전 사업본부와 가치사슬 전반에 걸쳐 디지털 전환 과제가 생겨났다. 센터는 전사 디지털 전환 추진 과제의 계획과 진행 상황을 보고하는 역할을 맡게 되었다.

8

디지털 전환 조직은 어젠다 세터가
되어야 한다

"우리 조직이 디지털 전환을 하겠습니다."

CEO 데모 보고 이후에 정식 연간 사업 전략 보고 자리에서 조직의 미션을 '전사 디지털 트랜스포메이션 인에이블러Enabler'로 보고했다. 즉 전사의 디지털 전환을 주도하고 지원하는 역할로 정의했다. 다른 조직은 과거부터 정해진 미션이 있었지만 내가 속한 조직은 미션을 스스로 정했다. 당시 디지털 전환은 LG전자에서 처음 선언된 이니셔티브였다. 그때 디지털 전환은 오퍼레이션 디지털 전환과 비즈니스 디지털 전환으로 구분하고 디지털 전환 전략 프레임워크를 제시했다. 2017년 3월경이었다.

클라우드 센터의 전신은 CEO 직속 조직이었던 스마트 비즈니스 센터SBC, Smart Business Center였다. '클라우드'는 2015년 말에 최고기술책임자 조직으로 이동하는 결정이 났을 때 내가 바꾼 이름이다. 원래 스마트 비즈니스 센터는 구본준 부회장 CEO가 2012년에 취임하면서 애플의 앱스토어와 구글의 광고 수익 모델 같은 새로운 사업 모델을 모색하고 삼성전자가 스마트폰과 스마트TV에 탑재하는 콘텐츠를 강화하기 위해 만든 모바일 소프트웨어 센터 MSC, Mobile Software Center에 대응하기 위해 만들어진 조직이었다.

일반인들에게는 잘 알려지지 않은 사실이지만 LG전자 스마트 TV에 탑재된 넷플릭스 앱에서 고객이 회원 가입을 하면 사용자의 결제 요금의 10%가 LG전자에 지급된다. 당시 그 규모가 수백억 원에 달했다. 이는 글로벌로 팔린 스마트TV 대수가 엄청났고 특히 미국과 남미 등에서 스마트TV로 넷플릭스를 보는 사용자가 많았기 때문이다.

당시 스마트 비즈니스 센터는 스마트홈과 사물인터넷 등 새로운 디지털 이니셔티브를 주관하고 전 세계에서 판매되는 LG전자 스마트 기기에 서비스와 콘텐츠를 공급하고 운영하는 역할을 했다. 가전용 인공지능 대화 서비스 '홈챗HomeChat'과 스마트홈 등으로 세계가전전시회CES 혁신상을 받는 등 디지털 전담 조직으로서의 존재감도 증명했다. 하지만 구본준 부회장이 지주사로 이동하고 단독 CEO 체제가 아닌 3인 각자 대표 체제가 되면서 스마트 비즈니스 센터의 스폰서가 갑자기 공백이 되는 상황이 발생했다. 갑작스러운 최고기술책임자 조직으로의 이동으로 전사 조직의 독립적 위상을 상실하게 되었다. 이는 혁신을 추진하는 동력의 약화를 의미했다.

새 키워드 선점이 필요했다. 센터의 이름을 스마트 비즈니스 센터에서 클라우드 센터로 바꿨다. 그리고 센터의 이니셔티브를 클라우드 퍼스트Cloud First와 빅데이터 퍼스트Big Data First로 내세웠다. 이는 클라우드 기반에서 빅데이터와 플랫폼 역량을 활용하여 디지털 가치를 창출하겠다는 방향성을 나타냈다. 이러한 방향성 설정은 결과적으로 옳았다. 1년 후에 클라우드 센터는 디지털 전환 전담 조직으로서 CEO 직속 조직으로 복귀했고 이어서 LG전자 경영 어젠다에 디지털 전환이라는 키워드가 공식적으로 포함되었다. LG그룹 최초였다.

어젠다를 스스로 주도함으로써 얻은 성과는 대단했다. 클라우드 센터는 사업조직이 아니면서도 자체 독립 예산권과 기술 조직을 동시에 가진 최초의 CEO 스태프 조직이 되었다. 이 때문에 수요조직의 예산에 기대지 않고 디지털 전환 과제를 자체적으로 선정해서 추진할 수 있는 엄청난 힘을 확보할 수 있었다. 덕분에 5년 동안 같은 책임자 체제로 디지털 전환을 추진할 수 있었다. 디지털 전환 조직은 어젠다 세터가 되어야 한다. 어젠다를 선점하는 능력은 곧 혁신의 이니셔티브를 지속하는 힘이 된다. 디지털 전환 조직이 일정 기간에 걸쳐 가치를 성과로 증명해 내도 조직 최상부의 변화나 대외환경의 변화에 따라 조직의 위상은 언제든지 바뀔 수 있다. 각자도생의 처지에 몰리더라도 혁신을 지속하는 방법을 스스로 찾아야 한다.

어젠다 세터의 역할은 가장 먼저 이니셔티브를 선언하고 미션과 비전을 조직이 인정하게 하는 것이다. 일종의 퍼스트 무버다. 조직을 만들고 이름을 결정할 때도 전략이 필요하다. 예를 들면 스마트 시대에는 스마트란 이름을, 클라우드 시대에는 클라우드라는 이름을, 디지털 전환 시대에는 디지털 전환이란 이름을 조직명으로 소유할 수 있다면 성공이다. 키워드 선점은 어젠다 선점으로 이어진다. 당시 조직 내부는 디지털 전환에 대한 이해가 부족한 상태였다. 클라우드는 디지털 전환의 개념을 가장 쉽게 전달할 수 있는 키워드였다.

클라우드 센터가 구성된 후부터 내부 디지털 전환 관련 과업이 자연스럽게 클라우드 센터로 집중되었다. 키워드를 선점함으로써 디지털 전환 이니셔티브를 확보한 것이다. 그 결과로 3년 만인 2019년에 클라우드 센터의 이름이 디지털 트랜스포메이션 센터로 변경되었다. 클라우드 센터의 정체성이 디지털 전환이라는 점이 조직 내에서 인정받은 결과였다.

단지 키워드를 바꾸는 것만으로는 어젠다 선점을 할 수 없다. 이름을 바꾸지 않으면 안 되는 것은 트렌드나 패러다임의 변화 때문이다. 기술이 빠르게 발전하는 만큼 시대의 흐름이 변화하는 속도역시 매우 빠르다. 따라서 조직은 기술 발전에 맞춰 역량을 진화하고 변신해야 한다. 스마트 시대에는 스마트 전략을 주관하고 서비스와 콘텐츠를 공급하는 역할을 했다면 클라우드 시대에는 클라우드와 빅데이터 기반의 혁신을 주도하고 클라우드 플랫폼과 솔루션을 제공하는 역할을 할 수 있어야 한다.

디지털 전환은 끊임없이 진화하는 과정이다. 현재는 인공지능, 빅데이터, 클라우드 등이 핵심 기술이지만 새로운 기술이 등장할 때마다 디지털 전환은 그것에 맞게 진화해야 한다. 이름은 달라도 그 시대의 디지털 전환을 수행하는 역할은 같다. 디지털 전환 조직은 새로운 시대가 왔을 때나 조직이 새로운 혁신을 해야 할 때 그 일을 해야 한다. 바람의 방향을 가장 먼저 읽고 어젠다를 선점할 능력이 없는 디지털 전환 조직은 장기간 지속되는 혁신을 주도할 수 없고 결국 내부 지원조직에 머물게 될 것이다.

3장

디지털 전환의 성공 특징은
무엇일까

The DX

1

디지털 전환의 핵심은
'디지털'이 아닌 '전환'이다

디지털 전환은 인공지능, 빅데이터, 클라우드, 사물인터넷 등과 같은 최신 디지털 기술을 활용하여 기업의 고객 경험, 사업 구조, 오퍼레이션, 업무 프로세스 및 조직문화 등 모든 영역을 포괄적으로 혁신하는 과정이다. 디지털 전환은 단순히 기존 업무에 디지털 기술을 추가하는 것이 아니다. 근본적인 전환을 의미한다.

디지털 전환을 추진할 때 기업의 관심이 기술에 집중되는 경향이 있다. 그러나 많은 디지털 전환 사례에서 볼 수 있듯이 성패의 핵심은 기술 자체가 아니라 디지털 전환에 대한 전략적 접근이다. 디지털 전환의 핵심은 '디지털'이 아닌 '전환'에 있다. 이 전환을 뜻하는 영어 단어 'Transformation'은 근본적인 전환을 의미한다. 이러한 전환은 마치 DNA의 변화와도 같다. 외부에서 볼 때 크게 드러나는 변화가 아니라 내부의 본질이 바뀌는 것이다. 유전적 특성이 바뀌는 변화다. 성형수술로 외모를 바꾸는 것과 다르게 DNA 를 교체해 완전히 새로운 개체로 탈바꿈하는 것과 같은 원리다. 디지털 전환은 단순한 기술의 도입이 아닌 기업의 DNA를 재구성하는 과정이다. 기업은 디지털 시대에 적합한 새로운 유전 형질을 가진 조직으로 변모하게 된다.

DNA 전환은 대체로 두 가지 방식으로 진행된다. 하나는 디지털 네이티브 기업의 탄생과 같은 자연스러운 창조 과정이다. 이들은 원천적으로 디지털 기술 기반에서 태어난다. 디지털 기업의 DNA 전환은 생성형 인공지능과 같은 새로운 혁신 기술이 나오면 역량의 확장을 통한 진화의 형태로 이루어진다. 디지털 기업이 아닌 보통 기업의 DNA 전환 방식은 디지털 DNA 이식이다. 디지털 기반의 DNA를 가지고 있지 않은 보통 기업, 즉 비디지털 기업은 외부의 디지털 DNA를 기존 DNA에 이식해야 한다. 그런데 이런 방식의 전환은 쉽지 않다. 서로 다른 두 DNA의 만남은 필연적으로 거부 반응을 일으키는 탓이다.

이식을 통한 디지털 전환은 크게 세 단계로 진행된다. 1단계는 준비 단계다. 이식할 디지털 DNA를 준비한다. 디지털 전환 전문가를 영입하는 것이다. 기존 조직의 노력만으로 디지털 기술을 도입해서 목표를 달성하기 힘들기 때문이다.

2단계는 이식 단계다. 외부의 디지털 전환 전문가들을 조직 내의 올바른 곳에 배치하는 것이다. 이때 배치 조직의 위치와 위상이 매우 중요하다. 디지털 전환 조직은 반드시 CEO 직속 조직으로서 독립적으로 운영되어야 한다. CEO 직속이라는 위치는 DNA가 착상되었을 때 가장 생존 가능성이 크고 유전적 특성이 제대로 그리고 최대한 발현될 수 있는 자리다. 다른 조직의 아래에 배치되면 기존 DNA의 적자생존 이기주의로 인해 이식된 DNA의 착상이 방해받을 수 있다. 장기를 내 몸에 이식했을 때 면역반응이 일어나는 것과 똑같은 이치다. 낯선 사람들로 구성된 낯선 조직이 기존 조직 안에서 뿌리를 내리는 단계다. 디지털 전환 과제를 추진하는 과정에서 기존 조직과의 문화 충돌과 저항 등 다양한 문제를 겪고 극복하는 과정이다.

마지막 3단계는 착상 단계다. 디지털 DNA가 착상에 성공하면 디지털 유전 전환이 조직 전반에 일어날 수 있다. 아래의 '디지털로 전환된 회사의 모습'이라는 그림에서 표현되었듯이 디지털 전환은 디지털 DNA 역량을 내재화하는 과정을 통해 이루어진다. 즉 인프라 역량부터 프로덕트 영역까지 디지털 DNA가 확산하는 빌드업 과정이 필요하다.

디지털로 전환된 회사의 모습

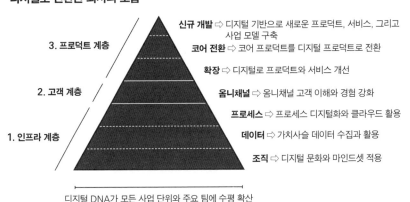

디지털 DNA가 모든 사업 단위와 주요 팀에 수평 확산

인프라 역량 계층은 조직, 데이터, 프로세스 등으로 구성된다. 조직은 디지털 전환의 가장 기본적이고 중요한 인프라다. 조직의 디지털 전환 역량은 디지털 전환의 기반이 되고 그 성공을 좌우한다. 조직 다음으로 중요한 인프라는 데이터다. 데이터는 모든 디지털 혁신의 원천이다.

인프라 역량 계층 바로 위에는 프로덕트 계층을 연결하는 고객 계층이 있다. 이 계층은 '고객 경험 혁신' 역량을 중심으로 구성되는 계층이다. 프로덕트 계층은 고객 경험 혁신 역량에 의해 뒷받침되는 구조이다. 이는 '고객 경험'이 제품과 서비스 그리고 사업 모델WHAT의 핵심 가치가 되어야 한다는 것을 의미한다.

어렵게 이식된 디지털 DNA가 무사히 조직에 안착하기까지는 충분한 시간이 필요하다. 이 과정에서 디지털 전환을 방해하는 부정적 요소가 최소화되고 긍정적 요소가 활성화되도록 지속적인 관찰과 조정이 필수다. 디지털 DNA가 착상에 성공하고 디지털 역량으로 인한 변화가 조직 전반에 일어나기 시작하면 기술적 변화를 넘어 조직문화의 전환이 시작된다. 조직문화의 전환은 조직의 모든 구성원이 디지털 중심으로 역량과 행동양식을 바꿀 때 가능하다.

2

데스밸리 3년 안에 유의미한 성과를 내라

스타트업의 여정에는 반드시 거쳐야 할 기간이 있다. 데스밸리 Death Valley, 바로 죽음의 계곡이다. 스타트업이 창업 초기에 겪는 매우 힘든 시기를 의미한다. 통상 창업 후 1~3년이다. 이 시기에는 초기 투자금이나 시드 자금이 바닥나기 시작하고 추가적인 투자를 받기 어려운 상황이 발생할 수 있다. 많은 스타트업이 이 시기에 실패를 경험하게 된다. 여기서 치열하게 살아남아 스스로 존재의 가치를 증명해야만 추가 투자를 받고 비로소 초기 성장 단계로 진입할 수 있다. 데스밸리 3년은 스타트업이 본선 경기를 뛰기 위해 거치는 일종의 죽음의 예선 경기 기간인 셈이다.

디지털 전환 여정에도 데스밸리가 존재한다. 디지털 전환 데스밸리는 기업이 디지털 전환 초반에 직면하는 매우 힘든 기간을 의미한다. 외부의 DNA를 조직 안에 이식하고 착상에 성공하기까지

진통을 겪는 시기다. 스타트업의 데스밸리처럼 약 3년 정도가 필요하다. 내가 LG전자의 디지털 전환 책임자로서 직접 겪었던 경험에 기반한 것이다. 3년이 모든 기업에 적용되는 절대적 수치는 아니다. 기업의 사업 모델, 조직문화, 역량 및 디지털 전환 목표 등에 따라 이 기간은 짧아지거나 길어질 수 있다. 기업의 신생 디지털 전환 조직은 스타트업과 같은 상황에 부닥쳐 있다. 디지털 전환 조직이 데스밸리를 피해 나가기는 쉽지 않다. 디지털 전환 조직이 데스밸리를 통과했다는 것은 스타트업처럼 향후 자생에 필요한 일정 규모 이상의 내부 고객을 확보하여 자립 기반을 마련했다는 뜻이다. 따라서 데스밸리를 성공적으로 통과한 조직만이 본격적인 디지털 전환 여정을 시작할 수 있다.

LG전자가 공식적으로 디지털 전환을 어젠다로 설정한 건 2017년이다. CEO의 경영 어젠다에 포함이 되면서부터다. 당시 디지털 전환 전담 조직인 클라우드 센터는 데이터 전문가와 클라우드 기반의 개발 역량을 갖추고 있었고 전담 조직으로 기능하는 데 반드시 필요한 독립적 예산까지 확보하고 있었다. 한마디로 디지털 전환을 추진하기 위한 필요조건을 갖춘 '준비된 선수'였다. 실제로 클라우드 센터는 출발과 함께 운영혁신, 사업혁신, 고객 경험 혁신 등의 주요 과제가 바로 가동됐다. LG그룹 최초로 LG전자의 플랫폼 인프라와 데이터를 퍼블릭 클라우드로 옮기는 실행력을 발휘했다. 그로부터 3년 뒤에는 디지털 전환으로 1,000억 원 이상의 경제적 가치를 창출하는 성과를 인정받아 LG그룹의 혁신상인 'LG 어워드LG Award'를 수상했다.

그런데 이처럼 빠른 속도와 뛰어난 성과를 이뤄낼 수 있었던 건 그 이전의 준비 기간이 있었기에 가능했다. 클라우드 센터의 전신 스마트 비즈니스 센터는 전사 스마트 전략을 이끌고 본부에 필요한 서비스와 플랫폼을 공급하는 역할을 담당했다. 스마트 비즈니스 센터는 스마트 시대의 디지털 전환 조직이었다. 스마트 비즈니스 센터는 조직 구성과 역할에서 전례 없는 실험적 조직이었다. 초기 3년 동안 LG전자에 이식된 외부의 디지털 DNA들은 조직 안에서 스스로 '존재 이유'를 증명해야 했다.

이 기간이 데스밸리가 되는 까닭은 단지 CEO의 지시와 지원만으로 전사가 하루아침에 원팀처럼 협력할 수 없는 현실에서 외부 DNA가 내부 네트워크가 전혀 없는 상황에서 전략을 만들고 각 본부와 협력을 만들어내는 일을 해야 했기 때문이다. 마치 기존 시장의 지분이 전혀 없는 스타트업처럼 무에서 유를 만들어내는 것과 같았다. 당시 스마트 비즈니스 센터는 스마트 전략을 기획하고 새로운 서비스 기획도 하면서 가전, TV, 모바일 등 3개 본부의 회원 플랫폼을 하나로 통합하는 등 기존 레거시와 씨름하는 이중 삼중의 어려운 상황에 있었다. 본사 스태프 조직으로 개발 조직이 없어 정보시스템 통합 계열사에 의존하는 역량이 부족한 조직이었다.

그러나 한편으로는 2013년 말에 비록 네 명으로 시작했지만 빅데이터 조직을 만들고 아마존 클라우드 기반으로 서비스를 개발하는 클라우드 개발팀을 조직했다. 이 두 조직의 팀장은 한 명은 네이버에서 왔고 또 다른 한 명은 다른 회사에 클라우드 회사를 매각하고 왔다. 두 사람 모두 30대 초반의 나이에 팀장으로 채용되었다. 당시 LG전자에서는 40대 중반이 넘어야 팀장이 될 수 있었기 때문에 파격적인 인사였다.

스마트 비즈니스 센터가 디지털 서비스로 만든 첫 작품은 메신저 대화를 통해 가전 상태를 묻고 작업 지시를 할 수 있는 인공지능 서비스 홈챗이었다. 2013년 당시 대화형 인공지능 서비스가 대중화되지 않았던 시절에 스마트 비즈니스 센터는 네이버와 카카오에 가전을 카카오톡과 라인 메신저 친구로 의인화한 챗봇으로 구현하여 사람과 대화하는 개념을 제안하고 구현했다. 앞서 말했지만 홈챗 서비스는 2014년 세계가전전시회CES에서 혁신상을 수상했다. 스마트 비즈니스 센터가 정식으로 출범한 후 1년 반 만에 이룬 성과였다. LG전자의 홈가전사업본부는 백색가전 분야에서 글로벌 최고 수준의 경쟁력을 갖춘 회사이다. 그런 홈가전사업본부가 홈챗 서비스를 스마트 가전에 전격적으로 도입하기로 했다. 메신저로 사용자와 대화하는 로봇 청소기는 너무 매력적인 마케팅 요소였기 때문이다.

이 결정은 스마트 비즈니스 센터의 스마트 서비스 플랫폼에 날개를 달아주었다. LG전자의 모든 스마트 가전이 스마트 비즈니스 센터 플랫폼에 일거에 연결된 덕분에 스마트 비즈니스 센터 플랫폼의 규모와 영향력이 크게 확대되었다. 2014년 세계가전전시회 CES에서 있었던 회의에서 CEO에게 "홈챗 서비스는 얼리 어답터 고객용 서비스라 대중화는 어렵지만 LG전자의 스마트 가전이 모두 스마트 플랫폼에 연결되는 계기가 될 것"이라고 보고했는데 그 예상이 그대로 적중했다.

만일 홈챗 서비스가 성공하지 못했다면 LG전자는 가전 전체에 와이파이 칩 탑재를 결정하지 않았을 수도 있다. 그렇게 되면 전 가전의 데이터 수집이 불가능했을 것이며 가전 자가 진단과 소프트웨어 자동 업그레이드 서비스도 제공할 수 없었을 것이다. 이러한 플랫폼은 이후 스마트 비즈니스 센터가 사물인터넷과 인공지능으로 사업을 확장하고 홈 에너지 관리 시스템 같은 새로운 사업을 시도할 수 있는 강력한 기반이 되었다.

이런 기술 자산 덕분에 스마트 비즈니스 센터의 후신 클라우드 센터는 클라우드와 빅데이터라는 디지털 전환의 핵심 키워드를 선점하고 디지털 전환 조직으로 방향을 전환할 수 있었다. 이는 스타트업이 그동안 확보한 핵심 기술을 활용하여 사업 방향을 전환하는 것과 유사하다. 이유는 간단했다. 스마트 비즈니스 센터는 디지털 전환에 필요한 기술 역량과 자산을 가진 유일한 조직이었기 때문이다. LG전자의 디지털 전환 전담 조직 클라우드 센터의 역량은 전신이었던 스마트 비즈니스 센터의 3년에 걸친 도전으로 축적된 것이다. 만약 이 3년의 기간 없이 바로 디지털 전환을 추진했다면 디지털 전환을 공식 선포한 지 불과 3년 만에 1,000억 원 이상의 경제적 가치를 창출하는 성과를 이루기 어려웠을 것이다.

디지털 전환의 초기 단계, 특히 첫 3년은 기업 내에서 혁신의 가능성을 탐색하고 검증하는 중요한 시기다. 동시에 새롭게 합류한 디지털 전환 전문가들이 기존의 조직문화와 구성원들을 이해하고 조직 내에서 자신들의 위치를 확립하는 시간이기도 하다. 디지털 전환 전문가들은 디지털 DNA를 가진 사람들로 디지털 기업 문화에 익숙하다. 하드웨어 중심 조직에서 적응하는 것이 큰 도전이다. 실제로 많은 기업에서 디지털 전환 전문가들이 조직의 문화나 방식에 적응하지 못해 조기에 회사를 떠나는 경우가 적지 않다. 두 조직 간의 차이는 마치 다른 언어를 사용하는 것처럼 극명하다.

나도 조직문화를 이해하고 조직의 인적 네트워크에 들어가기까지 실제로 약 3년의 기간이 걸렸다. 3년 동안 CEO 스태프 임원으로 있으면서 CEO 주간 경영 회의와 월간 현장경영 참석을 통해 사업의 전략부터 운영까지 깊이 이해할 수 있었고 각 조직의 고위급 경영진을 비롯한 리더들과 인적 네트워크를 쌓을 수 있었다. 이 과정은 마치 이식된 DNA가 새로운 조직 안에 깊게 녹아드는 것과 같았다. 이 기간에 특히 중요했던 점은 나의 소프트웨어 역량에 하드웨어에 대한 이해가 더해졌다는 점이다. 스마트홈과 사물인터넷 전사 전략을 맡으면서 각종 센서와 지그비Zigbee, 지웨이브Z-wave 같은 커넥티비티 기술부터 커넥티드 카 같은 최신 기술 활용 방안에 관여한 결과였다. 나의 전공인 컴퓨터공학이 공과대학 소속이어서 전기 및 전자개론 같은 기초적인 공학 지식이 도움이 되었다.

대부분 기업의 디지털 전환 신생 조직은 조직을 새로 구성하고 적응할 시간을 충분히 갖지 못한 채 바로 시작한다. LG전자에서 내가 일한 디지털 전환 조직도 이전에 스마트 비즈니스 센터가 온몸으로 부딪치며 겪었던 3년이라는 기간 없이 조직을 처음 꾸리는 것부터 시작했다면 어땠을까? 매우 어려웠을 것이다. 경영 회의 멤버로서 3년 동안 쌓은 회사와 경영에 대한 이해, 전사 가치사슬 조직과 사업부의 핵심 경영진과의 인적 네트워크, 독립 예산권, 빅데이터와 클라우드 각 분야에 경험 많은 전문인력의 보유 등을 가지고 시작하는 것과 그렇지 않은 것과의 차이는 너무나 크다.

만일 내가 스마트 비즈니스 센터로 시작하지 않고 디지털 전환 조직으로 바로 시작했어도 3년의 데스밸리를 거쳐야 했을 것이다. 스마트 비즈니스 센터 시절을 통과하면서 축적했던 경험과 인적 자산을 쌓는 시간이 똑같이 필요할 것이기 때문이다. 그 시간은 데스밸리가 될 수밖에 없다. 디지털 전환은 외부 조건의 완벽함만으로 성공하기 어렵다. 새로 들어온 디지털 전문가들의 DNA가 기존 조직 내에서 어우러지기까지의 시간과 노력이 필요하다. 인력과 예산이 충분하지 않으면 더욱 어려운 도전이 될 것이다.

디지털 전환 조직이 3년 안에 유의미한 성과를 만들어낼 수 있다면 데스밸리를 지나 비로소 성장의 궤도로 진입할 수 있다. 그때까지 경영진은 인내심을 가지고 빛과 물과 양분을 공급하면서 충분한 유예 기간을 주어야 한다. 치열하게 버텨낸 시간은 고스란히 디지털 전환의 '자산'이 된다. 디지털 전환에도 지름길은 없다.

3

산업 특성에 따라 디지털 전환 내용이 달라진다

모든 조직에는 '우리다움'이라는 문화가 있다. 오랜 시간 축적하고 공유해 온 '생각하고 일하는 방식'이다. 과거의 경험과 지식으로 단단하게 무장되어 있을수록 그만큼 변화해야 할 영역이 더 넓고 깊다는 것을 의미한다. 과거의 유산을 지키려는 관성은 혁신을 어렵게 하는 장애물이다.

디지털 전환은 업종과 규모에 관계없이 현재와 다른 속성을 가진 기업으로 전환하는 과정이다. 모든 디지털 전환은 기존의 시스템과 문화를 버리고 새로운 출발점에서 시작한다. 디지털 전문 조직에 예산과 권한을 부여하여 사내 벤처기업을 설립하는 것과 유사하다. 다만 고객이 내부 고객이라는 점이 다르다.

모든 디지털 전환은 스타트업처럼 제로에서 시작된다. 하지만 제로의 내용은 모두 같지 않다. 디지털 전환이 똑같은 목표로 진행되지 않기 때문이다. 인력과 자원이 풍부한 대기업과 중소기업의 디지털 전환은 방향과 접근 방식이 다르다. 철강, 에너지, 전자 산업 등의 디지털 전환과 식품, 유통, 패션 산업 등의 디지털 전환은 방향이 같지 않고 목표도 다르다. 규모가 큰 제조기업의 경우 디지털 전환은 운영혁신에 초점을 맞추게 된다. 1%의 비용만 개선해도 어지간한 기업의 디지털 전환 성과를 뛰어넘을 정도다.

2023년 스탠퍼드 대학교가 발행한 보고서 「산업별 인공지능 적용 현황」에 따르면 전 산업 공통으로 오퍼레이션, 전략 재무, 리스크 관리 업무의 인공지능 적용 비율이 가장 높다. 그런데 산업별로 보면 소비재·소매 산업은 다른 산업보다 오퍼레이션 영역(31%)과 경영 전략 및 재무 영역(29%)의 적용 비중이 더 높다. 반면에 제품 개발이나 제조 분야의 인공지능 기술 적용 비율은 4%에 불과한 것으로 나타났다(Stanford University HAI, 2023). 즉 연구개발이나 제조보다 운영과 지원 영역의 인공지능 적용 비중이 높다. 후지쯔가 유럽, 영국, 미국, 아시아태평양 국가 15개국의 166명의 정보통신기술 전문가를 대상으로 한 조사에 따르면 리테일 산업의 주요 디지털 전환 추진 분야는 효율성 개선과 비용 절감(69%), 고객 관계 강화(69%), 매출 증가(67%)로 나타났다. 이와 달리 금융서비스 산업은 사업 관련 업무 분야에 인공지능 기술을 가장 적극적으로 활용하고 있다. 상품 개발(31%) 적용이 오퍼레이션(24%), 전략 및 재무 업무 분야(23%)보다 높다(Fujitsu, 2021). 영국의 제조업은 81%가 생산성 향상 투자에 중점을 두고 있다(The Manufacturer, 2019). 이처럼 산업 특성에 따라 디지털 전환 내용도 달라진다.

모든 디지털 전환은 자기만의 레이스다. 출발선도 결승선도 기업마다 다르다. 따라서 대기업부터 중소기업까지 모두 자신의 상황에 맞는 전략이 필요하다. 각자 디지털 전환 결승선에 도달하기 위해 주력할 부분을 정하고 그에 맞는 선수들을 구성하는 것이다. 동일 출발선에 있더라도 선수마다 훈련량과 기량이 다르듯 디지털 전환 조직의 준비 수준도 회사마다 다르다. 언제쯤 어디에 있는 결승선에 도착할지 알 수 없는 시계 제로 상태로 출발하는 것이 디지털 전환이다.

4
디지털 도구의 이해는 소프트웨어의 이해다

디지털 전환은 기술 중심의 관점으로 접근하면 실패할 가능성이 크다는 말이 있다. 그러나 기술이 중요하지 않다는 의미가 아니다. 기술은 디지털 전환의 핵심적인 요소로서 정확하게 이해해서 효과적으로 활용하는 것이 요구된다.

디지털 도구의 이해는 소프트웨어의 이해다. 소프트웨어는 모든 디지털 도구의 기반 기술이다. 디지털 전환 기술 솔루션을 선택할 때는 기능뿐만 아니라 아키텍처, 보안, 확장성 및 업체 종속성 등 다양한 측면을 종합적으로 평가해야 한다. 예를 들어 데이터브릭스Databricks와 스노우플레이크Snowflake는 모두 데이터 플랫폼이지만 아키텍처, 보안, 확장성 및 업체 종속성 측면에서 차이가 있다. 스노우플레이크는 데이터를 고객이 아닌 자신이 관리하는 저장소로 가져가서 처리하므로 국내 금융권에서는 금융법 규제로 도입이 제한된다. 대신 비용이 효율적인 빠른 데이터 처리가 중요한 기업에 적합하다. 데이터브릭스는 정형 데이터는 물론 스노우플레이크가 처리하지 못하는 비정형 데이터도 처리할 수 있어 비정형 데이터 기계학습이 많은 빅데이터와 인공지능 분야에 적합하다. 이처럼 디지털 전환 전문가는 디지털 솔루션의 특징을 분석하고 그 특징이 비즈니스와 개발 측면에서 어떤 영향을 미칠지 판단할 수 있어야 한다.

디지털 전환에서 소프트웨어에 대한 이해라고 하면 퍼블릭 클라우드에 대한 이해라고 해도 과언이 아니다. 클라우드는 초기에는 서버나 스토리지 같은 컴퓨팅 자원과 데이터 관리 소프트웨어를 중심으로 제공되었지만 빅데이터, 블록체인, 인공지능, 그리고 최근에는 챗GPT 같은 생성형 인공지능까지 디지털 전환에 필요한 사실상 모든 소프트웨어 도구를 제공한다. 웬만한 기업의 디지털 전환은 클라우드 사업자가 제공하는 소프트웨어로 대부분 해결할 수 있다. 따라서 디지털 전환에 필요한 소프트웨어를 정할 때 클라우드 사업자의 솔루션을 먼저 검토하는 것이 일반적이다.

클라우드는 서비스형 인프라IaaS, Infra-as-a-Service, 서비스형 플랫폼PaaS, Platform-as-a-Service, 그리고 서비스형 소프트웨어SaaS, Software-as-a-Service로 구분할 수 있다. 서비스형 인프라는 컴퓨팅 인프라 자원을 서비스로 제공하는 모델로 IT 전문가를 대상으로 한다. 서비스형 플랫폼은 개발 환경과 런타임 환경을 서비스로 제공하는 모델로 개발자를 대상으로 한다. 서비스형 소프트웨어는 앱을 서비스로 제공하는 모델로 사용자를 대상으로 한다. 서비스형 플랫

클라우딩 컴퓨팅 계층 구조

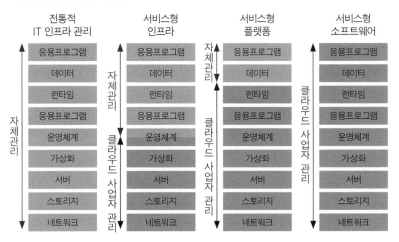

폼은 디지털 전환을 구현하는 데 필요한 소프트웨어와 개발 환경을 제공하기 때문에 디지털 전환 개발 생산성과 가장 밀접한 관련이 있다. 마이크로소프트 오피스 365나 팀즈처럼 협업과 생산성을 위한 도구들은 서비스형 소프트웨어에 해당한다.

전통적인 제품이나 솔루션을 서비스로 제공하는 사업 모델을 '서비스형as-a-Service'이라고 한다. 예를 들어 '서비스형 뱅킹BaaS, Banking-as-a-Service'은 뱅킹에 사용되는 소프트웨어를 핀테크 같은 신생 기업에 전반적인 금융 업무 또는 일부 금융 업무에 서비스로 제공하는 것이다. 이를 이용하면 대출 중개 전문 핀테크가 수신 금융 업무를 추가하고 싶을 때 직접 개발하지 않고 서비스형 뱅킹BaaS을 제공하는 회사로부터 수신 금융 업무만 이용할 수 있다.

클라우드 서비스 제공자들은 각각 고유의 강점이 있다. 아마존의 아마존웹서비스는 퍼블릭 클라우드 분야의 선두 주자이다. 아마존

닷컴 온라인 쇼핑을 위한 기술을 클라우드 사업용으로 상용화하여 가장 다양한 솔루션을 제공해 왔다. 특히 사물인터넷, 빅데이터, 인공지능, 블록체인 등과 같은 최신 기술 트렌드에 대한 신속한 대응이 가장 큰 강점이다. 마이크로소프트 애저는 윈도 서버와 관련 솔루션들을 클라우드로 제공하는 차별화된 강점을 바탕으로 기업 시장에서 두각을 나타내고 있다. 팀즈 같은 협업 도구를 통해 기업 시장을 공략한 데 이어 챗GPT를 만든 오픈AI에 투자하여 생성형 인공지능 비서 코파일럿을 개발함으로써 기업 시장 경쟁력을 더욱 강화하고 있다.

구글 클라우드 플랫폼은 클라우드 사업자 중 시장점유율이 가장 낮다. 데이터 처리와 분석 기술에서는 독보적인 기술력을 보유하고 있지만 기업 시장 사업 경험과 역량은 다른 두 회사보다 훨씬 떨어져서 기업 시장에서는 존재감이 극히 약하다. 그러나 구글 검색과 유튜브 사용자 기반이 막강한 만큼 개인화에 기반한 타깃 광고 등 고객 세그먼트별 디지털 마케팅에 탁월하다.

국내 대표 주자인 네이버 클라우드와 NHN 클라우드 역시 아마존처럼 자사 서비스에 활용한 인프라 기술을 상업화하여 클라우드 사업을 시작했다. KT 클라우드는 오랫동안 인터넷 데이터 센터IDC 사업을 하면서 축적한 역량을 기반으로 클라우드 사업을 하는 경우다. 국산 클라우드 사업자들의 공통적인 장점은 외산 대비 정부와 기업 보안 정책 대응 수준이 높은 것과 국내 기업 고객에 대한 밀착 지원이다. 이는 기업 시장에서 매우 중요한 구매 결정 요소이다. 최근에는 3사 모두 정부가 추진하는 'K-클라우드 프로젝트'에 참여하며 반도체 기반 클라우드 출시를 통해 시장점유율 확대를 꾀하고 있다.

국산 클라우드들도 생성형 인공지능 대응에 힘쓰고 있다. 한국어에 관한 한 최고 수준의 생성형 인공지능 기술을 보유한 네이버의 하이퍼클로바X는 한국어 학습에 최적화되어 있어 네이버 클라우드가 외산보다 한국어에 더 최적화된 품질과 높은 보안 그리고 유리한 운영 비용을 제공할 것으로 기대된다. NHN 클라우드는 고객이 네이버 클라우드와 동시 사용하는 멀티 클라우드 환경에서 하이퍼클로바X를 사용할 수 있도록 네이버와 제휴를 했다. 그동안 독자 인공지능 개발에 힘써온 KT는 자체 개발한 생성형 인공지능 '믿음'으로 클라우드 사업을 확장한다는 목표다.

클라우드 사업자들이 사업에 앞세우는 생성형 인공지능의 본격적인 기술 경쟁은 지금부터다. 그동안 GPT-4를 뒤쫓던 구글이 최근에 제미나이Gemini 1.5 프로(구 바드Bard, 바드는 GPT-3.5 수준)를 출시하며 치고 나갔다. 제미나이 1.5 프로는 생성 글의 길이를 결정하는 콘텍스트Context 윈도의 토큰을 최대 100만 개로 획기적으로 늘렸다. 이는 GPT-4의 최대 토큰 수인 8,192개보다 120배 이상 큰 규모다. 멀티모달 모델인 제미나이가 자동으로 생성하는 동영상의 길이는 1시간으로 기존에 수십 초 길이의 동영상을 생성하는 경쟁자를 압도한다. 국내 기업들이 한국어 데이터 접근 우위만으로는 경쟁력 확보가 점점 어려워지고 있다. 이에 네이버 하이퍼클로바는 미국 기업이 접근하기 힘든 중동 시장과 일본어 데이터 강점을 가진 야후와의 협력이 가능한 일본 시장을 포함한 아시아 시장에서 기업 데이터를 활용하는 생성형 인공지능 B2B 시장에 선택과 집중하는 전략을 추진하고 있다.

클라우드 초기에는 주로 서비스형 인프라IaaS 중심으로 클라우드 전환이 이뤄졌다. 클라우드의 기본적인 장점은 인프라 운영에 대한 비용과 부담을 줄일 수 있다는 점 때문이다. 고객은 자신의 비즈니스 요구에 맞는 인프라를 원하는 만큼 원하는 시간에 원하는 위치에서 사용할 수 있다. 클라우드 방식을 이용하지 않으면 인프라의 설치, 운영, 관리 등에 대한 모든 책임을 기업이 직접 져야 한다.

두 번째 장점은 컴퓨팅 자원을 효율적으로 활용할 수 있는 비용 최적화다. 기존의 인프라 자산 구매 방식은 피크 사용량 기준으로 구매하기 때문에 피크 타임이 아닌 평소에는 인프라 자원이 남아도는 문제가 있다. 이는 비용 낭비로 이어질 수 있다. 클라우드 컴퓨팅은 사용량에 따라 요금을 지불하는 방식으로 운영되기 때문에 기업은 필요에 따라 컴퓨팅 자원을 확장하거나 축소할 수 있다. 이를 통해 기업은 비용을 최적화할 수 있다.

클라우드 컴퓨팅의 활용에도 한계가 있다. 초기에는 저렴하고 효율적이라는 장점이 있다. 하지만 규모가 커질수록 프라이빗 클라우드보다 경제적으로 불리할 수 있다. 이는 공유 오피스와 전용 사무실의 관계와 비슷하다. 스타트업은 경제성 측면에서 공유 오피스를 선호하지만 규모가 커지면 비용에 유리한 전용 사무실을 선호하는 것처럼 클라우드의 사용량이 증가하면 프라이빗 클라우드로 전환하는 것이 유리할 수 있다. 그러나 인프라 비용 외에도 시장 대응 민첩성, 개발 생산성 등 총소유비용TCO, Total Cost of Own-ership을 고려하면 클라우드 컴퓨팅이 여전히 유리하다.

특정 산업에서는 데이터 보호와 규제가 중요하기 때문에 퍼블릭 클라우드를 도입하는 데 어려움이 있다. 예를 들어 금융 규제 기관은 보안을 위해 내부망과 외부망을 분리하도록 요구한다. 이때 망분리를 위한 인프라를 구축하기 위해서는 자체 데이터 센터를 확보하고 관리하기 위한 인력과 비용이 필요하다. 따라서 금융권에서는 데이터 보호와 규제 이슈로 인해 퍼블릭 클라우드의 사용 범위를 확대하는 데 어려움이 있다. 이러한 문제를 해결하기 위해서는 규제 기관과 협력해 클라우드 서비스 제공 업체가 준수해야 할 보안 및 규제 요건을 명확히 정의하고 충족하는 클라우드 서비스를 선택하는 것이 중요하다.

조직이 클라우드의 장점을 최대한 활용하려면 클라우드 네이티브 기술 역량을 갖추는 것이 중요하다. 이는 마치 모국어를 사용하는 사람이 언어의 뉘앙스와 문화적 맥락을 이해하고 상황에 맞게 의사소통하는 것과 같다. 클라우드 네이티브 역량을 갖춘 조직은 클라우드 기술의 특성을 잘 이해하고 이를 바탕으로 클라우드 환경에서 애플리케이션을 개발하고 운영하는 데 필요한 기술과 방법론을 능숙하게 활용할 수 있다.

이를 통해 클라우드의 경제성과 민첩성을 활용하여 비즈니스 요구에 빠르게 대응하고 클라우드의 보안과 안정성을 보장하여 데이터와 서비스를 안전하게 보호할 수 있다. 클라우드 네이티브 기술은 컨테이너, 마이크로서비스, 서버리스 컴퓨팅 등의 기술을 활용해 클라우드 환경에서 애플리케이션을 효율적으로 개발하고 배포하는 데 초점을 맞추고 있다. 예를 들어 서버리스Serverless는 컨테이너 기술을 사용하여 앱을 실행하는 데 필요한 모든 구성 요소를 클라우드 서비스 제공업체가 자동으로 관리하는 기술이다. 따라서 개발자는 서버를 비롯한 인프라를 직접 설정하지 않고 코드의 개발과 실행에만 집중할 수 있다. 덕분에 인프라 운영과 개발 효율성 측면에서 기회비용을 줄여준다. 마이크로서비스 아키텍처를 적용하면 서비스를 작은 단위로 분리하여 개발하고 운영할 수 있어 유연성과 확장성을 높일 수 있다.

클라우드 네이티브 역량은 비단 일반기업에만 요구되는 것이 아니다. 공공 분야도 마찬가지다. 2023년 11월 26일자 매일경제는 '국가 시스템을 '구멍가게'처럼 개발…… 1만 7,000개 설계부터 뜯어봐야'라는 제목의 기사에서 당시 발생한 행정망 시스템 전면 장애의 근본적인 원인을 공공기관의 클라우드 네이티브한 개발 부재와 외주 개발 의존성으로 지적하고 있다. 이 두 가지 문제는 서로 맞물려 있다. 외주 개발 방식은 프로젝트를 진행할 때마다 매번 인원을 새로 구성하기 때문에 이전에 개발한 사람이 계속 투입되기 어렵다. 또한 외주 개발 업체의 역량이 제한되어 있어 고품질의 소프트웨어를 개발하기 어렵다. 이는 수십 년 동안 공공 영역에서 계속된 개발 관행이다. 오랜 기간 잠복해서 숨어 있는 품질 리스크로 인해 이번 장애처럼 큰 제2, 제3의 장애가 또 일어날 수도 있다.

클라우드 인프라를 사용하더라도 이전에 짰던 소스 품질을 개선하지 않고 단순히 기존 인프라를 박스만 바꾸는 '이전migration' 수

우리나라 공공 영역 클라우드 실태

클라우드 활용률 낮은 대한민국

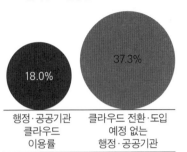

행정·공공기관   클라우드 전환·도입
클라우드   예정 없는
이용률   행정·공공기관

*2022년 기준. 자료 = 행정안전부 행정·공공기관
클라우드컴퓨팅 수요예보조사

행정·공공기관 클라우드 전환 사업 예산

(단위: 억 원)

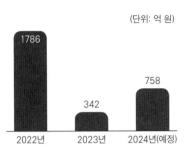

*자료 = 디지털플랫폼정부위원회

(출처: 국가 시스템을 '구멍가게'처럼 개발…'1만 7000개 설계부터 뜯어봐야', 매일경제, 2023)

준으로는 트래픽 변동성에 자동으로 대응하는 오토 스케일링Auto Scaling 같은 클라우드 기술을 제대로 활용할 수 없다. 오토 스케일링은 평상시에는 인프라를 최소한으로 유지하다가 트래픽이 증가하면 필요에 따라 인프라를 자동으로 확장하여 장애를 예방하는 기술이다. 오토 스케일링을 활용하려면 프로그램 소스에 오토 스케일링의 확장성을 고려한 설계가 구현되어야 한다.

2023년 기준 공공 영역의 클라우드 네이티브 환경 구축 비율은 10% 미만이다(매일경제, 2023). 디지털플랫폼정부위원회는 2024년에는 10%, 2030년까지는 100%까지 클라우드 네이티브 전환율을 달성하겠다는 목표를 내세웠다. 행정안전부가 조사한 2022년 자료와 디지털플랫폼정부위원회의 자료를 보면 행정 및 공공기관의 클라우드 이용률은 18%다. 예산은 2022년에 1,786억 원, 2023년에 342억 원으로 줄었다가 2024년에 758억 원으로 늘어난다.

'정보자원'이라는 단어로 유추하면 주로 서비스형 인프라 레벨에서 트래픽 장애 목적의 클라우드 네이티브를 구현한다는 것으로 읽힌다.

디지털 전환을 할 때는 서비스형 인프라 레벨에서의 클라우드 네이티브만으로는 부족하다. 인프라 자원이 트래픽 변동에 따라 실시간으로 조정되는 오토 스케일링 기술은 트래픽 장애 관리에는 유용하지만 디지털 전환 개발의 질은 서비스형 플랫폼, 즉 클라우드 개발 도구를 자유자재로 활용하는 클라우드 네이티브 역량에 의해 결정된다. 지난 행정망 시스템 장애 사고의 본질은 외주에 의존한 개발 방식이었다. 시간이 지날수록 외주 개발한 프로그램은 난잡해지고 품질 추적성이 떨어진다. 최악의 경우 어렵게 구축한 클라우드 네이티브 기능이 원점으로 돌아갈 수도 있다. 외주 개발 품질 관리를 철저하게 하지 않으면 지금의 노력이 수포로 돌아갈 수 있다.

클라우드 네이티브는 특정 클라우드 사업자에 종속될 수 있다는 우려가 있다. 이는 클라우드 네이티브 기술로 만든 서비스나 앱이 특정 클라우드 사업자의 API나 기능에 의존할 수 있기 때문이다. 그러나 PC의 윈도를 사용하면서 마이크로소프트사에 종속성을 우려하는 사람은 이제 없다. 클라우드는 윈도와 마찬가지로 프로그램을 개발하고 실행하는 운영체계다. 애플 컴퓨터나 윈도 컴퓨터를 자기 목적에 맞게 선택하듯이 클라우드 사업자를 결정하면 된다. 클라우드 사업자 종속성이 없는, 즉 특정 클라우드 사업자에 대한 의존성을 없애는 것이 최우선이라면 클라우드 사업자 종속성이 없는 표준 기법과 오픈소스 기반의 개발 도구를 사용한다. 도커 Docker 기술을 사용하여 실행 파일을 여러 클라우드 사업자에서 실행할 수 있도록 멀티클라우드 개념으로 개발할 수 있다. 대신 클라우드 사업자의 최신 기술은 상당 부분 포기할 수밖에 없다.

어떤 클라우드 시스템을 도입하든 기술적 변화만으로는 성공할 수 없다. 조직문화, 프로세스, 예산 집행 방식 등 기존의 업무 관행도 함께 변화해야 한다. 클라우드의 성공을 위해서는 기존의 관리 중심의 프로세스에서 벗어나 개발자 중심의 권한과 프로세스로 변화해야 한다.

5

퍼블릭 클라우드로 거인의 어깨에 올라타라

미국의 컴퓨터 소프트웨어 회사 플렉세라Flexera가 2023년 750명의 IT 전문가를 대상으로 조사했는데 전 세계 기업의 96%가 퍼블릭 클라우드를 사용하는 것으로 나타났다. 이 중 4분의 1은 퍼블릭 클라우드만 사용하고 나머지는 프라이빗 클라우드와 함께 사용하는 하이브리드 형태이다. 플렉세라 조사 대상의 67%가 종업원 2,000명 이상인 대기업인 점을 고려하면 더욱 의미가 있다. 즉 2,000명 이상의 대기업은 사실상 대부분 어떤 방식으로든 퍼블릭 클라우드를 사용하고 있는 것으로 볼 수 있다.

퍼블릭 클라우드에서 가장 많이 사용되는 소프트웨어는 데이터베이스 관리시스템과 같은 데이터 처리 도구이다. 여기에는 하둡Hadoop과 같은 기존 빅데이터 처리 도구뿐만 아니라 아파치 스파크Apache Spark나 데이터브릭스 같은 최신 솔루션도 포함된다. 또한 인공지능과 머신러닝 기술의 활용도 36%에 달한다. 이 중에서도 구글의 텐서플로TensorFlow, 아마존웹서비스의 세이지메이커Sage-Maker, 마이크로소프트의 애저 머신러닝Azure Machine Learning 같은 클라우드 기반의 머신러닝 솔루션들이 많이 사용된다.

플렉세라의 최근 보고서에 따르면 퍼블릭 클라우드의 서비스형 플랫폼의 사용이 계속 증가하고 있다. 서비스형 플랫폼은 클라우드 상에서 개발을 지원하는 환경으로 클라우드 네이티브 역량을 갖춘 조직에서 활용할 수 있다. 따라서 서비스형 플랫폼 사용 증가는 기업들이 점점 더 클라우드 네이티브로 전환하고 있음을 시사한다.

디지털 전환의 시작은 클라우드 전환이라고 해도 과언이 아니다. 클라우드 서비스는 디지털 전환의 핵심이며 출발점이다. 클라우드의 힘은 '문제 해결의 질과 속도'에 있다. 디지털 시대에서는 데이터 기반의 빠른 의사결정과 실행력이 필수적이다. 클라우드 기술은 데이터 수집, 분석, 활용 등을 위한 다양한 기능을 제공하여 기업의 의사결정을 지원한다. 또한 빅데이터, 인공지능, 블록체인, 챗GPT 같은 혁신적인 기술들을 클라우드에서 구현할 수 있다.

퍼블릭 클라우드의 도입은 '거인의 어깨에 올라타기' 전략으로 설명할 수 있다. 퍼블릭 클라우드 사업자는 막대한 투자를 통해 강력한 인프라와 도구를 구축하고 있다. 기업은 퍼블릭 클라우드 사업자의 인프라와 도구를 활용하여 빠른 속도로 디지털 전환 역량을 성장시킬 수 있다.

LG전자는 2015년부터 2016년까지 전환 기간을 거쳐 그룹 내 최초로 퍼블릭 클라우드를 도입했다. 전 세계에 설치된 1억 대 이상의 스마트TV와 가전 서비스에 필요한 컴퓨팅 인프라를 모두 아마존웹서비스로 이전했다. 이에 대한 우려가 섞인 시각과 단계적 실행을 선호하는 목소리도 있었다. 하지만 적극적인 설득을 거쳐 전격적인 이전을 추진했고 퍼블릭 클라우드 이전에 따른 성과는 예상대로 나타났다. 글로벌 인프라 비용은 3년 동안 매년 50%씩 감소해 총 수백억 원을 절감했다. 이는 단순 이전 효과만 따졌을 때다. 더 중요한 것은 퍼블릭 클라우드로 이전하면서 디지털 전환 조직의 소프트웨어 역량 기반을 단숨에 글로벌 수준으로 높일 수 있었다는 점이다. 소프트웨어 역량 기저 상승효과다.

아마존웹서비스, 마이크로소프트 애저, 구글 클라우드 플랫폼 등 세계적인 클라우드 플랫폼은 문제 해결에 필요한 다양한 수단들을 제공한다. 퍼블릭 클라우드는 특성상 다양한 개발 도구를 필요할 때 골라서 즉시 사용할 수 있다. 이를 통해 기업 내부의 소프트웨어 개발자들의 역량이 크게 향상된다. 예컨대 과거에는 톱과 망치 수준의 도구밖에 없어 눈썰미와 손재주가 좋은 장인만이 품질 높은 결과물을 만들어낼 수 있었다면 지금은 퍼블릭 클라우드의 도구 사용 교육을 잘 받으면 다양한 공구와 최신 설비를 갖춘 공작소에서 톱과 망치로는 만들 수 없는 새로운 차원의 결과물을 만들어낼 수 있다.

이처럼 퍼블릭 클라우드를 활용하면 하드웨어 제품에 탑재하는 소프트웨어만 개발했던 엔지니어도 짧은 시간 내 인공지능과 빅데이터 기술의 전문가로 거듭날 수 있다. LG전자는 퍼블릭 클라우드 도입 후에 초기 40여 명의 클라우드 네이티브 조직이 3년 만에

150여 명의 조직으로 성장했다. 퍼블릭 클라우드가 소프트웨어 개발자들의 역량을 향상해 조직의 역량을 강화할 수 있다는 것을 보여주는 사례다.

디지털 역량의 내재화는 단순히 숫자적인 성장뿐만 아니라 기업 내부에서 지속해서 고급 인재를 양성하고 육성하는 능력을 의미한다. '거인의 어깨에 올라타라'는 말은 글로벌 기술 기업들이 축적한 전문성과 경험을 내 것으로 만들어 개발 경쟁력을 계속 키워나가라는 의미다. 초기에 클라우드를 비용 절감 관점에서 바라보았다면 지금은 기술적 역량을 글로벌 수준으로 높인다는 관점으로 보아야 한다. 클라우드 중심의 실행 능력이 바로 기업의 디지털 전환 성공의 필수 역량이다.

6

디지털 전환은 지속가능한
발전과 성장이다

디지털 전환은 긴 여정이다. 디지털 전환 과정에서 한 번의 실패가 전체 여정의 실패를 의미하지 않는다. 마찬가지로 한 번의 큰 성공이 오래 지속된다는 보장도 없다. 이러한 어려움 속에서도 디지털 전환은 지속해야 한다. 이를 위해서는 현재의 실패를 명확하게 분석하고 성공을 측정할 수 있는 명확한 기준을 설정하는 것이 필수다. 경제적 성과는 디지털 전환의 직접적인 효과를 반영하는 주요 지표다. 직원들의 역량 향상은 디지털 전환 여정에서 장기적인 지속가능성을 위한 핵심적인 요소다. 이 두 가지 기준은 디지털 전환의 성공을 위한 필수 조건으로 간주될 수 있다.

현대 기업들은 기술적 혁신을 통해 운영 효율성을 높인다. 또한 고객 경험을 개선하고 새로운 시장 기회를 창출해 경제적 이익을 극대화하고 있다. 예를 들어 선도적인 디지털 은행은 비즈니스 프로세스를 최적화하고 신용위험 자동 평가로 실시간으로 금융 거래를 승인하는 등 실시간 데이터 기반 의사결정을 가능하게 함으로써 수익성을 향상한다.

디지털 전환은 비용 절감과 효율성 향상을 통해 재무적 성공을 이끈다. 자동화에 디지털 기술의 적용은 불필요한 비용을 줄이고 인력 자원을 더 전략적인 목표에 집중시키는 데 기여한다. 가령 자동화된 고객 서비스 시스템은 인건비를 절감하고 고객 만족도를 높이는 데 효과적이다. 디지털 후발 은행들은 디지털 채널을 사용하는 고객의 인바운드 통화를 효과적으로 관리하지 못해 지난 5년 동안 비용이 50% 증가했다. 반면에 디지털 리더 은행은 잘 설계된 디지털 워크플로를 통해 효과적인 셀프 서비스를 제공함으로써 상담 센터 인력을 11% 줄일 수 있었다(McKinsey & Company, 2023).

디지털 전환은 새로운 수익원 창출에도 기여할 수 있다. 디지털 전환을 통해 기업들은 기존의 제품이나 서비스를 디지털 방식으로 혁신하거나 완전히 새로운 디지털 서비스를 개발하여 시장에서 경쟁 우위를 확보할 수 있다. 선도적인 디지털 은행은 개인화 분석을 통해 잠재 고객의 특성을 파악하고 이를 바탕으로 디지털 마케팅 캠페인을 전개하여 최적화된 금융 상품을 제안한다. 이를 위해 세일즈 시작부터 계약 이행까지의 모든 프로세스를 디지털로 전환했다. 그 결과 지난 5년 동안 디지털 후발 은행은 매출이 8~17% 증가한 데 반해 선도 은행은 40~70% 증가한 것으로 나타났다(McKinsey & Company, 2023).

영국 경제 주간지 『이코노미스트』가 후원한 한 조사에 따르면 디지털 전환을 진행한 기업의 시장점유율 증가 여부에 대한 긍정 응답 비중이 디지털 전환을 진행하지 않은 기업보다 두 배 이상 높았다. 디지털 전환이 기업의 경쟁력과 성장에 긍정적인 영향을 미친다는 것을 보여주는 조사 결과다. 디지털 전환을 추진한 모든 기업이 애초의 목표를 100% 달성한 것은 아니다. 전 세계 대기업의 89%가 디지털 및 인공지능 혁신을 진행하고 있지만 실제 성과는 수익 증가 목표 대비 31%, 비용 절감 목표 대비 25%에 그쳤다(McKinsey & Company, 2023).

『포브스』는 기업이 디지털 전환으로 의미 있는 경제적 성과를 내는 데 소요된 기간이 하니웰은 3년, 마이크로소프트는 5년, 버버리는 가장 긴 9년이 걸린 것으로 분석했다(Forbes, 2019). LG전자도 디지털 전환의 경제적 성과에 대한 공식적인 인정은 빅데이터 조직이 생긴 지 만 6년이 된 2019년에 LG 어워드 수상으로 이뤄졌다. 누적 1,000억 원대에 이르는 경제적 성과 덕분이다. LG전자는 2016년에 GE의 빅데이터 플랫폼 프레딕스에 영감을 받아 개발한 '인텔리틱스Intellytics'라는 빅데이터 분석 플랫폼을 통해 고객 지원, 생산공정, 공급망관리, 원격유지보수 등 다양한 영역에서 디지털 전환을 구현했다.

디지털 전환의 경제적 효과는 단기적으로 나타나기 어렵다. 하지만 LG전자 사례처럼 시간이 흐를수록 디지털 전환의 경제적 가치는 지속해서 증가한다. 미국의 IT 컨설팅 기관 IDC의 데이터도 이를 뒷받침한다. IDC 조사에 따르면 소매, 제조, 은행 등 주요 산업의 '디지털 퍼스트' 기업이 지난 5년 동안 '디지털 후발 기업'에

디지털 전환 소요 기간과 재정적 성과

기업명	소요 기간	주가 성장률
마이크로소프트(클라우드 컴퓨팅, 소프트웨어 생산 개발)	5년	258%
베스트 바이(유통)	7년	198%
버버리(패션)	9년	165%
하니웰(우주항공, 자동제어, 특수화학 등)	3년	83%
해즈브로(장난감 제조와 판매)	2년	69%
타깃(유통)	8년	59%

(출처: 7 Examples Of How Digital Transformation Impacted Business Performance, Forbes, 2019)

비해 8배의 매출 성장과 2배의 이익을 달성한 것으로 나타났다(PC Magazine, 2020).

디지털 전환은 단순히 기업의 생존을 위한 선택이 아니다. 디지털 전환은 기업의 지속가능한 성장과 안정을 위한 필수적인 선택이다. 그러나 이 선택이 경제적 이익만을 목표로 하지 않는다. 디지털 전환의 궁극적인 목표는 회사의 지속가능한 발전과 꾸준한 성장을 확보하는 데 있다. 디지털 전환 과제들은 단기적인 경제적 성과를 넘어 과제의 결과가 발휘하는 가치의 지속가능성을 염두에 둬야 한다. 예를 들면 일시적인 매출 증대보다는 고객 만족도를 향상해서 장기적인 고객 관계를 구축하거나 비즈니스 운영의 효율성을 높여 지속적인 비용 절감 효과를 누리는 것 같은 목표들을 의미한다. 디지털 전환은 단기간에 이익을 내는 것에만 집중하지 않고 장기적으로 회사에 지속가능하게 이익을 줄 수 있는 방향으로 진행될 때 진정한 경제적 가치를 창출할 수 있다.

2부

디지털 전환 실행

The DX

4장

왜 디지털 전환은 리더십으로
성공할까

The DX

1

디지털 전환 플라이휠의 중심은
톱다운 리더십이다

"기업의 디지털 혁신은 기술적인 문제가 아니라 리더십의 문제다."

아마존 CEO 앤디 제시Andy Jassy의 말이다. 그는 아마존웹서비스를 세계적인 클라우드 컴퓨팅 서비스로 성장시킨 주역이자 리더로서 기술만큼이나 강력한 톱다운 리더십의 중요성을 강조한다. 2019년에 세계 최대 클라우드 행사인 '리인벤트re:Invent 콘퍼런스'에서 앤디 제시는 아마존웹서비스를 도입해 디지털 전환을 성공시킨 기업들의 사례를 근거로 톱다운 리더십의 중요성을 강조했다.

디지털 전환은 단순히 기술적인 문제를 해결하는 것만으로는 충분하지 않다. 디지털 혁신을 성공적으로 추진하려면 외부 환경의 변화, 내부 역량의 한계, 그리고 조직문화 같은 다양한 장애물을 극복해야 한다. 여기에는 강력한 톱다운 리더십이 필수적이다. 디지털 전환의 성공은 꾸준한 실행력과 빠르고 올바른 의사결정에 달려 있다. 이는 톱다운 리더십의 지원과 가이드로 가능하다. 강한 리더십 없이 디지털 전환을 추진할 때는 혁신의 방향성을 잃거나 실행력을 상실하는 위험에 직면하게 된다.

디지털 전환은 단순한 작업 방식의 변경을 넘어 전사적인 경영 방향까지 변화시키는 광범위한 과정이다. 이런 변화가 순조롭게 진행되는 조직은 없다. 혁신이 추진될 때 조직 안에서는 자연스럽게 과거의 방식을 고수하고 기존의 권한과 이익을 지키려는 관성이 작동한다. 이를 극복하는 힘은 최고경영자의 혁신에 대한 강력한 의지에서 나온다.

보통 혁신을 얘기할 때 바텀업 접근 방식이 강조된다. 많은 디지털 혁신 프로젝트가 실패로 끝나는 주요 원인 중 하나는 하위 조직과 현장의 변화에 대한 저항 때문이다. 조직의 구성원들이 변화의 중요성과 그로 인한 실질적인 효용을 직접 체감하지 못한다면 그들은 기존의 안정적이고 익숙한 방식을 버리고 새로운 방식을 채택할 동기를 찾기 어렵다. 바텀업 접근은 조직의 구성원들에게 더 큰 권한과 책임을 부여함으로써 조직의 지속성과 유연성을 강화한다. 실제로 디지털 혁신을 성공적으로 추진하기 위해서는 조직 내에서 수평적이고 분권화된 구조가 요구된다.

디지털 전환은 강력한 톱다운 리더십을 기반으로 추진되어야 하지만 바텀업 방식의 접근을 배제하는 것을 의미하지 않는다. 스포츠 경기를 예로 보자. 감독은 비전과 전략을 제시한다. 감독의 톱다운 리더십은 선수에게 전략과 전술에 대한 확신을 주고 경기의 집중력을 끌어올린다. 그러나 결과의 승패는 감독의 리더십만으로 결정되지 않는다. 실제 경기를 치르는 선수들의 독립적인 판단과 창의력이 매우 중요하다. 훌륭한 감독은 선수의 개별 능력을 최대한 활용하는 전략을 구사한다. 감독이 개입하는 건 전략이 제대로 실행되지 않거나 경기의 흐름이 바람직하지 않을 때다.

디지털 전환은 상위 경영진의 의사결정만으로는 성공할 수 없다. 하위 구조에서의 변화, 즉 현장의 참여와 협력이 혁신의 중심이 되어야 한다. 바로 바텀업 방식의 접근이 필요하다. 디지털 전환 전문가뿐 아니라 실무자까지 모두 리더십의 역할을 하며 문제를 발견하고 해결하는 방식이 뿌리를 내려야 한다. 이런 변화는 개인의 역량만큼이나 팀 전체의 연대와 소통이 필요하다. 바텀업 리더십은 조직 전체의 변화와 성장을 촉진하며 지속가능한 혁신을 이끄는 원동력이다. 그런데 바텀업 방식의 혁신을 지원하고 이끄는 것이 바로 톱다운 리더십이다. 톱다운 리더십의 본질은 조직 내혁신의 노력을 촉발하고 지원하는 것이다. 톱다운 리더십은 단지 지시와 통제를 말하지 않는다. 과정의 '개입'과 '실행' 그리고 결과에 대한 '책임'을 말한다.

제약사 닥터 레디스 레보라토리스의 전 CIO 무케시 라티Mukesh Rathi는 '디지털 혁신의 플라이휠을 가속하는 세 가지 C'라는 제목의 글에서 합치Congruence, 역량Capability, 조직문화Culture라는 세 가지 C가 제대로 작동해야 한다고 주장했다(Mukesh Rathi, 2023). 여기서 합치는 조직적 믿음Organizational Belief, 자원 할당Resource Allocation, 조직 구조와 인센티브Structure and Incentives를 모두 정렬하는 것을 의미한다. 이러한 합치는 바로 CEO의 톱다운 리더십이 필요

디지털 혁신의 플라이휠을 가속하는 3가지

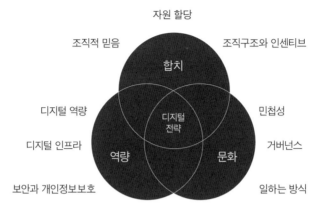

자원 할당

조직적 믿음   조직구조와 인센티브

합치

디지털 역량   디지털 전략   민첩성

디지털 인프라   거버넌스

역량   문화

보안과 개인정보보호   일하는 방식

(출처: Mukesh Rathi, 2023)

한 일이다.

CEO는 디지털 전환의 비전을 충분히 이해하고 구현하기 위해 경영진과 CDO를 중심으로 전문가 조직을 구축해야 한다. 그리고 전략이 제대로 이행되는지 확인하고 필요한 지점에 적절히 개입해 필요한 자원을 지원해야 한다. 디지털 전환에서 톱다운 리더십이 실패하는 이유는 CEO가 디지털 전환을 깊게 이해하지 못하고 혁신 과정에 제대로 개입하지 않기 때문이다. 톱다운 리더십은 바텀업 혁신의 토대를 만드는 핵심 동력이며 디지털 전환 플라이휠은 톱다운 리더십으로 돌아간다.

2

디지털 전환의 성공은
CEO의 역량이 좌우한다

    디지털 전환 성공의 절반은 CEO의 역량이 좌우한다는 말이 있다. 혁신의 시작과 과정에 CEO의 적극적 역할이 필요하다는 얘기다. 이런 사실은 누구보다 현장의 CEO들이 잘 안다. 디지털 전환을 추진 중이거나 준비 중인 기업 CEO의 76%가 디지털 전환의 가장 중요한 요소는 'CEO의 의지'라고 생각하고 있다. 63.6%는 CEO가 디지털 전환의 주체라고 인식하고 있다(중앙일보, 2022).

    문제는 디지털 전환에 대한 인식과 실행 사이의 괴리가 크다는 것이다. 피라미드형 조직구조의 국내 기업에서 톱다운 리더십은 일반적이다. 하지만 많은 CEO가 디지털 전환의 주체로서 '어떻게' 리더십을 발휘해야 하는지 잘 모른다. CEO는 디지털 전환의 주체로서 어떤 역할을 해야 하는가. 디지털 책임자로서 8년여 동안 디지털에 큰 힘을 실어준 3명의 최고경영자를 만났다. 이들은 처음 외부에서 디지털 DNA를 이식하는 것으로 시작해 LG 어워드를 수상하기까지 전 과정에서 강력한 스폰서였고 톱다운 리더십의 모델을 보여줬다.

먼저 현 LX 그룹 회장인 구본준 전 LG전자 부회장 대표이사이다. 디지털 전문가를 외부에서 직접 수혈하고 CEO 직속의 전사 조직, 독립적 예산, 인재 채용 등 당시 조직의 관행을 넘어서는 상당히 파격적인 권한을 부여했다. 구본준 부회장은 외부에서 영입한 디지털 전환 책임자가 기존 조직에서 혁신 과제를 실행하려면 충분한 권한을 줘야 한다는 사실을 잘 알고 있었다. CEO는 조직에 협력하라고 지시할 수 있으나 실제 협력은 지시만으로 이뤄지지 않는다. 구본준 부회장은 디지털 전환이 안정적으로 진행되는 단계에 이르러 협력이 시스템으로 안착할 때까지 디지털 전환 DNA가 살아남을 수 있도록 필요한 수단을 제공하여 스스로 존재의 가치를 증명할 수 있도록 시간을 주었다.

실제로 3년 후 구본준 부회장이 지주사로 이동하고 LG전자가 3명의 각자 대표 체제가 되면서 디지털 전환 조직은 강력한 스폰서십을 잃었다. 이런 경우 대개 혁신 조직은 힘을 잃고 혁신도 흐지부지되기 쉽다. 그러나 CEO가 미리 조성한 토양에서 뿌리를 내린 혁신 조직은 살아남았다. 조직의 생존자원인 예산권이 유지되었고 최고기술책임자 부문으로의 이동이 전화위복이 되어 기술자를 대폭 공급받아 디지털 기술 역량을 내재화할 수 있었다.

디지털 전환의 방향과 진행 속도가 불안정한 주요 원인 중 하나는 CEO의 이동이다. CEO가 바뀔 때마다 디지털 전환의 방향이 바뀌는 것은 흔한 일이다. 디지털 전환은 장기적인 관점에서 지속적인 투자가 필요하다. 이때 CEO의 강력한 결단과 리더십이 절대적으로 필요하다.

조성진 전 LG전자 부회장 대표이사는 CEO의 직접적인 후원이 디지털 전환의 성공에 얼마나 중요한가를 보여준 대표적인 리더십 모델이다. 그는 취임 직후 첫 조직개편에서 클라우드 센터를 CEO 직속으로 옮겼고 LG그룹에서 디지털 전환이라는 용어가 언급되지도 않던 때인 2017년에 지주사에 보고된 LG전자 사업계획서에 디지털 전환을 과감하게 포함했다. 그리고 전 사업부와 전사 조직의 디지털 전환 과제를 직접 챙겼다.

조성진 부회장은 강한 결단의 리더십 모델이다. CEO가 되기 전 홈가전사업본부 본부장 시절에 전사 스마트홈 전략의 하나로 사물인터넷 플랫폼을 개발할 때 LG전자가 생산하는 모든 가전에 와이파이 칩을 탑재하는 결정을 내렸다. 매년 100억 원 이상의 비용이 드는 규모의 사업으로 전 세계 어느 가전 회사도 엄두 내지 못했던 결정이다.

권영수 전 LG 지주사 부회장 COO는 그룹 레벨에서 디지털 전환 스폰서의 역할을 선명하게 보여준 리더십 모델이다. 그의 리더십은 그룹 전반의 디지털 전환 전략을 챙기고 주도하는 데 있었다. 권영수 부회장은 계열사의 인공지능, 빅데이터, 클라우드 같은 디지털 전환 주제를 협의하는 그룹 전략회의를 직접 주관했다. 데이터 분류 체계에서부터 데이터 관련 직무 체계는 물론 인공지능과 클라우드 활용까지 디지털 전환의 근간이 되는 주제들이 모두 논의되었다.

LG전자는 빅데이터의 경우 그룹 전략회의를 하던 당시보다 5년여 전에 시작했다. 그리고 클라우드는 4년여 전에 시작했기 때문에 대부분의 논의에서 참조 사례가 되었다. 여기에서 논의된 사항은 각 계열사의 디지털 전환 업무에 영향을 주었다. 지시보다 더 강력한 후광효과가 일어났고 디지털 전환 과제에 힘이 실렸다.

일반적으로 CEO 회의는 사전에 잘 정리된 보고서를 바탕으로 진행되는 경우가 많다. 이 과정에서 발표자는 미리 준비한 시나리오대로 발표하고 지시받는 순서의 전통적인 패턴을 따른다. 그러나 권영수 COO는 이와 다른 방식으로 회의를 진행했다. 키워드는 질문이다. 그는 회의에 앞서 COO 스태프들과 내용을 미리 검토하고 질문을 준비했다. 그룹 COO의 질문은 곧 디지털 전환 책임자의 이해와 실행 능력에 대한 시험이 된다. 직접 실행하지 않고 직원에게 들어서 아는 수준으로 회의에 참석하면 자칫 큰 낭패를 보게 된다.

권영수 부회장은 실력 있는 전문가라고 인정하면 전문가의 말을 경청하고 적극적인 지원을 아끼지 않는다. 권영수 부회장은 내용을 잘 이해하고 개입하는 톱다운 리더십이다. 이런 리더십은 이해관계 조직이나 스태프 조직의 간섭과 정치가 개입하기 힘들다. 최고책임자가 자신이 직접 견해를 가지고 결정을 내리지 않고 스태프의 의견에 의존하는 리더십은 디지털 전환 스폰서로 맞지 않는다.

3

리더가 업무 내용을 완전하게
파악해야 한다

내가 조직문화를 바꾸기 위해서 한 일 중 하나는 주간 회의에서 발표 중심으로 만든 파워포인트 문서를 스크린에 띄워놓고 하는 보고를 없애고 각 팀이 평소에 온라인 협업 도구로 작성한 업무 노트를 회의 시간에 띄워놓고 같이 보면서 내용을 논의하는 방식으로 바꾼 것이다. 그렇게 하려면 조직 책임자가 각 팀이 적은 업무 메모를 미리 이해한 뒤에 회의에 참석해야 한다. 이 방식은 앞에서 소개한 권영수 부회장의 회의 방식처럼 발표가 아니라 논의 중심으로 하는 면에서 사실상 유사하다.

업무 내용을 온라인으로 상시로 공유하면 구성원 간 업무 동기화Sync가 쉽다. 사전에 내용을 왜 미리 알려주지 않았느냐는 식의 책임 논쟁은 사라진다. 디지털 업무 전환은 곧 의사결정 메커니즘의 변화다. 업무 동기화가 평소에 잘 되어 있으면 사전 설명 없이 본론으로 바로 들어갈 수 있다. 그런데 이런 변화의 걸림돌은 대개 리더들이다. 정확하게 말하면 디지털 도구를 도입한 후에도 예전처럼 하는 보고 문화다. CEO 보고를 앞둔 임원이 회의실에 실무자 수십 명을 모아 놓고 과외받는 풍경은 사라져야 한다.

디지털 기업은 일방적 보고와 지시 중심의 수직적 관계가 아니라 역할 분담과 논의 중심의 수평적 관계로 일하는 문화다. 이는 권한 위임의 수준을 정하고 업무에 적절히 개입하는 리더의 역할로 가능하다. 적절한 개입이란 무엇인가. 가령 가마를 운영하는 도공이 세 명의 제자에게 일을 맡겼다고 하자. 제자 A는 흙을 반죽한다. 제자 B는 물레를 돌리고 제자 C는 가마의 불을 지핀다. 그런데 A, B, C의 역량은 같지 않다. A는 70점이고 B는 80점이고 C는 90점이다. 이때 도공의 중요한 역할은 각 단계의 부족한 부분에 개입해서 보완하는 것이다. A의 부족한 30점, B의 부족한 20점, C의 부족한 10점을 채워 100점짜리 도자기를 구워내는 것이 도공, 즉 리더의 역할과 책임이다.

권한 위임은 일을 맡겨만 두고 결과에 대한 책임만 묻는 것이 아니다. 구성원에게 권한을 주되 현황을 살피고 부족한 부분에 개입해서 성과를 만들어내는 것이다. 그럴 수 있으려면 평소에 리더와 구성원 간 업무 동기화가 필요하다. 리더가 필요할 때 제대로 개입하려면 평소에 일의 내용을 잘 이해하고 있어야 제대로 지원할 수 있다.

리더가 상향식 보고만으로 사업을 이끌던 시대는 지났다. 과거 GE의 잭 웰치 회장은 공장을 방문해서 현장 책임자에게 질문하는 방식으로 이전에 보고 받았던 내용의 팩트를 확인했다고 한다. 지금은 온라인 도구를 통해 중간보고자 없이도 현장의 내용을 직접 살펴보고 확인할 수 있다. 디지털 시대에도 상향식 보고에만 의존하는 리더는 디지털 조직을 이끌 자격이 없다.

디지털 리더는 상급자에게 보고하는 문서를 직접 작성할 수 있어야 한다. 이를 위해서는 보고 스토리를 만들고 현황, 계획, 그리고 성과 지표를 직접 작성할 수 있는 역량이 필요하다. 과거에는 실무자가 보고서를 작성하고 리더가 피드백해 주었다. 하지만 이제는 리더가 보고서의 방향성과 내용을 결정하고 하향식으로 시작해야 한다. 그다음에 내용과 관련 있는 조직으로부터 피드백을 받고 문서를 보완한다. 이렇게 리더가 직접 보고서를 만드는 조직문화가 되어야 한다. 이는 리더가 업무 내용을 완전하게 숙지하고 있을 때 가능하다.

리더는 협업 공간에 공유된 과제 진행 현황을 수시로 파악해서 숙지하고 있어야 한다. 생소하거나 이해가 쉽지 않은 내용이 있으면 스스로 공부하고 또 직접 물어서 확인해야 한다. 디지털 시대의 리더는 자기주도 학습 능력이 뛰어나야 제대로 된 리더십을 발휘할 수 있다.

4

더 민첩하고 혁신적인 디지털 리더십이 필요하다

본격적인 디지털 전환 시대가 열리면서 '디지털 리더십'이라는 단어가 흔해졌다. 디지털 리더십은 조직이 디지털 기술을 활용하여 비즈니스 목표를 달성하고 변화하는 시장과 기술 환경에 빠르게 적응할 수 있도록 한다. 이처럼 디지털 리더십은 조직 전체가 디지털 기술의 이점을 경험할 수 있게 하는 역량을 말한다.

디지털 리더십은 디지털 전환의 필수 요건이다. 디지털 리더는 이니셔티브를 실행하고 혁신 목표를 달성할 책임이 있다. 그런데 현재의 환경은 디지털 리더십을 발휘해야 할 리더들에게 큰 도전을 주고 있다. 디지털 전환은 이전보다 더 민첩하고 더 혁신적이고 더 디지털 친화적인 리더십을 요구하기 때문이다.

디지털 리더십의 실체는 무엇인가. 글로벌 디지털 기업 리더들의 리더십을 살펴보자.

• 커뮤니케이션 능력

디지털 전환에 성공하기 위해서는 구성원들에게 왜 이전과 다른 방식으로 일해야 하는지 그 이유를 설득할 수 있어야 한다. 자신의 일상 업무와 사업 목표가 구체적으로 어떻게 바뀌어야 하는지 이해하지 못하면 변화가 일어날 수 없다(McKinsey & Company, 2023). 디지털 리더의 커뮤니케이션 능력은 조직이 변화해야 할 이유를 이해시키고 구성원들의 참여와 지원을 얻어내는 것이다.

디지털 리더의 커뮤니케이션 능력이라고 하면 전설적인 인물인 애플의 스티브 잡스를 가장 먼저 떠올리게 된다. 스티브 잡스는 복잡한 기술을 쉽고 이해하기 쉬운 언어로 설명하는 탁월함을 보였다. 그는 애플 제품의 혁신적인 기능을 직관적으로 전달하여 전 세계 고객의 관심을 끌어들인 커뮤니케이션의 달인이었다. 그런데 디지털 전환을 위한 내부 커뮤니케이션은 대외 커뮤니케이션보다 훨씬 어렵다. 같은 시간과 같은 공간에서 호기심과 기대감으로 가득 찬 청중을 대상으로 하는 것이 아니다. 부정적이고 불안감으로 가득한 내부자를 대상으로 혁신과 변화에 대한 동의와 참여를 요청하는 것이다.

혁신을 끌어내는 내부 커뮤니케이션을 잘했던 디지털 리더의 대표적인 인물은 마이크로소프트 CEO 사티아 나델라다. 나델라는 레거시가 되어버린 PC 윈도와 오피스에 발목이 잡힌 마이크로소프트를 디지털로 대전환해서 위기에서 구원한 인물로 유명하다. 나델라는 CEO로 취임하면서 PC 중심에서 '모바일 퍼스트, 클라우드 퍼스트'라는 새로운 비전을 직원들에게 명확히 전달하고 개방적이고 포괄적인 소통 문화를 장려함으로써 직원들이 아이디어를 자유롭게 공유하고 토론할 수 있는 환경을 조성했다. 또한 정기적으로 전 직원회의를 개최하고 이메일과 내부 네트워크를 통해 직원들과 소통하면서 변화의 진행 상황, 도전 과제, 성공 사례에 대한 투명한 정보를 제공했다. 나델라의 내부 커뮤니케이션 전략은 마이크로소프트의 디지털 전환 과정에서 핵심적인 역할을 했다. 이를 통해 그는 기술적 변화뿐만 아니라 조직문화와 직원들의 태도 변화를 이끌었다. 이는 마이크로소프트가 현재의 성공적인 위치에 도달하는 데 결정적으로 기여했다.

• 전략의 개발과 실행력

디지털 리더는 비즈니스 목표와 디지털 기술을 혁신에 활용하는 전략을 개발하고 실행한다. 조직의 장기적인 성공을 위해 필수적이며 시장 변화에 신속하게 대응하는 능력이다. 전략과 실행력이 강한 디지털 리더십으로 다시 한번 사티아 나델라의 사례를 살펴보자. 그는 새로운 비전과 실행 전략으로서 클라우드 컴퓨팅과 인공지능 개발에 집중하는 방식으로 마이크로소프트를 디지털 시대로 이끌었다.

애플 CEO 팀 쿡의 리더십도 좋은 모델이다. 쿡에 대해서는 디지털 리더로서 부정적인 평가가 많은 것도 사실이다. 아이폰14에 이어 아이폰15에서도 소재가 바뀐 것 외에 혁신성은 없었다는 평가를 들었다. 챗GPT를 빙 검색과 기업용 클라우드 사업에 적극적으로 활용하는 마이크로소프트에 비해 인공지능 분야에서 이렇다 할 성과도 없다. 지난 2023년 6월 세계개발자회의WWDC23에서 발표한 혼합현실Mixed Reality 헤드셋 '비전프로' 역시 혹평받았다. 결과적으로 애플이 강한 제품 분야에서 혁신 제품을 내놓지 못하는 것은 스티브 잡스의 부재 때문이라는 비판을 받고 있다. 스티브 잡스가 2011년에 세상을 떠나고 쿡이 취임할 때도 세간에는 기대보다 우려가 더 컸던 것이 사실이다. 공급망 전문가가 과연 혁신의 아이콘인 애플의 CEO를 감당조차 할 수 있겠느냐는 의심의 눈초리가 항상 쿡을 따라다녔다. 그러나 그로부터 12년이 지난 애플의 2023년 기준 시가 총액 3조 달러와 매출 97조 달러에 이른다. 스티브 잡스 시대보다 시가 총액 약 7배가 늘었고 매출은 4배 가까이 증가했다.

쿡이 이런 성과를 만들어낼 수 있었던 것은 스마트폰 시장의 포화 상태를 인식하고 적극적으로 서비스와 콘텐츠 부문으로의 확장을 추진했기 때문이다. 애플 워치와 에어팟 같은 신제품은 물론 앱 스토어의 성장에 더해 애플 뮤직과 애플 TV 플러스 같은 서비스 분야를 키웠다. 쿡은 스티브 잡스와 유형이 다른 디지털 리더다. 스티브 잡스가 비전을 보여주는 선동가라면 팀은 효율성의 전문가이며 오퍼레이션의 달인이다. 실리콘밸리의 기술 연구 및 자문회사인 콘스텔레이션 리서치Constellation Research의 수석 애널리스트이자 설립자인 레이 왕Ray Wang은 두 사람을 비교해 잡스는 '고객을 흥분시킬 위대한 아이디어를 내는' 유형이라고 했다. 그리고 쿡을 '시장의 스케일을 만들어내는' 유형으로 언급한 바 있다(Financial Review, 2022).

쿡은 애플이 아이폰 의존을 벗어나게 하는 서비스 중심의 디지털 전략을 수립하고 성공적으로 이끌었으며 시장의 규모를 키운 탁월한 성과로 전략과 실행력을 증명하였다. 쿡은 애플이 구축한 강력한 하드웨어 생태계를 전략적으로 잘 활용해서 그에 대한 부정적인 예상을 보란 듯이 뒤엎고 성과로써 실행력을 보여준 디지털 리더다.

잡스와 나델라 그리고 쿡의 리더십은 디지털 리더가 어떻게 전략적 사고와 기술적 이해를 결합하여 조직의 디지털 전환을 성공적으로 이끌 수 있는지를 보여준다. 이들은 모두 각자의 방식으로 기술의 변화와 시장의 요구를 파악하고 이를 기반으로 효과적인 전략을 수립하여 실행했다.

• 혁신의 빠른 적응력

디지털 리더는 혁신을 조직과 전략에 통합할 수 있어야 한다. 이를 잘 보여준 사람은 아마존 창업자 제프 베이조스다. 그의 리더십 아래 아마존은 기술과 고객의 요구에 빠르게 적응하며 일개 온라인 서점에서 세계 최대의 전자상거래와 클라우드 서비스 회사로 성장했다.

그의 핵심 전략은 '고객 집착Customer Obsession'이다. 아마존은 고객 피드백을 빠르게 반영해서 혁신을 추진한다. 개인화 추천과 원클릭 쇼핑은 고객 경험 혁신의 고전적 사례다. 아마존웹서비스에는 새로운 클라우드 기술이 어느 클라우드 사업자보다 앞서 탑재된다. 아마존웹서비스는 끊임없이 고객으로부터 니즈를 경청하고 블록체인 같은 실험적인 플랫폼 제공도 주저하지 않는다. 나는 LG전자 디지털 전환 책임자로서 아마존웹서비스가 20여 명의 주요 글로벌 기업 최고정보책임자들로 구성한 글로벌 최고정보책임자 커미티CIO Committee에 매년 초대되어 참석했다. 이 커미티는 고객 집착 전략의 하나다. 매년 11월 말에 열리는 아마존웹서비스의 가장 큰 연말 행사인 리인벤트에서 발표될 신기술들을 수개월 앞서 미리 글로벌 리더들에게 공개하고 피드백을 받는다. 새 기술을 얼리 어답터들에게 사전에 영업하면서 신제품에 대한 반응을 미리 듣는 매우 영리한 방식이다.

13년 동안 아마존에서 일하다 최근에 은퇴한 아마존 인공지능 스피커 에코 디바이스 책임자 데이비드 림프David Limp에 따르면 아마존 에코 스피커는 애초에 파일럿 테스트 목적으로 개발된 제품이었다. 센세이셔널한 반응으로 인공지능 시대를 본격적으로 열었던 제품이 파일럿 제품이었다니 놀랍지 않은가.

• 위험을 감수하는 돌파력

디지털 리더는 혁신적인 아이디어를 시험하는 과정에서 발생할 수 있는 위험을 회피하지 않고 비전에 대한 믿음을 가지고 끝까지 실행하는 돌파력이 필요하다. 대표적인 리더십 모델은 넷플릭스의 CEO 리드 헤이스팅스이다.

넷플릭스는 1998년에 DVD 사업을 대여 모델로 시작해 1999년에는 구독 모델로 바꿨다. 첫해에는 24만 명의 구독자 확보에 그쳤지만 2003년에는 구독자가 100만 명에 이르렀다. 그러나 넷플릭스는 오프라인 DVD 사업이 더 이상 수익성이 없다는 것을 인지하고 2007년경에 온라인 스트리밍 서비스로 전환했다. 넷플릭스의 사업 모델을 근본적으로 바꾸는 결정이었다. 주력 사업인 오프라인 DVD 사업을 위축시키고 더 나아가서 삭제할 수 있는 큰 위험을 감수했다.

온라인 서비스 초기에는 오프라인 사업과의 가격 정책 혼선과 서비스 불안정성 등 많은 문제가 있었다. 서비스를 안정시키고 온라인 중심으로 사업 재편에 성공했지만 매출이 늘어도 콘텐츠 제공사가 라이선스료를 따라 올리는 구조에서 매년 큰 규모의 적자가 발생했다. 공급자에게 끌려가는 사업 구조로는 희망이 없어 보였다.

넷플릭스는 공급자 의존성이 높은 사업 구조를 돌파하기 위해 자체 콘텐츠 제작을 결정했다. 오프라인에서 온라인으로 사업을 전향한 것 이상으로 위험한 결정이었다. 공급자와 고객을 만나게 하는 가치의 양자 플랫폼이 공급자와 경쟁함으로써 중립성을 잃어버려 자칫하면 붕괴할 수 있는 큰 위험이 있었다. 그러나 넷플릭스는 2013년에 자체 제작한 오리지널 정치 드라마 「하우스 오브 카드」가 대흥행을 거둔 뒤로 전 세계 구독자를 크게 늘리는 극적인 성공을 거뒀다. 넷플릭스는 자체 콘텐츠 제작을 계속 늘리면서 승승장구해 나갔다.

그러나 우려했던 대로 디즈니 플러스의 출시로 픽사, 마블, 스타워즈 등 디즈니의 대표적인 콘텐츠가 넷플릭스에서 빠져나갔다. 이에 따라 넷플릭스의 구독자 감소가 우려되었으나 넷플릭스는 자체 콘텐츠 제작 확대와 글로벌 진출을 통해 이를 극복했다. 넷플릭스가 한국을 비롯한 주요 국가에 콘텐츠 소싱과 제작 지원 체계를 완성하면서 진정한 글로벌 제작사로 변신하는 데 성공했다. 넷플릭스는 이제 오리지널 콘텐츠만으로도 구독자를 잃지 않고 계속 확장할 수 있게 되었다. 2013년 「하우스 오브 카드」의 성공 이후 넷플릭스의 구독자는 빠르게 증가해서 2013년 2,360만 명이었던 구독자는 2023년 2억 2,200만 명으로 약 10배 증가했다.

넷플릿스의 위험을 감수한 과감한 결정은 결국 넷플릭스를 글로벌 엔터테인먼트 산업의 선두 주자로 만드는 데 결정적인 역할을 했다. 그러나 넷플릭스의 성공이 단지 위험을 감수하는 특유의 돌파력 때문만은 아니다. 위험을 감수하는 과감한 결정이 필요조건이었다면 위험을 극복하는 실행력은 충분조건이다. 최고 인재로 구성된 각 지역 책임자에게 전권을 주고 중앙의 수직적 통제를 제거하여 의사결정의 자유로움을 제공하는 경영방식이 있었기 때문이다.

넷플릭스의 높은 인재 밀도는 리드 헤이스팅스의 저서 『규칙 없음』에서 언급한 '통제와 규정은 무능력한 직원에게나 필요한 것'이라는 인재 운영 원칙에 기인한다. 넷플릭스가 글로벌 콘텐츠 리더십의 위치를 잃지 않고 계속 앞서 나가는 이유는 철저한 최고 인재 우선 원칙 때문이다. 최고 실적을 보인 인재에게 전권을 위임하고 자금을 베팅하는 전략은 리스크를 감수하고 돌파해야 하는 흥행 산업의 특성에 부합한다.

넷플릭스의 디지털 전환 실행력은 조직문화에서 비롯된다. 넷플

디지털 전환 리더십의 역할

구분	내용
1. 명확한 비전 및 전략 설정	디지털 전환을 위한 명확한 비전과 전략을 수립하여 조직의 전반적인 비즈니스 목표와 전략을 일치시켜야 한다. 여기에는 앞으로 도입할 기술과 역량은 물론 목표를 달성했을 때 예상되는 결과를 명시하는 것이 포함된다.
2. 혁신 문화 구축	디지털 전환에는 변화와 실험에 개방적인 문화가 필요하다. 직원들이 창의를 발휘하고 새로운 아이디어를 실험하고 실패를 배움의 기회로 받아들이도록 격려하는 혁신 문화를 조성할 수 있어야 한다.
3. 변화를 수용할 수 있는 직원의 역량 강화	디지털 전환에는 종종 사업과 일하는 방식에 중대한 변화가 수반되며 구성원들이 적응하는 데 어려울 수 있다. 의사결정 과정에 직원을 참여시키고 교육과 지원을 통해 변화에 대한 저항을 완화할 수 있다.
4. 모범을 보이는 리더	리더 자신이 조직이 디지털 혁신에 필요한 행동과 태도를 형성하는 데 핵심적인 역할을 해야 한다. 리더가 디지털 전환에 대한 의지를 보여주고 스스로 변화를 수용함으로써 혁신 문화를 조성하여 디지털 혁신 노력을 주도해야 한다.

릭스는 '빠르게 실행하고 실패로부터 배우고 계속 개선한다.'라는 조직문화를 가지고 있다. 이러한 문화는 넷플릭스가 디지털 전환 전략을 빠르게 실행하고 새로운 기회를 창출하는 데 중요한 역할을 한다. 넷플릭스는 디지털 전환 전략을 실행하기 위해 다양한 파트너와 협력하고 있다. 넷플릭스는 콘텐츠 제작, 마케팅, 기술 개발 등 여러 분야에서 다양한 파트너와 협력하고 있다. 이러한 협력은 넷플릭스가 디지털 전환 전략을 성공적으로 실행하는 데 중추적인 역할을 하고 있다.

넷플릭스의 위험을 감수하는 과감한 실행력 뒤에는 고객 중심이 있다. 넷플릭스는 이를 위해 두 가지 전략을 추구하고 있다. 첫 번째는 고객 중심의 콘텐츠 제작이다. 넷플릭스는 데이터 분석을 통해 고객의 취향을 파악하고 이를 반영한 콘텐츠를 제작하고 있다. 이를 통해 고객이 원하는 콘텐츠를 제공하고 고객의 만족도를 높이고 있다. 두 번째는 고객 경험 개선이다. 넷플릭스는 추천 시스템과 머신러닝 등 다양한 디지털 기술을 활용해 고객이 원하는 콘텐츠를 쉽게 찾고 편리하게 시청할 수 있도록 하고 있다. 이를 통해 고객이 넷플릭스에서 더 많은 시간을 보내고 더 많은 콘텐츠를 소비하도록 유도하고 있다.

5

일정 기간 정체성과 연속성이 보장돼야 한다

    디지털 전환은 조직의 DNA를 바꾸는 과정이다. 긴 호흡의 레이스를 위해 디지털 전환 과제를 안정적으로 유지하는 것이 참으로 중요하다. 그런데 우리 기업의 구조와 문화에서는 쉽지 않다. 디지털 전환 조직은 일정 기간 정체성을 유지할 수 있어야 한다. 하지만 정기 조직개편과 인사이동은 대부분 단기 성과를 토대로 이뤄진다. 성과를 증명하지 못하면 조직개편과 인사이동의 변화에서 살아남기 어려운 환경이다. 디지털 전환 조직은 이런 서바이벌 게임에서 승산이 크지 않다.

    대부분 임원의 임기는 3년이다. 임원은 2년 안에 구체적인 성과를 보여줘야 하는 상황에 있다. 디지털 전환은 장기적인 관점이 중요하다. 하지만 이런 상황에서 디지털 전환만 예외적이기는 힘들다. CEO는 디지털 전환이 안착할 때까지 서바이벌 게임에 흔들리지 않는 환경을 만들어야 하지만 시한부일 수밖에 없다. CEO에 기대어 살아남을 수는 없다. 디지털 전환 조직도 3년 주기가 올 때마다 성과로 존재 가치를 증명하고 살아남을 수 있어야 한다.

성과를 증명해도 안 되는 상황이 있다. 예를 들어 전사 조직보다 사업부 중심 철학을 가진 CEO가 취임하거나 C레벨들이 자신들의 영향력을 강화하기 위해 디지털 전환 조직의 위치를 바꾸거나 여러 조직으로 나누는 경우다. 이럴 때 장기적인 전략 관점의 부재와 조직 이기주의가 디지털 전환처럼 연속성과 끈질긴 승부를 요구하는 분야에서 성패를 좌우할 만큼 큰 리스크가 될 수 있다.

네슬레는 150년 역사의 식품 제조기업으로 여러 위기를 비즈니스 모델 혁신으로 극복했다. 최근에는 디지털 전환을 본격적으로 도입해 모든 채널에서 브랜드 경험을 일관되게 제공하는 '채널 없는 생태계'를 구축했다. 데이터 기반의 매출 관리 프로그램을 90%의 판매 채널에 적용하고 세계 각국의 직원들이 정보와 모범사례를 공유할 수 있는 '내부 소셜 미디어'를 도입하여 내부 고객만족도를 향상시켰다.

네슬레의 디지털 전환 성공 요인 중 하나는 디지털 전환 총괄 책임자의 연속성이다. 네슬레의 디지털 전환 조직은 데이터 전문가 조직에서 시작해 디지털 전환 전문가 조직으로 계속 성장했다. 장기간 진행된 디지털 전환 과정에서 네슬레는 총괄 책임자의 연속성을 유지했다. 조직 구조의 변화나 인사이동이 있더라도 디지털 전환의 중심 역할을 하는 총괄 책임자의 연속성은 오랜 기간 축적된 역량과 디지털 자산이 무너뜨리지 않게 하는 핵심 요소다.

CEO가 교체될 때마다 경영 방향이 바뀌곤 하는데 그에 따른 경영 방향의 변화 속에서도 디지털 전환 조직의 연속성과 안정성을 유지하는 것은 매우 중요하다. 나도 CEO 교체에 따라 조직의 미션과 위치가 달라지는 변화를 여러 차례 경험했다. 스마트에서 클라우드로 미션이 변경되면서 기존 사업의 스마트 관련 기획과 개발 조직은 본부로 보내졌고 대신 클라우드와 빅데이터로 조직의 미션과 조직 역량을 바꿔야 했다.

이후 새 CEO가 보임되면서 조직은 전사 조직으로 복귀하여 디지털 전환 주도권을 잡을 수 있었고 위기가 기회로 바뀌는 변화를 겪었다. 그로부터 3년 뒤 조직은 다시 최고기술책임자 부문으로 돌아갔다. 신임 CEO가 사업부 중심의 경영 철학을 가지고 있었기 때문이다. 또 그로부터 3년 뒤에는 디지털 전환 조직이 결국 두 개로 나뉘었다. 데이터 조직은 최고전략책임자CSO, Chief Strategy Officer 가 겸직하는 최고데이터책임자CDO, Chief 'Data' Officer 산하가 됐고 클라우드 조직은 플랫폼 기반의 신사업 조직 산하로 됐다.

마지막 조직 변화는 각 조직의 역량을 극대화하기 위한 것으로 보인다. 나는 그동안 데이터 조직 중심으로 운영혁신 디지털 전환을 했고 클라우드 조직 중심으로 사업혁신 디지털 전환을 했기 때문이다. 나는 자신이 떠난 후 조직이 두 개로 나뉠 가능성을 예상하긴 했지만 결국 그렇게 되었다.

나는 디지털 전환 조직이 제조기업인 LG전자의 미래 역량의 한 축으로서 자리매김하기를 바랐다. 그것이 나의 개인적인 비전이었다. 그래서 지주사 최고운영책임자인 권영수 부회장이 지주사로 와서 새 일을 맡아보라고 했을 때 사양했다. 회사에 남아 있는 한 나는 자신의 비전을 끝까지 책임지고 싶었다. 나는 그 일이 있기 몇 년 전에도 겸직하던 B2B솔루션 센터와 클라우드 센터를 합쳐보라는 제안과 그 이전에 클라우드 센터와 소프트웨어sw 센터를 합쳐서 맡아보라는 제안에 모두 반대 의견을 냈다. 다른 조직과 합치면 디지털 전환 조직으로서의 정체성을 잃을 수 있었기 때문이다.

디지털 전환이 본격적으로 뚜렷한 성과를 내기 시작하면 이를 주도한 리더나 전문가들은 조직 내에서 높은 평가를 받게 되고 자연스럽게 더 높은 직책이나 또 다른 기회를 얻을 수 있다. 개인에게는 긍정적일 수 있으나 조직 이기주의가 개입하여 디지털 전환 조직의 방향성이 흔들리고 정체성을 잃을 수도 있다.

디지털 전환은 긴 여정이고 그 과정에서 리더는 얼마든지 바뀔 수 있다. 따라서 리더가 떠날 경우를 대비해 디지털 전환과 관련한 인재를 양성하고 조직의 축적된 지식과 경험을 계승할 수 있는 시스템을 만들어야 한다. 조직의 정체성이 안정적으로 유지되도록 보호하고 지원하는 시스템이 없다면 CEO의 의지와 디지털 전환 책임자 개인의 소명 의식에 디지털 전환의 운명을 기대어야 한다. 미래가 불안정한 디지털 전환 조직은 성공할 가능성이 극히 낮다.

6
사내 정치로부터 보호돼야 성공할 수 있다

디지털 전환의 성공은 수치로 증명된다. 디지털 전환 과제의 결과가 경제적 이익으로 연결되면 기업 안팎에서 '성공'의 명패를 달아준다. 그런데 이는 디지털 전환이 옳은 방향으로 잘 진행되고 있음을 확인하는 것일 뿐 디지털 전환의 임무 완료를 의미하는 것은 아니다. 실제로 경제적 성과를 수확하는 단계에서조차 혁신을 흔드는 내부의 힘은 계속 작동한다.

디지털 전환 조직의 입지와 역할이 강화되고 업무 영역이 확장되면 그로 인해 권한과 영향력이 축소되는 기존 조직과 개인들은 견제와 경쟁으로 돌아서게 된다. 전사 IT를 담당하는 최고정보책임자 조직은 디지털 전환 조직의 업무 영역과 중복되는 부분이 있을 수 있으므로 디지털 전환 조직의 업무를 지원하는 데 소극적일 수 있다. 또한 혁신의 주도권을 디지털 전환 조직에 넘기게 된 경영 리더로부터 보이지 않는 견제를 받을 수도 있다. 그리고 CEO의 지나친 지지가 오히려 역효과를 만들어 조직 내 '얼마나 잘할 수 있을까?'라는 부정적인 분위기가 만들어질 수도 있다. 이런 양태의 사내 정치는 실제로 내가 직접 현장에서 겪은 유형들이기도 하다.

디지털 전환의 가장 심각한 조직적 위기는 CEO의 혁신 리더십에 공백이 생길 때다. 혁신 추구형 CEO가 떠나고 관리 중심형 CEO가 취임하면 자칫 디지털 전환 조직은 해체의 위기를 맞는다. 관리 중심형 CEO는 기존 경영 체계에 익숙하다. 자신과 오랫동안 일해온 리더들을 중심으로 일한다. 회의에서 전략 스태프들이 CEO를 대신해서 질문하고 의견을 제시한다. CEO는 회의 말미에 의견을 덧붙일 뿐이다. 이러한 CEO는 디지털 전환 전체를 한 사람에게 맡기지 않는다. 디지털 전환 전략은 전략 책임자인 최고전략책임자에게, 디지털 전환 데이터조직은 최고정보책임자나 최고데이터책임자에게, 디지털 전환 기술 조직은 기술 조직 리더에게 맡긴다. 새로운 것보다는 안전함과 익숙함을 택한다. 이렇게 되면 디지털 회사로 탈바꿈하는 수준으로 디지털 전환을 주관하는 최고디지털책임자 개념은 구현할 수 없다.

관리형 CEO가 기존 리더 중심으로 혁신을 방임하는 것도 문제지만 혁신을 자신의 성과로 내세우려는 정치도 큰 문제다. 디지털 전환 조직이 옳은 방향으로 잘 진행하고 있음에도 사내 정치에 휘둘리는 경우가 종종 발생한다. 성공의 순간에 위기가 오듯이 디지털 전환에 대한 조직 이해도가 높아지고 적지 않은 성과가 나올 때 극심한 사내 정치가 시작된다. 성공의 발판이 필요한 경영진에게 디지털 전환은 더없이 좋은 먹잇감이다. 디지털 전환을 출세의 교두보로 삼으려는 나쁜 사내 정치는 디지털 전환의 성공이 궁극적인 목표가 아니다. 디지털 전환 조직이 여러 조직으로 분리된 후에도 디지털 전환이 변함없이 진행된다고 생각할 수 있으나 착각이다. 전체 방향 설정과 장기적인 과제 수행이 사실상 어려워지고 자연스럽게 사업을 지원하는 역할이 강조될 수밖에 없다. 디지털 전환이 리더십을 잃으면 전사적 디지털 전략이 약화하고 혁신은 멈춘다.

한국의 대기업은 닫힌 생태계다. 예산, 인력, 기술 등 제한된 자원을 두고 권한과 영향력 경쟁이 치열하다. CEO의 변동은 권력 구조에 큰 변화를 일으킨다. 리더십 변화로 자원과 권한이 재분배되며 혁신 조직이 정치적 목적으로 누군가의 전리품이 될 수 있다. 이런 사내 정치를 최소화하려면 이임 CEO와 신임 CEO 간 경영 인수인계 논의가 필요하다. 일반 리더들이 이임과 보임 때 업무 인수인계를 하는 것과 같다. 이임 CEO는 자신이 떠난 후에도 후임자가 혁신을 지속할 수 있는 경영 문화를 만들어야 한다. 신임 CEO의 전략적 선택이 아니라 경영 성향 때문에 그동안 애써 키운 혁신 조직이 갑자기 흔들리는 경우는 적어도 없어야 한다.

사외이사제도의 활용을 고려할 수도 있다. 한국 기업은 사외이사의 역할이 약하다는 지적이 많다. 이사회는 소수 주주의 단기적 가치에만 집중하지 않고 장기적인 비전과 전략 그리고 다양한 이해관계자의 이익을 고려하는 균형 잡힌 접근을 통해서 회사의 장기적인 발전을 도울 수 있다. 최근에 강조되는 ESG의 투명한 경영을 위한 거버넌스 영역으로 볼 수 있다. 유니레버는 '유니레버 지속가능한 생활 플랜Unilever Sustainable Living Plan'을 통해 환경에 미치는 영향을 줄이고 사회적 가치를 창출하는 데 중점을 두는 기업으로 알려져 있다. 유니레버는 장기적인 성장과 사회적 책임을 결합하여 전 세계적으로 긍정적인 평가를 받고 있다. 이사회가 회사의 장기적인 전략을 적극적으로 지원한 결과로 볼 수 있다. 유니레버의 이사회 운영 방식을 도입한다면 CEO의 변동성으로 인해 디지털 전환 조직의 전체적인 전략적 방향성이 흔들리는 것을 줄일 수 있을 것이다.

5장

디지털 전환의 진행은 어떻게 될까

The DX

1

왜 디지털 전환을 하는지 분명히 하라

디지털 전환이 제대로 추진되려면 업무 프로세스나 사람들이 일하는 방식, 즉 조직문화의 변화가 필수다. 다만 기업은 본연의 사업에 최적화된 조직을 운영할 수밖에 없다. 따라서 어느 정도의 수준으로 디지털 조직을 구현할지에 대한 현실적이고 전략적인 접근이 필요하다.

디지털 전환은 대략 5단계의 과정으로 추진된다. 디지털 전환 여정의 1단계는 디지털 전환을 수행해야 하는 이유와 목적을 명확히 한다. 이는 조직의 장기적인 비전과 일치하는 구체적이고 측정할 수 있는 목표를 설정하는 것을 포함한다. 그리고 목표설정을 바탕으로 디지털 전환을 달성하기 위한 전략을 수립한다. 조직의 현황과 미래 환경을 분석하고 디지털 전환을 통해 달성하고자 하는 성과를 구체화하고 추진 로드맵과 실행 계획을 수립하는 것이다. 또한 디지털 전환의 필요성과 중요성을 이해관계자들과 소통하여 모든 조직 구성원이 공감하고 참여하도록 하는 것이 중요하다. 디지털 전환은 단순한 기술적 업그레이드가 아니다. 조직이 더 민첩하고 고객 중심적이며 혁신적인 조직으로 전략적인 변환을 하는 것이다.

2단계는 디지털 전환을 위한 전담 조직을 구성한다. 디지털 전환의 성공을 위해서는 디지털 전문가를 확보하는 것이 중요하다. 이 단계는 디지털 전환 프로젝트의 성공을 위한 기본적인 준비 과정이다.

3단계는 거버넌스 체계를 구축한다. 이는 전략의 실행력을 높이기 위한 필수 과정이다. CEO, 디지털 전환 조직, 디지털 전환 수요 조직 간의 역할과 책임을 명확히 하고 디지털 전환 과제의 추진 및 관리 방법을 결정한다. 거버넌스의 목표는 혁신 대상과 목표를 정하고 디지털 전환 과제를 발굴, 추진, 관리하는 프로세스를 정비하는 것이다.

4단계는 본격적인 문제 해결 단계이다. 내부 정비가 완료되면 본격적으로 과제를 발굴하고 해결한다. 과제 우선순위는 앞 장들에서 언급한 바와 같이 회사의 사업 형태와 디지털 전환 기대 목표에 따라 다르다. 고객 충성도를 높이고 기존의 사업 방식을 개선하거나 새로운 비즈니스 모델을 만들어야 할 수도 있다. 예를 들어 기계 고장을 원격으로 미리 감지하고 선제적으로 대응하는 서비스는 고객의 충성도를 높이기 위해 무료로 제공될 수 있다. 이 서비스는 단순히 출장비와 부품비만 받는 형태로 시작될 수 있지만 이를 기반으로 장차 유료 구독 서비스 모델로 확장할 수도 있다. 디지털 전환은 이처럼 기존 방식을 향상하는 것에서 시작하여 새로운 사업 모델로 전환하는 가능성도 모색할 수 있다.

마지막으로 5단계는 지속적인 모니터링과 최적화에 중점을 둔다. 수행한 디지털 전환 과제들의 결과와 성과를 계속해서 관찰하고 분석해서 필요에 따라 개선이나 후속 과제를 진행할 수 있다. 이 단계에서는 다음과 같은 활동들이 포함될 수 있다.

첫째, 디지털 전환의 진행 상황과 성과를 평가하기 위해서 핵심성과지표를 계속해서 확인해야 한다. 핵심성과지표는 디지털 전환의 목표를 달성하기 위한 구체적인 지표이다. 이를 통해 디지털 전환이 목표대로 진행되는지와 성과를 내는지를 파악할 수 있다.

둘째, 사용자와 고객, 직원 등의 피드백을 꾸준히 수집해야 한다. 사용자, 고객, 직원 등은 디지털 전환의 직접적인 수혜자다. 따라서 그들의 의견을 수집하여 서비스나 전략의 개선 방향을 결정하는 것이 중요하다.

셋째, 디지털 기술과 시장 흐름은 빠르게 변하므로 최신 트렌드와 기술을 계속해서 조사하여 디지털 전환 전략에 적절히 반영해야 한다. 디지털 전환은 디지털 기술을 기반으로 하는 혁신이다. 따라서 최신 기술 동향을 파악하여 디지털 전환 전략을 최신화하는 것이 중요하다.

넷째, 디지털 전환 전략에서 초기에 설정한 목표가 현재 상황에 맞지 않을 수도 있으므로 주기적으로 전략을 재평가하고 필요에 따라 목표나 방향을 수정하는 것이 중요하다. 디지털 전환은 장기적인 과제다. 따라서 변화하는 상황에 유연하게 대응하기 위해서는 주기적인 재평가를 통해 디지털 전환 전략을 최신화하는 것이 중요하다.

이러한 요소들을 계속해서 실시하면 디지털 전환의 성과를 효과적으로 평가하고 성공적인 디지털 전환을 달성할 수 있을 것이다.

디지털 전환이 추진되는 모든 과정에서 계속 강조되어야 하는 건 디지털 전환의 궁극적인 목표가 '고객 만족의 향상'이라는 것이다. 디지털 전환을 단순히 비용 절감의 수단으로만 본다면 그것은 진정한 혁신이 아니다. 모든 디지털 전환 과정은 고객의 고통Pain Point과 요구사항을 중심으로 전개되어야 한다. 여기에는 당연히 내부 고객, 즉 직원들의 경험도 포함된다. 내부 고객이 원하는 업무수행 방식의 개선 그리고 조직문화의 변화는 디지털 전환에서 매우 중요하게 고려되어야 한다. 이는 조직 운영의 효율성을 높이고 직원 만족도와 참여도를 높이는 방향으로 기여할 것이다. 진정한 디지털 전환은 고객뿐만 아니라 조직 전체가 원하는 변화를 이루는 것에서 완성된다.

2

디지털 전환의 뚜렷한 목표를 세워라

디지털 전환은 효율을 개선하고 수익성을 높이고 고객에게 새로운 가치를 제공하는 새로운 방법을 모색하는 과정이다. 디지털 전환은 단순히 기술을 도입하는 것이 아니라 기업의 비즈니스 모델, 조직 구조, 문화 등 전반적인 변화가 필요하다. 체계적이고 종합적인 접근이 필요하다. 그렇다면 어떻게 해야 효과적인 디지털 전환을 달성할 수 있을까. 이를 위한 디지털 전환 프레임워크를 활용해 보자.

디지털 전환 프레임워크는 사업, 운영, 고객 경험 등의 혁신을 달성하는 것을 목표로 한다. 디지털 전환 프레임워크는 세 가지 계층으로 구성된다. 하단 계층이 탄탄하게 기능할수록 상단 계층이 안정적으로 동작한다.

최상단 계층은 혁신의 대상을 의미하며 사업, 운영, 고객 경험 등

디지털 전환 프레임워크-혁신 대상

[1] 운영혁신 가치사슬 (연구개발, 구매, 생산, 영업, 공급망 관리)	[2] 사업혁신 고객가치 수익 모델	[3] 고객 경험 혁신 고객·마케팅 데이터 옴니채널 고객 경험
[4] 디지털 역량		
[5] 디지털 전환 전략 및 관리 체계		

을 포함한다. 중간 계층은 디지털 기술 역량으로 조직의 디지털 역량이 디지털 전환 혁신을 가능하게 하고 그 경쟁력에 따라 디지털 전환의 질이 결정된다. 하단 계층은 조직관리 역량이다. 디지털 전환의 전략적 방향성을 올바르게 설정하지 않거나 디지털 전환 추진에 필요한 조직 구조, 자원 관리, 성과와 보상 체계가 뒷받침되지 않으면 디지털 역량을 제대로 발휘할 수 없다.

• 운영혁신

과거 전통적인 방식에서 효과적이었던 표준화, 전산화, 통제 같은 관리 방식에서 벗어나 데이터 분석을 통해 통찰을 얻고 유연하게 업무 프로세스와 커뮤니케이션에 적용하는 것이다. 구매, 상품기획, 연구개발, 생산, 영업, 물류 등 제조업의 모든 영역에 걸쳐 이루어진다. 제품의 대량 생산과 물류 중심의 운영이 대부분인 제조업의 경우 운영혁신에 집중되어 있다.

운영혁신의 목적은 효율성, 생산성, 그리고 고객 만족도를 향상시키는 것이다. 이를 통해 기업은 경쟁력을 강화하고 시장 변화에 빠르게 대응할 수 있다. 운영혁신은 기업의 기존 운영 방식을 재구성한다. 프로세스 자동화, 운영 데이터 분석 및 운영 최적화, 고객 서비스 개선 등이 포함된다.

데이터는 운영혁신에서 핵심적인 역할을 한다. 예를 들어 공급망관리에서 데이터를 활용하면 재고 최적화를 달성할 수 있다. 기존에는 재고를 많이 보유하여 수요 변동에 대비하는 방식을 사용했다. 하지만 재고 비용 증가로 이어지는 문제점이 있었다. 데이터를 활용하면 수요예측을 정확하게 수행하고 이를 기반으로 재고 수준을 최적화할 수 있다. 이를 통해 재고 비용을 절감하고 고객의 요구를 충족시킬 수 있다. 또한 데이터는 실시간 성능 모니터링을 통해 운영의 문제점을 신속하게 파악하고 해결하는 데도 중요한 역할을 한다. 예를 들어 제조 공정에서 데이터를 활용하면 공정 불량률을 실시간으로 모니터링하여 원인을 파악하고 신속하게 조치할 수 있다.

금융서비스, 제조업, 소매업, 헬스케어 등 거의 모든 산업에서 운영혁신은 경쟁력 확보와 지속가능성 달성을 위한 필수 요소이다. 금융서비스에서는 디지털 결제 시스템과 자동화된 고객 서비스를 통해 운영혁신을 추구할 수 있다. 제조업에서는 사물인터넷과 빅데이터를 활용한 스마트 팩토리 구축이 대표적인 운영혁신 사례다. 소매업에서는 고객 데이터 분석을 통한 개인화된 쇼핑 경험 제공도 고객 경험 혁신을 통해 운영혁신을 하는 것이다.

식음료 회사 펩시코와 다국적 제약사 화이자는 디지털 전환을 통해 생산성과 효율성을 높이고 있다. 펩시코는 '세일즈 인텔리전스 플랫폼Sales Intelligence Platform'을 구축해 판매 데이터를 분석하고 품절 품목을 예측하여 재고 관리를 개선하고 있다. 화이자는 '공급 디지털 운영 센터'를 구축해 제조, 공급, 판매 데이터를 통합 관리한다. 그리고 제조 사이클 타임을 최대 10% 줄이고 공급 연속성을 강화하고 있다. 화이자의 공급 디지털 운영 센터는 코로나19 백신 제조와 공급 과정에서 그 실력을 발휘했다(CIO Korea, 2022).

LG전자는 해외 물류센터 배송 물량 최적화를 진행했다. 해외 공장에서 가전제품이 들어오면 미국 전역에 흩어져 있는 물류센터에 물량을 할당하여 입고하는데 이전에는 각 물류센터가 담당하는 지역의 입고, 재고, 출고 데이터 등을 제대로 활용하지 못했다. 지역 수요에 최적화된 재고 운영을 하지 못하여 수요 초과로 재고가 부족한 물류센터로 재고가 남는 물류센터에서 상품을 재운송하는 일이 빈번했다. 이로 인한 물류비만 연간 수백만 달러에 달했다. 물류센터 입고 물량 최적화 문제를 해결하기 위해 LG전자는 각 물류센터의 과거 입출고 트렌드를 분석하여 예측 모델을 개발했다. 이 예측 모델은 각 물류센터의 지역 수요를 예측하여 최적의 입고 물량을 산출한다.

생산공정 최적화는 제조업의 운영혁신에서 중요한 영역 중 하나이다. 최적화 분석은 데이터를 분석하여 현재의 문제를 파악하는 진단 수준 그리고 미래의 상황을 예측하는 예측 수준을 넘어 최적의 조건을 찾는 것이다. 예를 들어 에너지 효율이 높은 제품은 상품 경쟁력이 높다. 이 경우 최적화 분석을 통해 에너지 효율과 높은 상관관계를 갖는 공정 인자들을 찾아내고 최적화하여 에너지 효율이 높은 제품을 최대한 많이 생산할 수 있다.

• 사업혁신

기존의 사업 방식을 개선하거나 새로운 사업 방식을 도입하여 기업의 경쟁력을 강화하고 새로운 가치를 창출하는 활동이다. 사업혁신의 주된 목적은 기존 사업에서 경쟁력을 강화하여 시장에서 우위를 점하거나 새로운 시장 기회를 창출하여 장기적인 성장을 도모하는 것이다. 제품이나 서비스의 디지털화와 새로운 비즈니스 모델의 개발 등을 포함할 수 있다. 전통적인 소매업체가 온라인 상거래로 전환하거나 제품 중심의 회사가 서비스 중심으로 전환하는 것 등이 해당한다. 넷플릭스처럼 기존의 사업 방식을 근본적으로 변화시킬 수도 있다.

파괴적 혁신은 매력적이지만 기존의 고객 자산을 활용한 사업혁신도 중요하다. 이를 위해서는 기업이 우위를 점하고 있는 핵심 경쟁력을 파악해야 한다. 맥킨지는 「파괴적 혁신자들 파괴하기」 (2021)라는 글에서 은행들이 핀테크와 같은 신규 시장 진입자로부터 극심한 압박을 받고 있지만 대형은행은 고객 금융, 자산 관리, 결제 등 다양한 전문 서비스 분야의 자산을 가지고 있어 이를 활용하여 새로운 사업을 만들어낼 수 있다고 말한다. 인수합병을 비롯한 은행의 성장 옵션 중에서 기존의 든든한 고객기반을 활용한 신사업 구축이 가장 효과적인 방법이라는 것이다.

존디어는 세계 1위 농기계 회사로 전 세계 농기계 시장의 약 30%를 점유하고 있다. 과거에는 농기계 제조와 판매에 집중했지만 최근에는 데이터를 활용한 농업 솔루션으로 비즈니스 모델을 혁신하고 있다. 존디어의 농업 솔루션은 토양, 날씨, 트랙터 데이터 등을 클라우드로 전송해 작업 프로세스를 혁신하는 데 초점을 맞추고 있다. 이를 통해 농부들은 빅데이터와 인공지능을 활용하여 작물 선택, 파종 시기 등 농사 계획을 수립한다. 그리고 자율주행 무인 트랙터를 도입하여 원격 작업을 통해 농장 관리 비용을 15% 절감하고 생산량을 15% 증가시켰다.

존디어는 자체 플랫폼 생태계를 구축하기 위해 소프트웨어, 앱, 농업 데이터 등을 오픈하여 상호 협력 시스템을 구축하고 있다. 이 생태계에 참여한 농부들은 데이터가 쌓일수록 농업 효율성이 높아지는 구조이기 때문에 적극적으로 데이터를 남기고 있다. 존디어의 농업 솔루션은 농업의 생산성과 효율성을 높이는 데 기여하고 있다. 데이터 기반의 농업으로의 전환을 가속하는 데도 중요한 역할을 할 것으로 기대된다.

스타벅스의 데이터 분석 플랫폼 '아틀라스Atlas'는 상업 지구와의 거리, 인구구성 및 밀집도, 소득수준, 교통량, 해당 지역의 비즈니스 분포도 등의 데이터를 메뉴 개발과 프로모션 기획에 사용한다. 가령 알코올 섭취가 많은 지역에 무알코올 메뉴인 '스타벅스 이브닝'을 출시하거나 기온 예측 정보에 따라 냉음료의 프로모션 시기를 조율한다.

• 고객 경험 혁신

최근에는 고객 경험CX, Customer eXperience 혁신이 중요한 주제로 부상하고 있다. 고객 경험 혁신은 고객이 기업, 제품, 서비스와 상호작용하는 모든 과정에서 느끼는 감정과 인상을 총칭하는 개념이다. 고객 경험 혁신은 고객의 만족도를 높이고 그들의 충성도를 강화하는 것으로 기업 성공에 결정적인 역할을 한다. 최근 제조업도 고객 중심 경영을 강조하면서 고객 경험 혁신에 집중하고 있다. 제조업은 전통적으로 제품 중심의 경영을 추구해 왔다. 그러나 최근에는 고객의 요구를 충족시키는 제품과 서비스를 제공하기 위해서는 고객 경험을 혁신해야 한다는 인식이 확산되고 있다.

고객 경험 혁신은 고객이 제품이나 서비스를 이용하는 전 과정, 즉 고객 여정을 통해 고객이 느끼는 총체적인 경험을 개선하는 것이다. 고객 경험 혁신을 위해서는 먼저 고객이 제품이나 서비스를 이용하는 과정에서 남기는 흔적인 고객 행동 데이터를 수집해야 한다. 고객 행동 데이터는 고객이 기업과 상호 작용하는 과정에서 발생하는 모든 데이터를 말한다. 고객 행동 데이터 분석을 통해 고객의 관심 분야, 구매 성향, 사용 경험, 만족도, 선호도 등을 파악할 수 있다.

고객이 어떤 제품이나 서비스를 언제 구매했는지 등 구매 이력을 파악하여 고객의 관심 분야와 구매 성향을 파악할 수 있다. 또한 고객이 제품이나 서비스를 사용하는 과정에서 어떤 행동을 하는지, 어떤 페이지를 많이 방문하는지 등을 파악하여 고객의 사용 경험과 만족도를 파악할 수 있다. 마지막으로 고객이 어떤 제품, 서비스, 기능을 선호하고 중요하게 생각하는지 등을 파악하여 고객의 구매 결정 요인을 파악할 수 있다. 이러한 정보를 바탕으로 기업은 고객 맞춤형 마케팅 전략을 수립하고 고객 만족도를 높이고 매출 증대를 달성할 수 있다.

고객 경험 혁신은 고객이 제품과 기업을 만나는 모든 접점에서 훌륭한 고객 경험을 제공하는 것을 목표로 한다. 이를 위해서는 고객이 제품에 대한 정보를 찾는 과정에서 맞춤형 정보를 제공하거나 제품 사용 중 발생하는 문제를 빠르게 해결할 수 있도록 지원해야 한다. 또한 빅데이터를 활용하여 고객의 미래 행동을 예측하고 서비스나 제품 개발에 활용해야 한다.

예를 들어 고객의 구매 이력과 행동 패턴을 분석하여 고객이 다음에 구매할 가능성이 큰 제품을 예측하고 해당 제품에 대한 마케팅을 강화할 수 있다. 고객 경험 혁신을 위해서는 고객의 관심사와 니즈를 파악하고 온오프라인 전방위 채널에서 360도로 고객 경험을 혁신해야 한다. 이를 위해서는 사용자 인터페이스 개선, 사용자 경험 향상, 고객 요구에 맞는 서비스 전달 방식 변화, 고객 데이터 플랫폼 구축, 데이터 거버넌스 등이 필요하다.

맥킨지는 성공적인 고객 경험 혁신을 위한 세 가지 요소를 제시한다. 첫째, 명확한 가치를 정의한 목적과 측정할 수 있는 기대 목표를 설정해야 한다. 이를 통해 고객 경험 혁신의 방향성을 명확히 하고 성과를 측정할 수 있는 기준을 마련할 수 있다. 둘째, 핵심 고객 여정을 식별하고 재설계 및 디지털화를 통해 고객 여정을 혁신해야 한다. 그래야 고객의 요구와 기대를 충족시키고 고객 만족도를 향상시킬 수 있다. 셋째, 고객 여정 혁신이 가능하도록 직원들에게 고객의 살아 있는 피드백을 전달하고 고객 여정 혁신의 성공 기준을 마련해야 한다. 이를 통해 직원들의 참여를 끌어내고 고객 여정 혁신을 지속가능하게 만들 수 있다(McKinsey & Company,

고객 경험 혁신의 기본 구성 요소

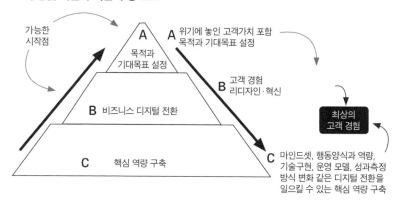

(출처: What matters in customer-experience transformations, McKinsey & Company, 2019)

2019). 이 세 가지 요소는 통합적으로 접근해야 한다. 각 요소가 유기적으로 연결되어야만 고객 경험 혁신을 성공적으로 끌어낼 수 있다.

스포츠 의류·신발 브랜드 나이키는 코로나19 팬데믹 기간에 매출이 19%, 이익은 50% 증가하여 2023년에는 글로벌 브랜드 9위에 올랐다(Interbrand, 2023). 2023년에는 온오프라인 직영몰인 나이키 다이렉트 매출이 213억 달러로 전체 매출 512억 달러 중 41.6%를 차지했다(Nike, 2023). 2019년부터 추진해 온 고객 직접판매D2C, **Direct to Consumer** 전략의 성과다.

나이키는 온오프라인 모든 고객 접점에서 혁신을 이뤄냈다. 고객 직접판매D2C 전략의 핵심은 '커머스+커뮤니티+멤버십'의 통합이다. 나이키는 자체 전자상거래 플랫폼을 구축했다. 상용 공급업체 소프트웨어는 나이키의 전략적 요구사항을 충족시키지 못했기 때문이다. 나이키는 내재화한 플랫폼으로 더 빠른 속도, 확장성, 안정성 등을 확보하여 고객 경험을 크게 향상시켰다. 나이키 스니커즈SNKRS, 트레이닝 클럽Training Club, 런 클럽Run Club 같은 고객 참여 커뮤니티 앱을 이커머스 앱과 같은 멤버십 및 보상 체계로 연결했다. 이렇게 상호 연결된 디지털 생태계는 나이키를 디지털 리테일 공간에서 차별화하고 고객에게 도달하도록 하는 데 중요한 역할을 했다. 나이키는 인수한 데이터로그Datalogue의 기계학습 기술을 사용하여 앱 생태계, 공급망, 기업 시스템 등에서 데이터 수집과 통합 작업을 자동화했다.

3

디지털 역량으로 모든 것을 실현하라

　디지털 전환이 조직의 혁신을 이뤄내려면 이에 요구되는 충분한 '디지털 역량'이 필요하다. 디지털 역량은 주어진 문제를 해결하기 위해 다른 사람과의 협업과 소통을 통해 디지털 기술을 활용하여 필요한 정보를 탐색하고 분석해 결과물을 생산하는 능력이다(최숙영, 2018). 데이터 거버넌스, 전사 데이터 플랫폼, 인공지능 빅데이터 기술 역량 그리고 일하는 방식 등이 모두 디지털 역량에 포함된다.

디지털 전환 프레임워크-디지털 역량

[1] 운영혁신	[2] 사업혁신	[3] 고객 경험 혁신
[4] 디지털 역량 데이터 거버넌스 데이터 플랫폼 인공지능 빅데이터 기술 역량 일하는 방식		
[5] 디지털 전환 전략 및 관리 체계		

데이터는 디지털 역량의 핵심이며 디지털 전환의 근간이다. 그러나 대부분의 기업은 보유 데이터의 10% 미만만 활용하고 있다. 데이터를 기반으로 한 의사결정과 비즈니스 솔루션이 매출에 미치는 정도는 사업의 종류, 기업의 규모, 데이터의 질과 양, 데이터의 활용도 등 다양한 요인에 따라 달라지므로 정량화하기는 어렵다.

데이터를 제대로 활용하는 역량은 기업의 수익에 상당한 영향을 미친다. 고객 니즈의 이해와 행동 예측은 마케팅 전략에서부터 비즈니스 모델 개발에 이르기까지 중요한 통찰을 제공해 장단기적 매출 성장에 크게 기여한다. 또한 비즈니스 운영을 최적화하고 효율성을 개선하여 상당한 비용 절감 효과를 높이게 된다. 이는 고객에 대한 혜택을 확장하거나 사업 재투자로 이어져 기업의 성장을 견인한다.

데이터 기반의 마케팅 전략은 고객의 관심사와 행동 패턴을 분석함으로써 맞춤형 서비스를 제공하여 고객의 충성도를 높이고 구매 전환율을 높일 수 있다. 또한 데이터 기반의 생산 관리는 재고 수준을 최적화하고 생산공정을 개선하여 원가 절감과 생산성 향상을 가져올 수 있다.

고객 데이터 분석을 집중적으로 활용하는 기업은 신규 고객 확보, 고객 충성도, 매출 성장, 수익성 등 다양한 측면에서 경쟁사를 능가할 가능성이 크다. 신규 고객 확보 측면에서는 경쟁사를 능가할 가능성이 23배, 고객 충성도 측면에서는 9배 더 높다. 또한 매출 성장 측면에서는 평균 이상의 매출 성장을 창출할 가능성이 거의 3배, 수익성 측면에서는 평균 이상의 수익성을 달성할 가능성이

거의 19배 더 높다(McKinsey & Company, 2014). 특히 소매업계에서 그 효과가 두드러진다. 유럽의 경우 소매업이 은행 부문의 2배 이상, 통신 및 보험 부문보다 약 3배 더 높은 것으로 나타났다. 이러한 결과는 고객 데이터 분석을 통해 고객의 행동과 요구를 더 정확하게 파악하고 이를 바탕으로 맞춤형 마케팅과 서비스를 제공할 수 있기 때문이다. 특히 소매업계는 고객의 구매 패턴과 선호도가 빠르게 변화하는 특성이 있다. 고객 데이터 분석을 통해 이러한 변화에 발 빠르게 대응할 수 있는 것이 중요하다.

이 모든 결과는 디지털 역량으로 실현된다. 첫째, 데이터 거버넌스다. 데이터 거버넌스란 데이터의 수집, 저장, 처리, 활용, 폐기 등에 대한 정책 및 절차를 수립하는 것이다. 그리고 데이터를 보호하기 위한 보안 및 개인정보보호 체계를 구축하는 것이다. 또한 데이터의 정확성과 완결성을 유지하기 위한 품질 관리 체계를 구축해서 운영하는 것이다. 데이터 거버넌스는 기업의 데이터 자산을 효율적으로 관리하고 데이터 기반 의사결정을 지원하며 데이터 주권을 확보하기 위한 필수 요소다.

둘째, 데이터 플랫폼이다. 데이터 플랫폼은 기업의 데이터 기반 의사결정을 지원하고 데이터로 문제를 해결할 수 있게 해주는 핵심적인 인프라다. 데이터 플랫폼은 데이터 저장, 처리, 분석 지원 등의 기능과 데이터 보안과 개인정보 보호 등의 기능으로 구성된다. 앞서 말한 데이터 웨어하우스와 데이터 레이크는 데이터 플랫폼의 대표적인 두 가지 형태이다. 데이터 웨어하우스는 데이터를 정형 형태로 구조화해서 저장한다. 주로 정보시스템에 있는 데이터 위주로 비즈니스 분석에 주로 사용된다. 데이터 레이크는 가공되지 않은 원시 데이터를 정형이나 비정형 형태로 그대로 저장한다. 그래서 빅데이터 분석과 인공지능 기계학습에 많이 사용된다. 이 두 가지 형태의 장단점을 살펴보자.

데이터 웨어하우스는 다음과 같은 장점이 있다. 먼저 정형 데이터를 구조화된 방식으로 저장하기 때문에 빠른 성능을 제공한다. 그리고 정형 데이터를 표준화된 방식으로 저장하기 때문에 데이터 품질과 일관성이 보장되고 정확한 분석이 가능하다. 또한 데이터 웨어하우스는 접근 제어, 데이터 거버넌스, 보안 프로토콜 등을 통해 민감한 데이터를 보호하는 데 더 강화된 기능을 가지고 있다. 마지막으로 안정성이다. 오랜 기간 사용해 온 기술이라 안정적인 제품이 많다. 하지만 데이터 웨어하우스는 다음과 같은 단점이 있다. 우선 고도로 구조화된 시스템이라서 구축과 유지보수 비용이 많이 든다. 그리고 구조화된 데이터에 최적화되어 있어 새로운 데이터 형식이나 변화하는 비즈니스 요구사항에 신속하게 적응하는 데 어려움이 있을 수 있다.

데이터 레이크는 다음과 같은 장점이 있다. 먼저 정형 데이터와 비정형 데이터 모두를 저장할 수 있어 유연성이 뛰어나다. 텍스트나 이미지와 같은 구조화되지 않은 데이터, 제이슨JSON, JavaScript Object Notation과 엑스엠엘XML, eXtensible Markup Language처럼 반구조화된 데이터 그리고 테이블 형식과 같은 구조화된 데이터를 모두 저장할 수 있다. 그리고 대규모 데이터를 저렴한 스토리지에 저장할 수 있어 비용 효율적이다. 또한 대량의 데이터를 저장하고 관리할 수 있어 빅데이터 분석에 적합하다. 마지막으로 데이터가 증가함에 따라 유연하게 확장할 수 있다.

데이터 레이크는 다음과 같은 단점이 있다. 우선 대규모의 다양한 데이터 형식을 처리하는 복잡성 때문에 관리가 어려울 수 있다. 그리고 가공되지 않은 원시 데이터를 저장하기 때문에 제대로 관리하지 않으면 보안이 취약할 수 있다. 마지막으로 데이터 레이크는 최근에 개발되고 널리 사용되기 시작해서 경험 많은 전문가를 찾기가 상대적으로 어렵다. 반면에 데이터 웨어하우스는 수십 년 동안 사용되어 전문 지식과 경험을 가진 인력이 상대적으로 더 많다.

최근에는 레이크하우스란 개념으로 데이터 웨어하우스와 데이터 레이크의 장점을 접목한 기술도 나와 있다. 레이크하우스는 데이터 웨어하우스의 빠른 성능과 데이터 레이크의 유연성을 모두 갖춘 것이 특징이다.

셋째, 빅데이터 기술과 인공지능 역량이다. 빅데이터 기술은 대량의 데이터를 수집, 저장, 분석하는 데 필요한 기반을 제공한다. 인공지능 역량은 이러한 데이터를 기반으로 고급 분석, 패턴 인식, 예측 모델링 등을 수행한다. 인공지능 역량은 크게 전통적인 통계 분석 기법, 기계학습, 그리고 인공지능 기술 등으로 구분할 수 있다(McKinsey & Company, 2018).

데이터 분석가는 자신의 업무 환경과 요구사항, 데이터 분석의 수준, 데이터의 양과 질, 예산 등을 고려하여 적합한 도구를 선택해야 한다. 통계 소프트웨어는 다양한 통계분석 기능을 제공하는 것이 특징이다. R과 파이선Python은 오픈소스 소프트웨어로 다양한

데이터 기술 비교

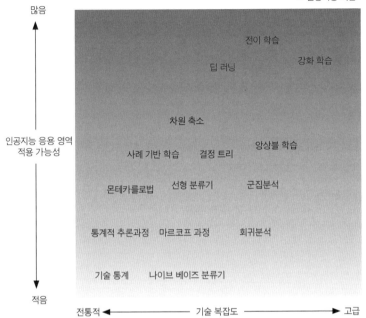

(출처: McKinsey & Company, 2018)

기능과 확장성을 제공하지만 초보자에게는 다소 난이도가 높을 수 있다. 사스SAS와 에스피에스에스SPSS는 상용 소프트웨어로 사용이 간편하고 안정적이지만 비싼 것이 단점이다.

데이터 분석 플랫폼은 다양한 데이터 소스로부터 데이터를 통합하고 시각화하는 기능을 제공한다. 태블로Tableau, 클릭뷰QlikView, 파워비아이Power BI는 사용이 간편하고 직관적인 인터페이스를 제공하지만 고급 분석 기능은 부족할 수 있다. 루커Looker는 강력한 분석 기능을 제공하지만 초보자에게는 다소 어려울 수 있다.

머신러닝 플랫폼은 초보자에게는 텐서플로, 파이토치PyTorch와 같은 오픈소스 플랫폼이 적합하다. 이들은 다양한 기능과 확장성을 제공하지만 사용이 다소 복잡할 수 있다. 기업 규모에 따라 대규모 기업에는 아마존 세이지메이커, 애저 머신러닝, 구글 클라우드 인공지능 플랫폼과 같은 상용 플랫폼이 적합하다. 이들은 사용이 간편하고 안정적이지만 비쌀 수 있다. 자동화된 머신러닝의 경우 데이터로봇이 적합하다. 데이터로봇은 다양한 분석 모델을 제공하여 분석가가 자신의 데이터에 가장 적합한 모델을 선택할 수 있도록 하고 모델 개발 속도를 획기적으로 높여준다. 단 사용 가치는 높지만 비싸서 규모가 크고 수익성이 좋은 기업에서 주로 선호한다.

데이터 분석 도구

분석 도구	분류	장점	단점
R, 파이선	통계	다양한 통계분석	초보자 난이도 높음
SAS, SPSS	통계	사용 간편, 기능 다양	비용이 비쌈
태블로 클릭뷰, 파워BI	데이터 분석	직관적 인터페이스 다양한 시각화	고급 분석 기능 부족
루커	데이터 분석	강력한 분석 기능	초보자 난이도 높음
텐서플로, 파이토치	머신 러닝	기능 다양, 확장성	초보자 난이도 높음
사이킷런	머신 러닝	다양한 알고리즘	사용 다소 복잡
아마존 세이지메이커, MS 애저 머신러닝, 구글 클라우드 인공지능 플랫폼	머신 러닝	사용 간편, 안정적	비용이 비쌈

데이터로봇	머신 러닝	자동화된 머신러닝 기능	초보자 난이도 높음 비용이 비쌈

4

전략을 명확하게 정의하고 출발하라

성공적인 디지털 전환은 명확하게 잘 정의된 전략에서 출발한다. 어떤 디지털 기술을 어떻게 활용하면 사업의 성장과 혁신을 견인할 수 있을지에 대한 선명한 비전과 계획이 핵심이다. 사업을 운영하는 방식과 고객 및 구성원 등 이해관계자에게 가치를 제공하고 상호작용하는 방식을 근본적으로 바꾸는 것이다. 전략은 조직의 장기적인 목적과 목표를 보는 전체적인 시각에서 총체적인 방식으로 접근할 필요가 있다.

• 전략과 방향성 설정

첫 번째 단계는 기업의 비즈니스 목표와 요구사항을 파악해서 디지털 전환의 궁극적인 목표가 무엇인지를 명확히 정의하는 것이다. 조직의 5년에서 10년 장기 계획과 연관된 전략적 목표를 설정하는 것이 중요하다. 사업 혁신, 경쟁력 강화, 고객 경험 개선, 비용 절감과 효율성 향상, 새로운 비즈니스 기회 창출 또는 신규 시장 진입 등 구체적인 목표를 설정한다. 또한 고객의 요구와 기대를 충족시키거나 능가하는 방향으로 전략을 설정해야 한다. 이를 위해서는 내외부 고객의 요구와 관점을 파악하는 것이 중요하다.

　디지털 전환의 성공을 위해서는 조직의 모든 구성원, 고객, 그리고 사업 파트너 등과 협력이 필요하다. 이해관계자들의 참여를 통해 디지털 전환 전략의 방향과 목표를 공동으로 설정하고 진행 과정에서의 문제점이나 피드백을 적극적으로 수용하여 전략을 수정하거나 보완할 수 있다.

디지털 전환 프레임워크-디지털 전환 전략 및 관리 체계

[1] 운영혁신	[2] 사업혁신	[3] 고객 경험 혁신
[4] 디지털 역량		
[5] 디지털 전환 전략 및 관리 체계 성과관리 체계 과제 발굴 및 우선순위 관리 적시의 투자 의사결정 체계 전략과 방향성 설정		

　그다음 단계는 전체적인 비즈니스 전략과 일관하는 디지털 전환 로드맵을 설계하는 것이다. 로드맵은 디지털 전환의 목표를 달성하기 위한 단계별 계획과 일정을 포함하며 디지털 전환이 필요한 구체적인 영역과 과제들을 체계적으로 정리하는 것이다. 로드맵에는 디지털 전환의 목표를 달성하기 위해 필요한 기술을 비즈니스 프로세스나 서비스에 적용하는 구체적인 계획이 포함되어야 한다.

예를 들어 고객 경험 개선을 목표로 하는 기업이라면 고객이 자사 제품이나 서비스를 이용하는 과정에서 접하는 모든 접점에서 디지털 기술을 적용하는 계획을 수립할 수 있다.

새로운 디지털 기술을 성공적으로 적용하기 위해서는 조직 구성원들의 역량이 필수적이다. 로드맵에는 디지털 전환을 위한 인재 육성 계획이 포함되어야 한다. 필요한 자원을 확보하고 이를 효과적으로 배분하는 계획도 중요하다. 로드맵에는 이런 자원 계획뿐만 아니라 단계별 비용과 투자 효과에 대한 예측도 반영되어야 한다. 예를 들어 고객 데이터를 수집하고 분석하기 위한 시스템을 구축한다면 시스템 구축에 필요한 예산과 인력을 계획하고 시스템 구축이 목표 달성에 얼마나 기여할 수 있는지 투자 효과를 예측해야 한다.

디지털 전환 로드맵은 기업의 상황과 환경에 따라 유연하게 변화할 수 있어야 한다. 시장 환경은 항상 변화하고 있다. 새로운 경쟁자가 등장할 뿐만 아니라 기술 트렌드가 변화하며 고객의 요구가 변할 수 있다. 디지털 전환의 성공을 위해서는 이러한 변화에 유연하게 대응할 수 있도록 디지털 전환 로드맵을 계속해서 수정하고 개선해야 한다.

전략이 수립되었다면 다음은 실행이다. 그러나 실행에는 자원과 비용이 필요하다. 이를 언제 어떻게 할당할지 결정하는 적시의 투자 의사결정 체계가 중요하다. 올바른 의사결정은 디지털 전환의 성공을 좌우한다. 디지털 전환 로드맵에 따라 어떤 프로젝트나 기술이 우선순위를 가지는지 판단한다. 중요도와 긴급도 그리고 예상 효과를 기반으로 투자를 결정한다. 이를 통해 한정된 자원을 효과적으로 활용할 수 있다. 필요한 자원의 종류와 규모를 정확히 파악하고 해당 자원을 적절한 시기에 확보한다. 예산 조정, 인력 배치, 외부 파트너와의 협력 등 다양한 방법을 통해 이루어질 수 있다. 또한 투자 이후의 결과를 주기적으로 평가하여 투자의 효과를 측정한다. 이를 통해 다가오는 투자 의사결정에 반영하고 계속해서 최적화된 투자 전략을 수립할 수 있다.

· 과제 발굴 및 우선순위 관리

기업은 업의 본질과 성격에 따라 디지털 전환의 목적과 목표가 다르며 문제 해결 과제도 달라진다. 아마존과 같은 대규모 온라인 소매업체는 고객 경험 향상과 효율적인 물류 관리에 초점을 맞춘다. 아마존은 방대한 제품을 취급하고 있으며 이들 제품의 효율적인 관리와 배송은 중요한 과제다. 아마존은 고급 데이터 분석, 인공지능, 로봇 기술 등을 활용하여 고객의 주문 처리 속도를 높이고 물류비용 절감에 중점을 둔다. 반면에 소비재Consumer Packaged Goods 기업들은 고객의 니즈에 얼마나 빠르고 정확하게 대응하느냐가 중요한 과제가 된다. 이러한 기업들은 다양한 고객 접점에서 수집한 데이터 분석을 통해 고객 충성도를 높이는 프로젝트에 우선순위를 둔다.

이처럼 디지털 전환 과제는 기업의 특성과 목표에 따라 달라지며 비용과 시간 등 자원을 많이 투자하는 만큼 기업의 가치 관점에서 신중하게 선정하고 투자해야 한다. 과제 우선순위 관리는 앞에서 설명한 프로젝트 포트폴리오 관리 기법을 적용한다. 프로젝트 포트폴리오 관리의 목적은 우선순위가 높은 프로젝트의 성공률을 높이는 것이다.

• 디지털 전환 성과관리 체계

디지털 전환 조직의 성과관리 체계는 디지털 전환 목표와 연계되어야 하며 구성원들의 참여와 지속적인 피드백을 통해 효과적으로 이루어져야 한다.

우선 디지털 전환 전략과 일치하는 명확하고 측정이 가능한 성과 목표를 설정하는 것이 중요하다. 이러한 목표는 스마트 원칙 SMART, Specific·Measurable·Achievable·Relevant·Time-bound을 준수해야 한다. 다음으로 이러한 목표에 대한 진행 상황을 측정하기 위한 핵심성과지표를 개발하는 것이 중요하다. 이 지표는 디지털 전환 목표와 밀접한 연관성이 있어야 하며 조직이 목표 달성을 위해 노력한 효과성에 대한 통찰력을 제공해야 한다.

핵심성과지표를 정기적으로 모니터링하고 평가하는 것이 매우 중요하다. 이때 지표 추적뿐만 아니라 데이터 분석을 통해 기본적인 추세와 패턴을 이해하는 것도 포함된다. 이러한 분석은 의사결정을 지원하고 추가 관심 또는 조정이 필요한 영역을 식별하는 데 도움이 될 수 있다. 효과적인 커뮤니케이션과 피드백 메커니즘 또한 필수적이다. 성과 결과를 팀 구성원 및 이해관계자와 공유하는 것은 투명성을 확보하고 지속적인 개선 문화를 조성하는 데 도움이 된다.

성과관리는 구성원의 참여를 통해 더욱 효과적으로 이루어질 수 있다. 구성원이 자신의 성과 목표를 설정하고 달성하기 위한 계획을 수립하는 데 참여할 수 있도록 해야 한다. 이는 구성원이 자신의 성과에 대한 책임감을 느끼게 하고 성과 향상을 위한 노력을 이끌어낸다.

구글의 성과관리 기법인 목표 및 핵심 결과지표OKR, Objective and Key Results를 적용하면 구성원의 참여를 끌어내기 쉽다. 목표 및 핵심 결과지표는 조직의 목표를 설정하고 달성하기 위해 구성원들이 자신의 목표를 설정하는 방식이다. 조직의 목표는 전사 디지털 전환 목표 달성에 기여할 수 있는 목표로 설정되어야 한다. 조직의 목표가 설정되면 구성원들도 조직의 목표를 달성하기 위해 자신도 기여할 수 있는 목표를 설정한다. 즉 목표가 위에서 아래로 정렬되도록 한다.

가령 제조기업이 디지털 전환 목표로 생산 효율성을 높이는 것을 목표로 한다면 조직의 목표는 생산량, 생산원가, 리드타임 등을 개선하는 것이다. 구성원은 이러한 조직의 목표를 달성하기 위해 생산량, 생산원가, 리드타임 등과 관련된 목표를 설정한다. 생산량을 개선하기 위해 새로운 생산공정을 도입하는 것, 생산원가를 절감하기 위해 새로운 재료나 부품을 사용하는 것, 리드타임을 단축하기 위해 새로운 제조 프로세스를 도입하는 것 등이 될 수 있다. 목표가 설정되면 목표를 달성하기 위한 구체적인 결과Key Results를 설정한다. '생산량 10% 증가시키기' 또는 '리드 타임 10% 단축'과 같은 것처럼 말이다. 이 결과는 구체적이고 측정할 수 있고 조직의 목표와 관련성이 있어야 한다. 또한 타당하며 실행할 수 있어야 한다.

목표 및 핵심 결과지표 성과관리 방법론의 핵심은 변화관리에 있다. 결과를 달성하기 위한 유효한 활동을 식별하고 그 활동들의 우선순위를 정하여 우선순위가 높은 활동의 진행 상황을 매주 관리하는 것이다. 리더와 구성원은 수행한 활동이 우선순위에 부합하는 유효한 변화를 실제로 가져왔는지 그 결과를 검토하고 활동의 조정과 우선순위 재설정을 통해 변화관리를 해야 한다.

5

'노'와의 싸움에서 이겨서 혁신하라

"혁신은 '1,000번 아니오.'에서 시작된다."

영원한 혁신가 스티브 잡스의 말이다. 모든 혁신이 반드시 고난의 터널을 거치는 이유는 새로운 시도에는 반드시 숱한 반대와 좌절의 고통이 따르기 때문이다. 내가 했던 LG전자에서의 두 단계에 걸친 사업혁신 시도는 성공보다 실패 경험이 더 많다.

첫 번째 단계는 LG전자에 입사한 지 1년 반 뒤에 일등상품위원회라는 CEO 직속 기관을 스마트 비즈니스 센터와 겸직으로 맡았을 때였다. 당시 일등상품위원회 위원장이었던 나는 인공지능 스피커를 직접 프로덕트 오너를 맡아 기획하고 출시했다. 이 인공지능 스피커는 아마존의 알렉사 인공지능 스피커가 출시되기 수개월 전에 기획되었으나 개발 기간이 2년 반이나 걸려 2017년 연말에야 출시되었다.

2017년 말 출시된 LG전자의 인공지능 스피커 '씽큐'는 스마트홈 주제의 TV 광고에 등장했다. 당시 인공지능이 화두였던 만큼 이 광고는 LG전자의 스마트 가전 인공지능 리더십을 홍보하는 데 크게 기여했다. TV 광고 직후 열린 CEO 회의에서 홈가전본부장 사장 시절에 인공지능 스피커 개발비와 양산을 후원했던 조성진 부회장은 '30억 투자가 아깝지 않았다'는 취지의 말을 하기도 했다.

하지만 지금 돌이켜보면 씽큐 인공지능 스피커의 출시는 기적과도 같았다. 첫째 어려움은 아이디어 승인이었다. 인공지능 비서가 탑재된 이 스피커는 요리에 바쁜 주부에게 세탁이 끝났음을 목소리로, 부착된 스마트폰 화면 크기의 스크린에 문자로, 노란색 화면 깜빡임으로 알려준다. 청소할 때 음악을 틀어주고 요리법도 알려주었다. 또한 화재와 오염 감지 센서도 있어서 화재나 공기가 오염되었을 때 경고해주기도 한다. 하지만 기획 승인은 계속해서 지연되었다. 기획이 승인되어야 개발에 착수할 수 있었다. CEO가 직접 지시하여 만든 위원회였음에도 불구하고 위원장이 단독으로 결정할 수 있는 권한이 없었다. 그러다가 몇 달 뒤에 아마존이 알렉사 인공지능 스피커를 출시하자마자 바로 승인이 떨어졌다. 이때는 승인 절차가 필요하지 않았다.

둘째 어려움은 위원회 형식이어서 예산과 자체 개발 인력이 없었다. CTO 조직의 인력을 활용하려면 예산을 배정받아야 했는데 승인에 또 시간이 걸렸다. 결국 2015년에 예산이 배정되어 사용자 경험 기획과 하드웨어 설계에 착수할 수 있었다. 아이디어 발의 후 반년 이상이 지나고서야 본격적인 개발에 들어갈 수 있었다.

셋째 어려움은 CEO의 변경으로 인한 조직개편이었다. 2015년 말에 CEO가 변경되면서 일등상품위원회가 해체되고 그동안 진행하던 과제들은 모두 CTO 부문 산하 조직으로 이관되었다. 인공지능 스피커 과제를 계속할지 말지 승인을 다시 받기 위해 시간이 소요되면서 개발 착수가 또 지연되었다.

넷째 어려움은 개발 속도의 지연이었다. 인공지능 스피커는 다양한 구성 요소로 이루어져 있다 보니 개발하기 위해서는 여러 조직의 협력이 필요했다. 특히 음질 확보를 위해서는 스피커 사업조직의 전문가가 참여해야 했다. 이렇게 개발 단계별로 협력을 진행하다 보니 워터폴 방식으로 개발을 진행할 수밖에 없었다. 이는 개발 속도를 지연시키는 요인으로 작용했다.

다섯째 어려움은 사업부 소속이 아닌 프로덕트 오너가 시제품 개발 단계 이후의 상용화 과정에 관여할 수 없는 조직 체계였다. 당시에는 제품 양산은 사업본부만 가능했기 때문에 혁신 조직이 상품을 최소기능제품 개념으로 직접 출시할 수 없었다. 최고기술책임자 부문에서 개발을 완료한 후에 시제품을 인수하여 상용화에 나서겠다는 사업본부를 찾아야 했다. 프리미엄 가전에 끼워서 주는 인공지능 스피커로 기획했지만 제품군이 스피커이기 때문에 가전 사업본부가 아닌 엔터테인먼트 사업본부에 제안해야 했다. 그러나 상용화 비용이 부담스럽다는 이유로 받아들여지지 않았다. 이때 홈가전사업본부 본부장이었던 조성진 사장이 인수하겠다고 나섰다.

조성진 사장이 최고기술책임자 부문으로부터 인공지능 스피커 사업을 공식적으로 인수하는 자리가 마련되었다. 그 자리에서 최고기술책임자 부문장이 조성진 사장에게 "30억 원의 개발비를 부담하고 인수하시겠습니까?"라고 물었다. 조성진 사장은 "이런 것은 30억이든 40억이든 해야 합니다."라고 답했다.

인공지능 스피커 프로덕트 오너 경험은 소프트웨어 전문가인 내가 하드웨어를 엔드투엔드로 직접 경험했던 의미 있는 기회였다. 그러나 결국 "위원회는 혁신할 수 없다."라는 세간의 말을 결과적으로 확인했다. 하지만 그 경험은 이후 LG전자에서 사업혁신 제품을 추진할 때 큰 자산이 되었다. 몇 개월 뒤 연말 인사에서 조성진 사업본부장은 부회장으로 승진하여 CEO가 되었다. 그리고 내가 맡고 있던 클라우드 센터를 CEO 직속으로 편입했다. 클라우드 센터는 1년 전에 보스였던 구본준 부회장이 지주사로 이동하면서 '낙동강 오리알' 신세였다.

내가 LG전자에서 사업혁신을 시도한 두 번째 단계는 2017년에 클라우드 센터가 전사 차원에서 디지털 전환을 오퍼레이션 디지털 전환과 비즈니스 디지털 전환으로 구분하고 CEO에게 보고한 때부터였다. 일등상품위원회의 경험을 바탕으로 두 가지 방식으로 진행했다.

첫째는 사업부가 판매하기 어려운 아이디어는 직접 출시까지 엔드투엔드로 진행하는 방법이었다. 둘째는 판매할 사업조직을 미리 선정하여 진행하는 방법이었다. 두 가지 방식 모두 내가 속한 조직이 엔드투엔드로 완결적으로 할 수 있는 서비스나 클라우드 기반의 소프트웨어 솔루션을 제공하기로 했다.

하지만 첫째 방법은 당시에 하드웨어 제품이 아닌 서비스를 사업화하는 프로세스가 마련되어 있지 않아 센터 자체 예산 프로젝트로 최소기능제품까지 완료했다. 그 결과물이 현재 LG전자에서 신사업으로 출시한 '머스타드mustad'라는 광고 사업 모델 서비스다. 내가 직접 프로덕트 오너를 맡고 미국 연구소 사용자 경험 기획자 1명, 애플 iOS 개발자 1명과 함께 개발했다.

머스타드는 미국에서 먼저 프로모타Promota라는 프로젝트 이름으로 최소기능제품 개념의 앱을 출시하여 제품 시장 적합성PMF, Product Market Fit을 확인한 후에 한국에 출시했다. LG전자 브랜드를 붙이려면 정식 제품화 프로세스를 밟아야 했다. 그래서 애플 앱스토어에 프로모타 앱을 등록할 때 미국 LG전자 소속의 실리콘밸리 연구소를 앱 개발사로 등록했다.

프로모타 앱은 스마트폰으로 메뉴판을 편집하고 클라우드를 통해 모니터나 TV에 보여주는 서비스다. 사용자가 구글 크롬캐스트를 구매하여 모니터나 TV에 연결하면 앱에서 메뉴를 화면으로 전송할 수 있다. 이 서비스는 무료로 제공되며 사용하기 쉽고 다양한 템플릿을 제공하여 미국 출시 당시부터 좋은 반응을 얻었다. 실리콘밸리 지역의 힙하고 트렌디한 곳에서 많이 사용되었다. 2년 뒤에는 메뉴를 매장 안팎의 디스플레이에 송출하는 광고 사업 모델로 확장했다. 혁신 상품 프로세스가 도입되었을 때 CEO 승인을 받아 출시되었다. 프로모타를 개발한 머스타드 팀은 현재 사내 벤처 형태로 사업을 진행하고 있다.

신상품을 판매할 사업부를 미리 정하고 진행한 사업혁신 시도

사례는 두 가지다. 한국의 신축 아파트 대상의 스마트홈 솔루션과 독일과 호주의 일반 가구 대상의 클라우드 기반 홈에너지관리시스템HEMS, Home Energy Management System이다. 이 두 가지는 디지털 전환 전사 조직이었던 클라우드 센터가 비즈니스 전환의 일환으로 진행한 것이다.

스마트홈 솔루션은 한국영업본부에 사업 제안을 하고 기획을 진행한 사례다. 신축 아파트에 판매하는 LG전자 스마트 가전과 함께 공급하는 번들 솔루션 형태였다. 시행사들이 신축 아파트를 공급할 때 지역 경쟁 상황에 따라 최대 네댓 개까지 가전을 기본 옵션으로 제공하는 경우가 있다. 센터는 한국 영업본부에 다른 가전 회사와의 수주 경쟁에서 승리할 방안으로 번들 사업 모델을 제안하고 추진했다. 한국 영업본부의 영업에 큰 차별화가 되었다. 번들 솔루션 차별화로 시행사를 통한 단독 수주가 늘어났고 가격 경쟁을 하지 않아 수익성이 좋았다. 이 사업 모델은 성과를 인정받아 한국영업본부가 그룹 혁신상인 LG 어워드를 받았다.

홈에너지관리시스템 솔루션 사업은 B2B 사업본부의 신사업 일환으로 진행한 사례다. 신재생 에너지 산업이 발달한 독일의 키위그리드Kiwigrid란 스타트업의 에너지관리 소프트웨어 기술을 활용해서 독일과 호주에서 실제 가구 대상으로 파일럿을 하면서 솔루션을 만들려고 했다. 결과는 실패였다. 독일과 호주의 가구 대상으로 실증하기 위해 현지의 전기 판매사업자들과 제휴하려는 노력을 기울였으나 사업자가 고객 가구의 에너지관리 정보가 LG전자로 유출되는 것을 우려해 결국에는 성사되지 못했다. 그러나 홈에너

지관리시스템 사업화는 실패했지만 자체 홈에너지관리시스템 솔
루션을 확보하는 소득을 얻었다. 당시 내가 겸직했던 B2B솔루션
센터에 본사 예산을 주고 키위그리드에 아웃소싱하려고 했던 에너
지관리 로직을 개발하는 연구 과제를 만들었다. 2023년 독일의 베
를린 국제가전박람회IFA, Internationale Funkausstellung에서 LG전자가
전시한 홈에너지관리시스템은 이때 내재화한 솔루션이 바탕이 되
었다.

6장

디지털 전환 조직은 어떻게 구축할까

The DX

1

전담 조직이 디지털 전환을 성공시킨다

디지털 전환은 전 세계적으로 메가 이슈다. 그런데도 국내 기업의 디지털 전환 활동은 기대에 못 미치는 상황이다. 적극적으로 디지털 전환을 추진하는 국내 기업이 10%가 채 되지 않는다고 한다. 그중 디지털 전환을 전담할 전문인력을 보유한 기업은 6.2% 정도다. 전담 조직을 운영하는 기업은 2.1%에 불과하다(한국산업진흥기술협회, 2023). 소수의 기업만이 디지털 전환에 고군분투하고 있음을 보여준다.

전담 조직은 디지털 전환의 성공 여부를 좌우하는 결정적인 역할을 한다. 전략과 목표설정 그리고 실행의 전 과정에 관여한다. 이렇듯 디지털 전환의 전담 조직은 꼭 있어야 한다. 바로 디지털 전환 과제의 특성 때문이다. 디지털 전환 프로젝트는 어떤 데이터가 있는지 식별하고 해당 데이터가 특정 문제를 해결할 수 있는지 실험하고 평가하는 것으로 시작한다. 이러한 초기 단계에서는 해결 방안의 타당성과 투입 인원과 개발 기간에 대한 불확실성이 매우 높다. 이러한 불확실성으로 인해 정보시스템 통합 업체에 외주로 맡기는 방식은 여러 측면에서 어렵고 또 바람직하지 않다. 디지털 전환 프로젝트는 초기 단계에서 목표가 계속해서 변화할 수 있다. 정보시스템 통합 업체는 일반적으로 명확한 요구사항과 프로젝트 목표를 설정한 제안요청서RFP, Request For Proposal가 있어야 제안해서 일하는 방식이다. 그러나 초기 디지털 전환 프로젝트에서는 제안요청서 작성 자체가 어렵다.

디지털 전환 전담 조직이 필요한 첫 번째 이유는 문제 해결 역량의 내재화다. 디지털 전환 과제는 본질적으로 시간이 지나면서 문제 해결 수준이 계속 높아지고 영역이 확대되면서 수집하는 데이터의 범위도 계속 넓혀진다. 그래서 개발자가 바뀌면 문제 해결 이력, 문제에 대한 이해도와 경험 등이 사라져 큰 타격을 받는다. 문제 해결 경험 축적과 개발의 연속성 보장이 절대적으로 필요하다. 그러나 정보시스템 통합 업체는 프로젝트 단위로 계약해서 개발한다. 특정 프로젝트가 종료되면 참여 인력들이 다른 프로젝트로 이동하거나 정보시스템 통합 사업의 특성상 상대적으로 적은 보상과 근무 조건으로 회사 이직 가능성이 크다. 즉 문제 해결에 필요한 개발 연속성과 품질이 보장되기 매우 어렵다.

두 번째 이유는 디지털 전환 과제에는 여러 조직의 이해관계자가 참여한다. 기업 내부 문제를 해결하고 비즈니스 가치를 창출하는 것이므로 복잡한 이해관계를 조정하고 다양한 요구와 기대 수준의 합의점을 찾는 일은 조직 구조와 프로세스를 잘 알고 인적 네트워크가 있는 내부자가 할 수밖에 없다.

디지털 전환 전담 조직은 디지털 전환의 질, 속도, 지속가능성 등을 확보하기 위해 필요하다. 내부 역량을 활용하면 기업의 비즈니스에 대한 이해도를 바탕으로 문제 정의 및 해결의 질을 높일 수 있다. 그리고 문제 해결 속도를 높이며 노하우를 축적하여 지속해서 문제를 개선해 나갈 수 있다. 디지털 전환은 기업의 혁신변화를 지속가능하게 만들기 위해 내부 역량을 구축하고 운영해야 한다.

2

전담 조직이 전사 조직이어야 성공한다

디지털 전환 전담 조직은 흔히 별동대에 비유한다. 별동대는 특수 임무를 수행하기 위해 구성된 소수 정예 부대다. 완전히 낯선 환경에서 특별한 임무를 수행하는 별동대는 높은 수준의 전문성과 유연성을 바탕으로 신속하게 문제를 해결하는 조직이다.

디지털 전환에 별동대가 필요한 이유는 혁신의 대상이 바로 레거시, 즉 조직 자신이기 때문이다. 디지털 전환 전담 조직은 기존 구조와 시스템으로부터 최대한 자율적으로 활동하면서 조직의 DNA를 바꿔나가는 게 임무다.

디지털 전환은 대기업과 같이 조직이 세분되어 있고 체계가 견고한 기업일수록 쉽지 않다. 대기업의 경우 각 부서나 팀마다 독립적인 목표와 운영 방식이 있다. 이렇게 세분된 조직에서 디지털 전환을 특정 부서나 팀의 역할로 부여하면 전체 조직의 변화와 혁신을 달성하기 어렵다.

디지털 전환은 단순히 IT나 기술 부서의 책임이 아니다. 마케팅, 영업, 제조, 인사, 재무 등 모든 부서의 협력이 필요한 과제다. 기업 내 다양한 부서와 팀들 사이에는 커뮤니케이션 장벽이 존재하고 조직 체계가 견고할수록 변화에 대한 저항성은 더 클 수 있다.

디지털 전환 전담 조직은 기존 어느 조직에도 속하지 않는 '전사 全社 조직'이어야 한다. 기존 조직과 전혀 다른 속성의 별동대로서 사일로 밖에서 독립적으로 활동하는 혁신 조직이다. 그래야 세부 조직의 고유한 체계와 부서 간 이해관계의 벽을 비교적 유연하게 넘나들 수 있다. 또한 전사적인 목표와 방향성에 대한 통일된 이해와 실행이 가능해진다. 디지털 전환 조직이 전사 조직으로 운영될 때 변화에 빠르게 대응하고 새로운 전략이나 기술을 효율적으로 적용할 수 있다.

• 전담 조직은 독립적 기능 조직이다

조직 구조는 크게 부문 조직Divisional Structure과 기능 조직Functional Structure으로 구분된다. 부문 조직은 회사가 생산하는 제품이나 서비스의 아웃풋, 즉 결과에 초점을 맞춘 조직을 말한다. 쉽게 말해서 돈을 버는 사업조직이다. 각 부문은 특정 제품군이나 시장을 담당하며 자체적인 생산과 판매 그리고 마케팅 등의 팀을 가질 수 있다. 예를 들어 대규모 다국적 기업은 가전, 자동차, 휴대폰 등 각기 다른 부문으로 구분될 수 있다. 각 부문은 독립적인 사업 단위처럼 운영되어 각각의 시장과 고객층에 특화된 전략을 수립하고 실행한다.

이러한 구조는 시장의 변화에 빠르게 대응하고 특정 제품이나 서비스에 집중된 전략을 개발하는 데 유리하다.

전사 차원에서 공통으로 필요로 하는 재무, 인사, 마케팅, 연구개발 등의 기능은 통합하여 운영한다. 그래서 기능 조직은 전사 조직 또는 본사 조직으로도 불린다. 이 구조는 기능별 전문성을 바탕으로 조직을 운영하며 각 기능 조직은 전사적인 목표 달성에 기여한다.

디지털 전환 전담 조직은 기업의 디지털 전환을 주도하는 역할을 맡는 기능 조직의 한 부분이다. 디지털 전환 전담 조직은 회사 내 모든 부문과 기능 조직에 걸쳐 디지털 전환 전략을 수립하고 필요한 디지털 솔루션을 개발하고 구현한다. 이 조직은 다양한 부문 및 기능 조직과 긴밀히 협력하여 디지털 전환 과제를 기획하고 실행한다.

디지털 전환 전담 조직을 설계할 때는 단순히 디지털 전환의 경제적 성과에만 초점을 맞추는 것은 바람직하지 않다. 디지털 전환 전담 조직은 단기적인 경제적 성과뿐만 아니라 조직문화와 작업 방식을 변화시키고 지속적으로 새로운 기술과 트렌드를 학습해 혁신적인 방법을 도입함으로써 장기적인 조직의 성장과 혁신을 지원해야 한다.

디지털 전환 전담 조직은 회사의 전체적인 비즈니스 전략과 조화를 이루며 디지털 전환 목표를 달성하기 위해 설계되고 운영되어야 한다. 앞서 말한 것처럼 디지털 전환을 효과적으로 추진하기 위해서는 전담 조직을 독립적인 전사 조직으로 설계하고 운영해야 한다. 디지털 전환 전담 조직의 독립성은 매우 중요하다. 조직의 활동은 기본적으로 상위 조직의 전략에 따라 결정되기 때문이다. LG전자의 클라우드 센터의 사례를 보자. 처음에는 CEO 직속 조직으로 독립적인 예산을 가지고 전사 전략을 주도하였으나 한때 다른 부문의 하위 조직으로 변경되면서 해당 조직의 활동 범위가 크게 제한되었다. 이 사례는 디지털 전환 전담 조직의 독립성이 얼마나 중요한지를 보여준다.

• 전담 조직은 스타트업과 유사하다

디지털 전환 전담 조직은 기업의 디지털 혁신을 주도하는 조직이다. 스타트업과 유사한 특성이 있다. 빠른 의사결정, 실행력, 혁신적인 조직문화 등을 바탕으로 기업의 디지털 전환을 가속한다. 디지털 전환 전담 조직이 성공적으로 운영되기 위해서는 독립적 권한과 예산이 필요하다. 독립적 권한은 디지털 전환 전담 조직이 빠른 의사결정과 혁신적인 조직문화를 유지하기 위한 필수 요소다. 독립적 예산은 디지털 전환 전담 조직이 수요 부서 예산에 의존하지 않고 디지털 전략을 주도적으로 추진하고 성과를 창출하기 위한 기반이다.

디지털 전환 조직은 빠르게 변화하는 기술 환경과 시장 요구에 능동적으로 대응하기 위해 기존 조직의 예산 승인 프로세스나 제약으로부터 벗어나 필요한 자원을 신속하고 유연하게 배치할 수 있어야 한다. 또한 디지털 전환 조직은 기존에 없던 직무를 정의하고 다양한 직무를 채용할 수 있어야 한다. 데이터 직무 전문가 외에도 거버넌스 팀, 데이터 포털 기획, 사용자 경험 디자이너 및 소프트웨어 엔지니어, 과제 관리 프로덕트 오너와 프로젝트 관리자 등이 필요하다.

과제를 자체적으로 추진할 수 있는 권한이 없으면 다른 조직의 승인이나 협조에 좌우되어 과제의 속도와 효율성이 떨어지고 문제 해결의 기회와 시기를 놓칠 수 있다. 디지털 전환 과제는 데이터와 디지털 기술의 충분 정도, 적용 가능성 등이 불확실하여 실험적 성격을 띠는 경우가 많다. 따라서 과제 수요 부서의 예산에만 의존하여 과제를 추진하기는 어렵다. 디지털 전환 성공 사례가 아직 확보되지 않은 초기 단계일수록 수익성에 민감한 사업부는 성과가 불확실한 실험적인 과제에 예산을 제공하기 힘들다. 이런 이유로 디지털 전환 전담 조직이 자체 예산으로 수요조직의 과제를 추진할 수 있는 권한과 예산을 확보하는 것은 절대적으로 필요하다. 그래야 디지털 전환 조직이 혁신의 플라이휠을 효과적으로 돌릴 수 있다.

3

최고디지털책임자가 디지털 전환을 이끈다

디지털 전환은 사업과 운영 전반에 걸쳐 전략적으로 일관되고 통합적인 방식으로 추진돼야 한다. 이런 요구에 따라 등장한 직책이 '최고디지털책임자'다. 그런데 많은 기업에서 최고디지털책임자의 역할과 책임에 대한 명확한 이해가 부족한 게 현실이다. IT 책임자인 최고정보책임자나 데이터 중심의 최고데이터책임자가 디지털 전환을 추진하는 곳이 많다.

최고디지털책임자는 디지털 전환의 총괄 책임자다. 전담 조직을 이끌며 전략과 실행 계획을 주도한다. 최고디지털책임자의 직무는 기존의 최고정보책임자나 최고기술책임자의 역할과는 다르다. 또한 많은 기업에서 운영하는 최고데이터책임자와도 구분된다. 최고정보책임자가 내부 운영 효율성을 중점에 두고 최고기술책임자가 제품에 필요한 혁신 기술 공급에 중점을 둔다면 최고디지털책임자

최고디지털책임자의 역할

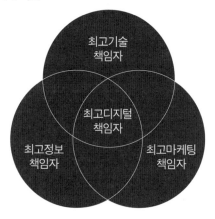

는 회사 전체의 디지털 전환을 주도하는 역할을 맡는다. 그래서 맥킨지는 최고디지털책임자를 변혁자Transformer로 정의하고 기업들이 최고디지털책임자 자리를 신설해서 디지털 환경 변화에 적극적으로 대응할 것을 주문한다(McKinsey & Company, 2015). 실제로 최고디지털책임자가 주도하는 디지털 전환은 그렇지 않은 경우보다 성공률이 더 높다.

• 최고디지털책임자와 최고데이터책임자

최고데이터책임자는 단어의 뜻 그대로 '데이터'에 역할이 집중된다. 디지털 전환이라는 개념이 등장하고 빅데이터 중요성이 특히 강조되었던 초기에 많이 도입했던 직책이다. 최고데이터책임자의 주요 책임은 데이터 관리, 데이터 품질, 데이터 거버넌스 등 조직 내 데이터의 효율적 관리와 이를 통한 비즈니스 가치 창출에 있다. 데이터 분석, 통찰력 개발, 데이터 기반의 의사결정 전략 수립

등을 포함하여 회사의 데이터 전략을 주도한다.

최고디지털책임자는 회사의 디지털 전환을 주도한다. 데이터 관리뿐만 아니라 디지털 기술의 도입과 통합, 디지털 문화의 발전, 디지털 비즈니스 모델의 개발 등을 포함한다. 기술과 비즈니스 전략의 융합을 주도하며 디지털 혁신을 통해 조직의 성장과 경쟁력을 강화하는 데 중점을 둔다. 전자상거래 플랫폼 같은 디지털 이니셔티브의 개발과 구현도 최고디지털책임자의 임무에 포함된다. 최고데이터책임자의 데이터 중심적 접근보다 더 넓은 범위를 포함하는 것을 의미하는 것이다.

이처럼 최고데이터책임자는 데이터 관리와 활용에 중점을 두는 반면에 최고디지털책임자는 조직 전반의 디지털 전략과 변환을 주도하는 역할을 한다. 두 직책 모두 현대 비즈니스 환경에서 중요하지만 역할과 책임은 다르다.

• 최고디지털책임자와 최고정보책임자

최고정보책임자는 회사의 전체 IT 인프라와 운영을 관리한다. 하드웨어, 소프트웨어, 네트워크 시스템 및 데이터센터의 관리와 유지보수까지 포함한다. 최고정보책임자의 중요 임무는 회사의 비즈니스 목표에 맞게 IT 전략을 조정하고 IT 시스템이 사업과 운영을 효과적으로 지원하도록 하는 것이다. 따라서 효율성과 안정성에 중점을 둔다. 최고정보책임자의 역할에는 시스템의 보안과 안정성 유지가 중요한 부분을 차지한다. 데이터 보호, 사이버 보안, 시스템의 안정적 운영 등이 포함된다.

최고정보책임자와 최고디지털책임자는 각각의 역할에 차이점이 있다. 차이점은 주로 그들의 초점과 책임 범위에서 나타난다. 최고디지털책임자는 주로 디지털 혁신과 사업 모델 변화에 집중하는 반면에 최고정보책임자는 기술 인프라의 안정적인 관리와 운영에 초점을 맞춘다. 그러나 이 두 직책 모두 조직의 디지털 전략과 기술 구현에 중요하며 서로 협력하여 조직의 전반적인 성공을 추구해야 한다.

디지털 전환 추진 과정에서 최고디지털책임자와 최고정보책임자 간 이해충돌이 흔히 발생한다. 최고디지털책임자와 최고정보책임자 사이에서 벌어지는 이해충돌은 혁신과 안정성의 균형 문제에서 비롯된다. 갈등의 가장 큰 원인은 디지털 프로젝트와 IT 운영에 대한 자원 및 예산 배분이다. 최고디지털책임자와 최고정보책임자는 기술 투자와 구현의 우선순위가 다르다. 최고디지털책임자는 고객 경험 개선과 새로운 디지털 서비스 개발을 중점으로 하며 최고정보책임자는 기존 시스템의 유지보수와 보안을 중점으로 한다. 이러한 차이로 인해 최고디지털책임자의 프로젝트 과제 자원과 정책이 최고정보책임자의 IT 운영 자원과 정책과 충돌할 수 있다. 특히 보안 정책의 경우에 최고정보책임자는 기존의 운영 방식과 시스템을 변경하기를 주저할 수 있다.

이러한 갈등은 양측의 역할과 책임의 명확한 이해와 협력을 통해 극복할 수 있다. 먼저 최고디지털책임자와 최고정보책임자는 조직의 전체적인 비전과 목표에 대해 공감대를 형성해야 한다. 조직의 전체 비전과 목표에 대한 공감대 형성, 상호 의존적 관계 인식 및 협력 등이 필요하다. 그러기 위해서는 서로의 전문성과 관점을 이해하는 것이 중요하다. 디지털 전환 과제와 IT 운영의 유기적 통합을 위해서는 두 조직 간 정기적인 커뮤니케이션과 협력이 필요하다. 이를 통해 각자의 프로젝트와 우선순위를 공유하고 조직의 전체 목표를 달성하기 위한 최적의 투자 우선순위를 결정할 수 있다. 또한 최고정보책임자의 IT 정책, 특히 보안과 관련된 부분은 모든 조직에 중요하기 때문에 최고디지털책임자의 혁신적인 프로젝트도 이러한 보안 기준을 준수해야 한다.

최고정보책임자와 최고디지털책임자가 모두 참석하는 IT 위원회는 협업과 조정에 효과적인 수단이 될 수 있다. IT 위원회의 운영은 최고디지털책임자와 최고정보책임자의 협력과 조정을 강화하는 하나의 방식이다. IT 위원회는 회사 전략과 일치하는 의사결정을 촉진하고 디지털 및 IT 전략의 일관성을 유지하는 데 중요한 역할을 할 수 있다. 위원회의 의사결정권자는 회사의 전반적인 전략과 목표에 부합하는 결정을 내리기에 필요한 포괄적인 시야를 가져야 한다. CEO, 최고전략책임자, 최고재무책임자CFO 같은 C레벨 임원이 그 역할을 하는 것이 적합할 수 있다.

최고정보책임자 조직과 최고디지털책임자 조직 간 업무 조정 수준을 넘어 고객 중심으로 두 조직이 능동적으로 협업하는 방법이 필요하다. 예를 들어 고객에게 전달할 서비스 출시를 전담하는 디지털 딜리버리 오피스Digital Delivery Office를 전방 조직으로 운영하는 것이다. 이를 통해 고객 경험과 가치 창출을 위해 공동의 목표를 설정하고 경영진과 정기적으로 검토할 수 있다(McKinsey &

Company, 2020).

최고정보책임자와 최고디지털책임자의 겸직은 특정 상황에서 유효한 접근 방식이다. 겸직의 장점은 조직의 디지털 전략과 IT 운영을 통합적으로 관리할 수 있다는 점이다. 최고디지털책임자는 공격, 최고정보책임자는 수비에 비유할 수 있다. 경기 상황에 따라 공격과 수비의 역할을 분담하여 협업 전술을 구사할 수 있다. 첫 번째 이점은 IT 전략과 디지털 전환 전략을 정렬하여 IT 과제와 디지털 과제를 통합적으로 관리할 수 있다는 점이다. 또한 의사결정 프로세스를 단순화하고 두 임원 역할을 두고 조정이 필요 없어 IT와 디지털 전략을 효율적으로 구현할 수 있다.

그러나 이 접근 방식은 몇 가지 보완이 필요하다. 최고디지털책임자와 최고정보책임자의 역할은 매우 다르며 각각 광범위한 지식과 전문성을 요구한다. 겸직은 업무 부담과 복잡성을 증가시킬 수 있으며 두 영역 중 하나가 소홀히 다뤄질 위험이 있다. 겸직이 효과적으로 되려면 리더는 IT 관리와 디지털 혁신에 대한 깊은 이해와 두 영역을 효과적으로 균형 잡을 수 있는 능력을 갖춰야 한다. 이는 상당한 전략적 사고와 조정 능력을 요구한다.

기업이 디지털 전환에 성공하기 위해서는 최고디지털책임자와 최고정보책임자 조직을 통합하고 전통적인 IT 시스템과 디지털 시스템을 통합적으로 운영하는 '디지털 통합 운영 모델'을 구축해야 한다. 이 모델은 4단계로 전환된다. 1단계에서는 기존 IT 조직을 유지하면서 디지털 시스템을 부분적으로 도입한다. 이 단계에서는 IT팀과 디지털팀이 서로 독립적으로 운영된다. 2단계에서는 기존

디지털 통합 운영 모델 전환 단계

전통 IT 체제
전통 IT 운영 모델 기반 기술 솔루션 제공

디지털 전환 파일럿
전통 IT 운영 모델 기반 디지털 전환 파일럿 일부 진행

디지털 시스템 전환
전통 IT팀과 디지털팀 병행 운영

디지털 조직 일부 전환
전통 IT팀과 디지털팀이 원팀으로 기술 제공

디지털 조직 완전 전환
전통 IT팀과 디지털팀 구별없이 최신 디지털 인프라와 소프트웨어 도구 사용

(출처: McKinsey & Company, 2018)

IT 시스템을 모두 디지털로 전환한다. 이 단계에서도 IT팀과 디지털팀은 여전히 독립적으로 운영된다. 3단계에서는 IT팀과 디지털팀을 단일 운영 모델 거버넌스 아래에서 교차 기능 조직으로 운영한다. 이 단계에서는 IT팀과 디지털팀이 협력하여 일하는 방식을 시작한다. 4단계에서는 단일 기술 조직이 최신 인프라, 소프트웨어, 도구 등을 활용하여 완전히 현대적인 디지털 방식으로 운영된다. 이 단계에서는 IT팀과 디지털팀의 구분이 사라지고 모든 기술 역량이 통합된다(McKinsey & Company, 2018).

최근 조사 결과에 따르면 2020년에는 2018년 대비 통합 운영 모델로 전환한 회사 수가 두 배 이상 증가했다. IT 시스템을 디지털 전환하고 조직을 교차 기능 조직 또는 완전한 단일 통합 운영 모델로 전환한 회사는 사업과 운영혁신 과정에서 겪는 문제를 30% 이상 줄일 수 있고 코어 아키텍처에 디지털을 통합하는 노력을 절반 이상 줄일 수 있다. 특히 디지털과 IT 운영이 통합된 기업은 다른 기업보다 60% 더 높은 비율로 자사의 기술 투자가 비즈니스 가치를 창출하고 있다고 답했다(McKinsey & Company, 2020).

• 최고디지털책임자와 최고기술책임자

최고기술책임자는 조직의 기술 비전과 전략을 수립하고 이를 조직의 전반적인 사업 전략과 연계하는 역할을 한다. 그래서 기존 사업을 강화하고 새로운 사업 기회를 창출한다. 이를 위해 최신 기술 트렌드를 파악하고 조직의 기술 전략에 반영한다. 또한 조직의 기술 인프라를 관리하고 최적화한다.

최고디지털책임자는 디지털 전략을 주도하고 기업 전략과 디지털 전환을 연계하는 데 집중한다. 최고기술책임자는 신기술 개발과 적용을 통해 사업을 강화하는 데 중점을 둔다. 최고디지털책임자와 최고기술책임자는 서로 다른 강점을 보완하며 협력하여 조직의 성공을 이끌 수 있다. 최고디지털책임자는 디지털 전략을 수립하고 최고기술책임자는 기술적으로 실행할 수 있도록 지원한다. 최고디지털책임자의 혁신적 아이디어와 최고기술책임자의 기술 전문성이 조화롭게 어우러질 때 혁신은 실현이 가능한 결과로 이어진다.

최고정보책임자, 최고기술책임자, 최고디지털책임자 모두 중요한 역할을 하지만 주요 관심사와 책임 영역은 다르다. 디지털 전환을 성공적으로 추진하기 위해서는 이 세 조직의 상호 협력이 필요하다. 이는 서로의 역할과 책임을 명확히 이해하는 것에서 출발한다.

각 최고책임자 역할과 책임

	최고디지털책임자	최고데이터책임자	최고정보책임자	최고기술책임자
역할 범위	디지털 전략과 실행을 담당하며 디지털 기술과 데이터를 활용해서 회사의 업무 수행 방식 변화부터 새로운 고객가치를 창출하고 고객 경험 향상과 비즈니스 성장과 혁신을 주도	데이터 관리, 데이터 전략, 데이터 보호 및 사용 그리고 데이터 관련 기술과 프로세스 총괄	전체 IT 전략, 시스템, 예산 관리 등을 통해 IT 인프라와 시스템 지원	기업의 기술 전략, 연구 및 개발 그리고 기술 혁신 총괄
중점 영역	디지털 전환에 디지털 경험 최적화, 디지털마케팅 전략 등 디지털 비즈니스 영역 포함	조직의 데이터 자산을 최대한 활용하여 가치를 창출하고 데이터 관련 규정 및 준수 사항을 관리하는 데 중점	인프라 및 보안과 같은 IT의 기술적 측면에 집중하여 IT 운영의 효율성과 안정성에 중점	주로 제품 및 서비스 관련 기술에 집중하며 회사의 기술적 비전을 현실로 전환하는 데 중점
전문성 (기술)	비즈니스 전략과 디지털마케팅 및 데이터 분석을 포함하는 보다 다양한 기술을 보유	데이터 아키텍처, 데이터 분석, 빅데이터 기술, 데이터 사이언스, 그리고 데이터 관련 법률 및 규제에 대한 이해	IT 프로젝트 관리, 정보시스템, IT 인프라 구축 및 운영 그리고 기술적 리소스 및 비용 최적화	제품 관련 기술, 연구 및 개발, 기술 트렌드의 파악 그리고 기존 및 신흥 기술의 통합 전략

4

조직마다 최고디지털책임자의
유형이 다르다

최고디지털책임자는 사업과 운영 전반의 디지털 혁신을 주도한다. 그런데 기업의 특성에 따라 최고디지털책임자에 요구되는 역할이 다르다. 기업마다 처한 환경이 다르기 때문에 최고디지털책임자를 몇 가지 유형으로 분류하기는 어렵다. 하지만 최고디지털책임자가 어떤 유형이 있는지 살펴보는 것은 조직을 구성할 때 도움이 될 것이다.

딜로이트 인사이트는 디지털 혁신을 추진한 20개 회사를 분석한 결과를 토대로 최고디지털책임자를 크게 4가지 유형으로 구분했다(Deloitte, 2021). 이 분류를 참고하여 기업의 상황에 맞는 최고디지털책임자 유형을 선택하는 것이 바람직하다.

첫 번째, 파괴자 유형이다. 이 유형의 최고디지털책임자는 기존 산업의 경계를 넘어선 혁신과 변화를 추구한다. 그들은 전통적인 비즈니스 모델을 재정의하고 새롭고 혁신적인 방법으로 시장을 변혁시키는 데 중점을 둔다. 파괴자는 일반적으로 과감한 변화를 주도하고 기업이 새로운 기회를 포착하여 경쟁 우위를 확보할 수 있도록 돕는다.

이 유형의 최고디지털책임자는 기존 비즈니스 모델과 작업 방식을 혁신할 때 적합하다. 디지털 기술을 통해 변화를 주도할 기회가 많은 분야에서 효과적이다. 전통적인 산업이나 장기간 변화가 없었던 분야, 예를 들어 제조업이나 금융서비스와 유통업 같은 산업에서 사업 혁신을 위해 도입할 수 있다. 파괴자 유형 혁신의 단점은 조직이 한꺼번에 너무 많은 변화를 감당하지 못할 수 있다는 점이다.

두 번째, 혁신적 통합자Innovative Integrator 유형이다. 혁신적 통합자는 조직 전체의 운영 역량을 개선하는 데 집중한다. 이들은 기존의 사업 구조 내에서 디지털 기술을 활용해 효율성과 생산성을 높이기 위해 조직 내 다양한 부문과 긴밀히 협력하며 디지털 기술을 통해 기존 운영을 강화한다. 이 유형의 최고디지털책임자는 고객의 니즈를 민감하게 읽고 거기서 얻은 통찰력을 운영에 신속하게 반영하여 고객 만족도를 높인다. 따라서 고객 중심의 산업에 적합한 유형이다.

세 번째, 시장 전문가Market-minded Maven 유형이다. 시장 지향적 전문가 유형은 시장 동향과 고객의 요구에 중점을 두고 시장 조사와 고객 통찰에 기반하여 디지털 전략을 수립하고 실행한다. 이들은 고객 경험을 개선하고 새로운 디지털 솔루션을 활용해서 다양한 고객 채널에서 고객을 늘리는 데 초점을 맞춘다. 이 유형이 적합한 산업은 마케팅과 고객 참여가 중요한 산업이다. 예를 들어 소비재, 온라인 커머스, 호스피탈리티 등이다.

네 번째, 기술 통합자Technology Integrator 유형이다. 기술 통합자는 기술적인 측면에 중점을 두고 다양한 디지털 기술과 솔루션을 조직 내 통합하고 최적화하는 데 집중한다. 이들은 기술적 전문성을 바탕으로 조직의 디지털 전환을 이끈다. 기술 효율성과 혁신에 크게 의존하는 산업에 특히 적합하다. 기술 중심의 회사나 IT, 통신, 첨단 제조업 등 기술이 핵심적인 역할을 하는 산업에 적합한 유형이다.

각각의 최고디지털책임자 유형은 조직의 특정 요구와 목표에 따라 다르게 적용될 수 있다. 조직이 직면한 도전과 기회에 따라 최적의 접근 방식을 선택하는 것이 필요하다. 최고디지털책임자 조직을 구성하고 운영할 때 이러한 분류를 참고하면 조직의 디지털 전략과 목표 달성에 효과적이다.

5

디지털 역량 성숙도에 따라 역할이 달라진다

디지털 전환 조직의 회사 내 위치와 역할은 기업의 디지털 역량 성숙도에 따라 달라질 수 있다. 기업은 일반적으로 본사 조직과 사업조직의 역학을 고려하여 조직을 운영한다. 사업 구조나 CEO의 경영 철학에 따라 전사 조직 중심이거나 사업본부 중심일 수도 있고 양자 간 균형을 추구할 수도 있다. 디지털 전환 조직 운영 구조는 이런 조직 역학에 영향을 받는다(Deloitte, 2021).

디지털 역량 확보 초기에는 디지털 전략을 이해하고 실행할 전문 지식이 제한적이다. 이때 중앙집중식 접근Centralized Approach은 전사적인 디지털 전략 수립과 통합된 방향성을 제공하는 데 유리하다. 디지털 전략과 혁신을 중앙조직CoE, Center of Excellence에서 통합해서 주도하는 구조이기 때문이다. 이 구조의 장점은 빠른 의사결정, 강력한 전략적 방향성과 일관된 기준, 그리고 자원의 집중적

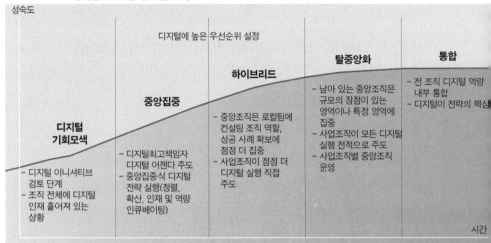

디지털 전환 성숙도 발전 경로

성숙도

디지털에 높은 우선순위 설정

통합
- 전 조직 디지털 역량 내부 통합
- 디지털이 전략의 핵심

탈중앙화
- 남아 있는 중앙조직은 규모의 장점이 있는 영역이나 특정 영역에 집중
- 사업조직이 모든 디지털 실행 전적으로 주도
- 사업조직별 중앙조직 운영

하이브리드
- 중앙조직은 로컬팀에 컨설팅 조직 역할, 성공 사례 확보에 점점 더 집중
- 사업조직이 점점 더 디지털 실행 직접 주도

중앙집중
- 디지털최고책임자 디지털 어젠다 주도
- 중앙집중식 디지털 전략 실행(정렬, 확산, 인재 및 역량 인큐베이팅)

디지털 기회모색
- 디지털 이니셔티브 검토 단계
- 조직 전체에 디지털 인재 흩어져 있는 상황

시간

(출처: Boston Consulting Group, 2018)

활용이다.

디지털 전환 관점에서 중앙집중식 구조는 디지털 혁신의 방향성을 명확하게 설정하고 일관된 표준과 프로세스를 채택하는 데 유리하다. 그러나 이런 중앙집중적 접근 방식은 종종 특정 부서나 단위의 개별적인 디지털 요구사항을 간과할 수 있다. 또한 변화와 혁신을 추진할 때 조직 전체의 저항을 경험할 수 있으며 디지털 전환의 속도와 유연성에 제약받을 수 있다. 중앙집중식 최고디지털책임자 조직이 성공하려면 조직 내의 다양한 의견과 요구사항을 충분히 수렴하고 반영하는 메커니즘이 필요하다. 그러기 위해 교차기능적 팀을 구성하거나 주기적인 피드백 세션을 개최하는 등의 방법을 통해 실행 조직과의 소통을 강화해야 한다.

디지털 역량이 양적 및 질적으로 성장함에 따라 중앙집중식에서 하이브리드형 모델로 발전할 수 있다. 중앙 디지털 전환 조직과 각 부문이 함께 디지털 전환을 추진하는 구조다. 중앙조직은 전략적 방향성과 지침을 제공하고 각 부서는 자체적인 디지털 프로젝트를 실행하고 관리한다. 딜로이트가 정의하는 하이브리드형에서 중앙 조직은 로컬 조직의 내부 컨설팅 조직으로 성공 사례 확보에 주력한다.

디지털 역량이 더 발전된 단계에서는 중앙조직이 존재하지만 각 부문이 디지털 전환의 주체가 되는 탈중앙화, 즉 분산형 접근Decentralized Approach이 가능해진다. 조직 대부분에 디지털 역량이 충분히 내재화되어 각 부문이 직접 디지털 전환을 주도할 수 있다. 분산형에서는 각 사업 부문이나 기능 부서가 자체 디지털 혁신팀을 보유하고 있어 중앙 최고디지털책임자 조직의 직접적인 개입 없이 디지털 전환을 추진하게 된다. 각 실행 조직이 디지털 전략의 주도권을 갖게 되므로 빠른 의사결정과 독립적인 실행이 가능하다. 중앙조직이 존재한다면 규모가 크거나 특별한 영역의 문제 해결에 집중한다.

분산형은 각 조직이 독립적으로 자신들의 디지털 전략을 수립하고 실행할 수 있는 환경에서 효과적이다. 즉 회사가 이미 상당한 디지털 역량과 문화를 가지고 있거나 각 부문이 독립적인 디지털 전략을 펼칠 필요가 있을 때 적합하다. 각 조직이 시장의 변화나 특정 부서의 필요에 빠르게 대응할 수 있다. 중앙조직의 통제를 받지 않기 때문에 디지털 전략의 수정과 변경이 유연하게 이루어질 수 있다. 로컬 조직 리더들은 자신의 영역에서 디지털 전환을 주도해야 한다. 분산형에서 더 발전한 단계는 디지털 역량이 로컬 조직의 핵심 프로세스와 문화에 완전히 '통합Embedded'된 상태다. 조직의 일상적인 운영과 전략적 결정에 디지털 역량이 내재화되어 있다. 통합형 조직은 디지털 기업으로 완벽히 전환된 수준에서 가능하다.

우리나라 기업 대부분은 중앙집중식이나 하이브리드형 디지털 전환 조직이 현실적이다. 중견·중소기업은 분산형 디지털 전환 조직 구조로 모든 로컬 조직이 디지털 전문가를 채용하고 유지하기가 어렵다. 각 조직이 개인정보보호와 각종 규제 리스크 관리를 직접 책임져야 해서 부담이 크다. 또한 회사 전체의 디지털 전략과 로컬 조직 간에 전략적 연계성도 떨어질 수 있다.

하이브리드형 디지털 전환 조직을 구현한다면 하이브리드 개념의 이원적 연결 관계보다 중앙조직과 로컬 조직이 각자 역할을 하면서도 서로 보완적인 관계로 연결된 연방형Federated 체제를 고려할 수 있다. 연방형 조직은 기본적으로 중앙조직과 로컬 조직이 문제의 복잡도나 크기에 따라 협업으로 문제를 해결하는 것이다. 내가 연방형 조직 모델을 바람직하게 보는 이유는 이 모델이 중앙집중식 조직의 전략적 중심성과 분산형 조직의 자율성 사이에서 균형을 이루어 두 모델의 장점을 모두 활용할 수 있는 구조이기 때문이다.

중앙조직은 데이터 거버넌스, 데이터 플랫폼, 데이터 포털 등 디지털 전환 기술 인프라를 공급한다. 로컬 조직은 이러한 공통 인프라를 활용하여 각자의 특정 요구와 문제를 해결하면서 자율적으로 디지털 프로젝트를 실행한다. 중앙조직은 필요에 따라 실행 조직의 문제를 대신 해결하거나 컨설팅을 제공하여 로컬 조직의 역량 편차를 줄이는 역할을 한다. 연방형 조직은 특히 글로벌 법인이 많은 대기업에서 효과적이다. 각국의 법인은 다양한 역량과 경제적 자립도가 있어서 연방형 모델을 통해 각각의 필요에 맞는 지원을 할 수 있다.

연방형 모델은 중앙조직의 전략적 지침과 로컬 조직의 실행 능력을 조화롭게 결합할 수 있을 때 가장 효과적이다. 이를 위해서는 전사 전략이 실행 조직에 잘 전파될 수 있어야 하며 중앙조직과 로컬 조직 간의 역할 분담과 업무 조율 그리고 거버넌스 체계가 잘 구축되어 있어야 한다.

기업의 디지털 전환 모델은 중앙집중식에서 하이브리드와 탈중앙화로 점차 발전한다. 초기 단계에서는 디지털 역량을 집중하고 디지털 전환 조직문화를 확산하기 위해 중앙집중식 모델이 유리하다.

6

디지털 전환 조직의 핵심역량은 사람이다

디지털 전환 전담 조직의 핵심역량은 사람이다. 디지털 전환 책임자는 기업의 상황에 맞는 조직의 위치와 구조 그리고 필요한 역량을 정의하고 설계할 수 있어야 한다. 디지털 전환 책임자에게 조직 운영, 예산, 채용 등에 대한 권한을 부여하는 것은 이러한 역량을 전제로 한 것이다.

디지털 전환 조직은 중앙조직으로 엔드투엔드 문제 해결을 위해 사용자 경험 설계자, 프로젝트 관리자나 애자일 프로덕트 오너, 스크럼 마스터 등 프로덕트 및 개발 관리 직무도 포함한다. 그러나 가장 중요한 직무는 데이터 엔지니어, 인공지능과 머신러닝 엔지니어, 데이터 사이언티스트, 데이터 애널리스트 등 네 가지 직무다.

데이터 엔지니어, 인공지능과 머신러닝 엔지니어, 데이터 사이언티스트, 데이터 애널리스트 등은 디지털 전환 조직 내에서 서로 협력하며 각각의 역할과 책임을 수행한다. 데이터 엔지니어는 데이터 아키텍처를 설계하고 데이터 파이프라인을 구축해 데이터가 유기적으로 연결되고 흐를 수 있도록 한다. 데이터 사이언티스트는 데이터를 분석하여 진단과 예측 등 다양한 모델을 개발한다. 데이터 애널리스트는 데이터 사이언티스트가 개발한 모델을 활용하여 데이터를 해석하고 비즈니스 맥락에서 적용한다. 인공지능과 머신러닝 엔지니어는 데이터 엔지니어와 데이터 사이언티스트, 데이터 애널리스트의 역할을 지원하고 인공지능 및 머신러닝 기술을 활용해 조직의 데이터 분석 및 처리 능력을 강화한다. 이 네 가지의 직무와 관련하여 좀 더 세부적으로 살펴보자.

먼저 데이터 엔지니어는 데이터 처리와 관련된 소프트웨어 기술을 보유한 전문가다. 데이터 분석을 지원하기 위해 데이터 저장, 처리, 분석을 위한 인프라와 시스템을 구축하고 유지 관리한다. 구체적으로는 데이터 파이프라인을 설계하고 구현하여 다양한 소스에서 수집한 데이터를 통합하고 데이터 레이크와 데이터 웨어하우스를 구축하여 데이터를 저장하고 관리한다. 또한 데이터를 추출, 변환, 로드ETL, Extract·Transform·Load 또는 추출, 로드, 변환ELT, Extract·Load·Transform 프로세스를 구축하여 데이터를 가공하고 데이터 플랫폼이나 비즈니스 인텔리전스BI, Business Intelligence 플랫폼을 구축해 데이터 분석을 지원한다. 데이터 엔지니어는 데이터 처리를 지원하는 아키텍처와 시스템에 중점을 두며 데이터 처리 및 저장 관련한 소프트웨어 엔지니어링 기술이 핵심역량이다.

인공지능과 머신러닝 엔지니어는 인공지능과 머신러닝 모델을 설계, 개발, 구현하는 전문가다. 데이터를 기반으로 컴퓨터가 스스로 학습하고 적응할 수 있는 시스템을 개발하고 구현하는 직무다. 이들은 데이터 수집, 정리, 전처리부터 머신러닝 모델의 설계, 학습, 평가, 배포까지 전 과정에 참여한다. 이들은 대규모 데이터 세트에서 학습하고 예측, 분류, 권장 사항 등의 지능형 기능을 제공하는 알고리즘을 생성한다.

인공지능과 머신러닝 엔지니어는 데이터 사이언티스트가 개발한 모델을 실제 시스템에 통합하고 모델의 성능을 최적화하는 역할을 한다. 또한 이들은 머신러닝 알고리즘의 효율성을 높이기 위해 데이터 엔지니어와 데이터 파이프라인 구축에 밀접하게 협력한다. 인공지능과 머신러닝 엔지니어는 데이터 과학과 소프트웨어 엔지니어링의 융합된 기술이 필요하다. 데이터 이해와 통계, 머신러닝 알고리즘 등 데이터 과학 원리에 대한 강력한 기반을 바탕으로 머신러닝 모델을 개발하고 더 큰 시스템과 앱에 통합할 수 있는 능력이 요구된다. 또한 파이선, R, 자바 등 프로그래밍 언어 및 넘파이NumPy, 판다스Pandas, 텐서플로, 파이토치 등 데이터 분석 도구에 능숙해야 하고 컴퓨터 과학과 통계학 지식을 갖추고 있어야 한다.

데이터 사이언티스트는 통계 기법을 사용하여 복잡한 데이터 세트를 분석하고 추세와 상관관계를 발견하여 유의미한 통찰력을 도출하고 모델 훈련, 테스트, 검증 등을 통해 진단이나 예측 등의 분석 모델을 개발한다. 또한 개발한 모델을 비즈니스 애널리스트들이 사용하는 시스템에 통합하고 배포한다. 그리고 인공지능과 머신러닝 엔지니어와 협력하여 데이터 분석 결과를 바탕으로 머신러

인공지능 및 데이터 직무별 기본 역량

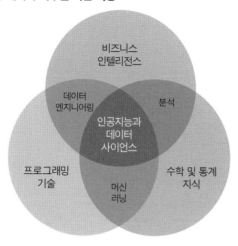

닝 모델을 개발하고 운영한다. 데이터 사이언티스트는 일반적으로 파이선, R, 에스큐엘SQL, 씨플러스플러스C++ 등의 프로그래밍 언어에 능숙하고 통계, 기계학습, 멀티변수 미적분, 선형 대수 등의 지식을 갖추고 있다.

데이터 애널리스트는 데이터를 기반으로 의사결정을 지원하는 역할을 한다. 데이터 애널리스트에게 요구되는 주요 역량은 도메인 전문성이다. 데이터 기반의 인사이트를 비즈니스 맥락에서 활용하는 능력이다. 이들은 데이터 사이언티스트가 제공한 분석 모델을 통해 도출된 데이터를 해석하고 데이터 시각화를 통해 효과적으로 전달한다. 또한 데이터에서 얻은 정보와 통찰력을 바탕으로 비즈니스 관련 제안이나 조언을 한다. 성공적인 데이터 애널리스트는 전략적 사고와 이해관계자와의 소통 능력을 겸비한다.

최근에는 데이터 애널리스트가 비즈니스 데이터를 직접 처리해

야 할 필요성이 증가하면서 데이터 엔지니어가 사용하는 에스큐엘
과 같은 데이터 처리 언어를 직접 사용하는 데이터 애널리스트 엔
지니어라는 새로운 직군이 등장했다.

7

도메인 전문 지식을 갖춘 전문가를
확보해야 한다

   디지털 전환 전담 조직을 조직화할 때 가장 큰 어려움은 전체 인력의 상당 비중을 소프트웨어와 데이터 전문가로 구성해야 한다는 점이다. 인공지능 개발자들은 오늘날 다양한 도구의 발전으로 복잡한 문제를 더 쉽고 빠르게 해결할 수 있게 되었다. 하지만 인공지능 모델의 개발과 튜닝은 여전히 많은 시간과 노력을 요구한다. 실제 데이터 처리는 전체 개발 시간의 상당 부분을 차지하며 인공지능 모델의 개발도 수많은 개선 과정을 거쳐야 한다. 이런 복잡한 작업을 수행하기 위해서는 조직의 상당 비중을 소프트웨어 엔지니어로 구성해야 한다.

   디지털 전환 조직에서 데이터와 소프트웨어 전문가만큼 중요한 것은 도메인 지식을 갖춘 전문가들이다. 이들은 생산, 공급망관리, 마케팅 등 각 분야의 문제를 깊이 이해하고 있으며 데이터와 소프트웨어 역량도 겸비하고 있다. 도메인 전문가는 회사의 비즈니스 문제를 해결하는 역할을 하므로 사업 분야에서 경험이 있는 사람을 확보해야 한다. 대기업은 소프트웨어 또는 통계 전공의 신입사원을 다양한 도메인에 배치하는 경우가 많다. 따라서 도메인 전문성을 갖춘 소프트웨어 인력을 일정 부분 확보할 수 있다.

디지털 전환 조직이 내부에서 채용한 도메인 전문가들을 디지털 전문가로 육성하는 가장 빠른 방법은 실제 문제 해결 환경에서 훈련하는 소위 직무현장교육OJT, On Job Training 방식이다. 표준화된 개발 환경과 편리한 디지털 개발 도구를 제공하는 퍼블릭 클라우드의 서비스형 플랫폼PaaS 환경은 도메인 전문가들을 빅데이터 전문가로 빠르게 전환하는 데 큰 도움이 된다.

데이터 전문가들은 디지털 전환 프로젝트 결과물의 최종 사용자인 프로덕트 오너, 프로젝트 관리자, 사용자 경험과 사용자 인터페이스 디자이너, 기능 조직 전문가, 생산 라인 자동화 전문가 등 다양한 직무의 사람들과 협업하여 요구사항을 수집하고 데이터 소스를 식별하고 수집하고 개발하는 일을 한다. 데이터 전문가들은 업무 상대의 전문성을 이해해야만 데이터 분석 및 활용을 통해 비즈니스 성과를 창출하는 역할을 성공적으로 수행할 수 있다. 다음의 그림은 오늘날의 디지털 과제에서 비즈니스 도메인 전문가, 데이터 전문가, 디지털 전문가, IT 전문가 등 다양한 분야의 전문가들이 협업하는 모습을 보여준다(McKinsey & Company, 2019).

예를 들어 공정 지능화 디지털 전환 과제에서 데이터 엔지니어는 생산공정 도메인 기술을 이해해야 한다. 생산 라인의 정보화 시

디지털 과제 수행 전문가들의 협업

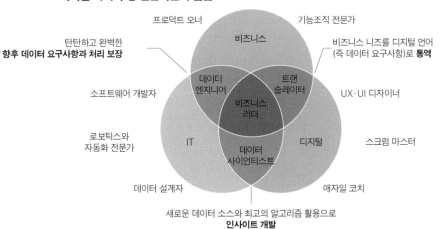

(출처: Enabling a digital and analytics transformation in heavy-industry manufacturing, McKinsey & Company, 2019)

스템과 데이터베이스에서 데이터를 추출하는 기술적인 방법을 찾아야 하기 때문이다. 또한 데이터 사이언티스트는 생산공정 문제 해결에 필요한 인사이트를 얻기 위해서는 생산공정 엔지니어들의 노하우와 일하는 방식을 이해해야 한다. 마찬가지로 공급망관리 같은 기능 전문 조직의 문제를 해결하는 운영 디지털 전환 과제에서도 공급망관리 도메인의 업무 내용과 공급망관리 시스템의 도메인 특성을 이해해야 한다.

데이터 분석은 비즈니스 목표와 밀접하게 연계되어야 한다. 데이터 전문가는 조직의 목표를 이해하고 데이터 분석을 통해 이러한 목표를 달성하는 데 기여해야 한다. 따라서 데이터 전문가는 자신이 해결할 도메인에 대한 지식뿐만 아니라 프로세스, 규정, 비즈니스 목표 등을 이해해야 한다. 특히 금융, 의료, 법률 등 규제가 많

은 산업에서는 데이터 처리와 관련된 법률과 규정을 준수하는 것
이 필수적이다.

디지털 전환 과제는 도메인별로 특성과 난이도가 다르고 지속적
으로 발전하기 때문에 디지털 전환 조직을 구성할 때는 생산 지능
화와 경영 지능화 등으로 주요 도메인별로 전담팀을 구성하는 것
이 필요하다. 도메인별 전담팀은 해당 도메인 조직과 긴밀한 협력
관계를 구축하여 도메인에 특화된 요구사항과 과제에 대한 이해를
바탕으로 맞춤화된 문제 해결을 수행할 수 있다.

데이터 플랫폼은 여러 도메인 전담팀이 데이터 분석에 공통으로
사용하는 만큼 이를 책임지는 조직은 공통 조직이어야 한다. 데이
터 플랫폼은 디지털 전환 조직뿐만 아니라 로컬 분석 조직에서도
사용되기 때문에 플랫폼 팀은 전사 차원에서 운영되어야 한다. LG
전자 디지털 전환 조직도 버티컬Vertical별로 데이터 전문가팀을 운
영하면서 인텔리틱스라는 데이터 플랫폼 조직은 전사 공통 조직으
로 운영했다. 데이터 플랫폼 조직을 전사 공통 조직화하는 것이 데
이터를 개별 조직별로 소유하는 것보다 더 효율적이기 때문이다.
또한 전사 데이터 거버넌스 측면에서도 필수적이다.

8

디지털 전환을 위한 내부 컨설턴트를
키워야 한다

디지털 전환 조직은 현업과의 긴밀한 협력을 통해 성공을 거둘
수 있다. 그러나 두 조직 간의 소통은 쉽지 않다. 데이터 전문가는
현업의 업무를 완전히 이해하지 못하고 현업도 디지털 기술을 잘
이해하지 못하기 때문이다. 이러한 소통의 격차는 마치 IT 개발팀
과 마케팅팀이 서로의 전문 용어로 대화하는 것과 같다.

이런 문제를 해결하기 위해 디지털 전환 전담 조직에는 에반젤
리스트가 필요하다. 에반젤리스트는 디지털 기술의 가치와 중요성
을 현업에 알리고 협력을 끌어내는 역할을 한다. 종교적 의미에서
전도사를 뜻하는 단어이지만 하이테크 업계에서는 일찍부터 에반
젤리스트의 역할과 중요성을 강조해 왔다. 예를 들어 개발자의 성
장을 지원하는 '디벨로퍼 애드버케이트Developer advocate', 아마존웹
서비스의 '개발자 대상 활동DevRel, Developer Relation'과 같은 에반젤

인하우스 역량 구축과 외부 전문가 활용 가능 직무영역 구분

디지털 전환 조직 역할	역량 확보 방법
과제 리더	인하우스 역량 구축
과제 기획	인하우스 역량 구축
에반젤리스트	인하우스 역량 구축
데이터 과학자	인하우스 역량 구축
데이터 엔지니어	인하우스 역량 구축
IT 아키텍트	외부 역량 활용 가능
프로덕트 오너, 애자일 코치, 스크럼 마스터	인하우스 역량 구축
UX·UI 디자이너, 소프트웨어 엔지니어	외부 역량 활용 가능

제대로 된 디지털 전환을 위해서는 올바른 조합의 인하우스 역량 구축과 외부 전문가 활용 필수 (출처: McKinsey & Company, 2019)

리즘Evangelism 부서 등이 있다.

내가 정의하는 에반젤리스트는 현업인 수요조직에 현업의 언어로 디지털 변화의 중요성과 방법론을 전파하고 반대로 데이터 전문가에게 현업의 문제점과 요구사항을 이해하기 쉽게 전달하는 가교역할을 한다.

맥킨지는 에반젤리스트의 역할을 '비즈니스 요구사항을 디지털 언어로 바꿔주는 것'으로 정의하고 통역사라고 부른다. 그러나 내가 의도하는 에반젤리스트는 단순히 통역사 역할을 넘어 디지털 전환 전방에서 내부 컨설턴트처럼 활동한다. 가장 중요한 자질은 도메인 전문성이다. 현업인 수요조직의 문제점과 요구사항을 정확히 이해하여 디지털 전문가, 즉 후방에 있는 사람들에게 설명하고 데이터 요구사항 도출과 문제 해결 방향성을 잡는 것을 돕는다. 또한 현업인 수요조직에 데이터로 문제를 해결할 방안을 현업의 언어로 설명하고 과제 전반에 걸쳐 협업을 조율한다. 그뿐만 아니라 전사적인 디지털 전환 역량 강화를 위해 인사 및 교육 부서와 협력하여 교육 체계를 구축하고 실행한다.

에반젤리스트, 과제 리더, 과제 기획자는 회사의 사업과 문화를 이해하고 내부 인적 네트워크를 갖춘 내부 인재가 적합하다. 이러한 인하우스 역량을 바탕으로 외부 전문가를 적절히 활용하면 제대로 된 디지털 전환을 추진할 수 있다.

9

디지털 전환은 지속적 학습과 개선의 과정이다

최고디지털책임자 직위의 도입은 디지털 전환 전담 조직을 전제로 한다. 그러나 최고디지털책임자 선임만으로는 부족하다. 디지털 전문가뿐만 아니라 사용자 경험 기획자 등 다양한 직무의 인력이 필요하다. 기업이 자체적으로 디지털 전환 전담 조직을 구성하기 어렵다면 외부 전문가 그룹과 협력하는 방법을 모색해야 한다.

미국의 전력 생산업체 비스트라Vistra는 2050년까지 넷 제로Net Zero 탄소 배출을 목표로 맥킨지의 인공지능 부문과 협력했다. 비스트라와 맥킨지 공동 연구팀은 공장에서 수집된 2년간의 데이터를 바탕으로 다층 신경망 인공지능 모델을 학습시켜 열 소비율 최적화기HRO를 개발했다. 열 소비율 최적화기는 발전소 운영자에게 30분마다 열 소비율 개선 권장 사항을 제공하여 연간 160만 톤의 탄소 배출 감소와 6,000만 달러의 비용 절감을 달성했다. 내부 도메인 전문가와 외부 기술 전문가의 협력을 통해 성공한 디지털 전환 사례다(McKinsey Digital, 2022).

외부 전문 기관과의 협력으로 디지털 전환 프로젝트를 진행할 때는 후속 과제의 품질과 개발 연속성을 확보하기 위한 사전 대책이 필요하다. 이를 위해 프로젝트에서 얻은 지식과 경험을 문서화하고 기술을 이어받을 내부 디지털 전환 팀을 사전에 구성해야 한다. 이를 통해 내부 팀은 외부 전문가와의 협업 과정에서 기술적 역량과 이해도를 향상시킬 수 있다. 또한 외부 기관으로부터 지속적인 지원과 업데이트를 보장받고 기술 이전과 관련된 조항을 계약에 포함해야 한다.

비스트라가 외부 기관과 협력하여 개발한 모델의 유지 관리와 데이터 변화관리를 내부 팀이 수행하는지는 명확하지 않다. 문제 해결의 연속성과 데이터 변화관리는 내부 팀의 기술적 역량과 외부 협력의 효과적인 통합에 달려 있다. 외부 조직과 협력하여 문제를 해결하려는 경우에는 내부 팀이 갖춰야 할 역량을 사전에 준비하는 것이 필요하다.

내부 디지털 전환 팀을 강화하는 과정에도 디지털 전환 컨설팅 회사의 도움을 받을 수 있다. 컨설팅회사와 함께 디지털 전환 전담 조직의 구성 계획을 세우고 작은 규모의 파일럿 과제를 선정한다. 해당 프로젝트에는 관련 분야의 내부 전문가들이 함께 참여하여 교차기능팀을 구성한다. 교차기능팀은 도메인 전문성과 디지털 전문 역량을 결합하여 문제를 효과적으로 해결할 수 있다. 소규모 파일럿 프로젝트는 새로운 기술과 전략을 실제 환경에서 시험해 볼 수 있는 기회를 제공하고 초기 리스크를 관리하는 데 도움이 된다.

첫 프로젝트의 성공을 바탕으로 그 경험을 다음 단계의 전략과 실행 방안에 반영한다. 각 파일럿 프로젝트의 성과를 정밀하게 측정하고 평가해야 한다. 이를 통해 내부 팀의 발전 방향을 명확히 이해할 수 있다. 이러한 단계별 접근법으로 디지털 전환 조직의 역량과 규모를 점진적으로 확대하는 게 가능하다.

기본적으로 디지털 전환 역량을 완전히 아웃소싱해서는 장기적인 성공을 기대할 수 없다. 외부 컨설팅회사에 의존만 해서는 안 된다. 힘들더라도 자신의 역량을 구축해야 한다. 디지털 전환 조직의 플라이휠을 돌리는 것은 절대 쉽지 않다. 그러나 디지털 전환 역량을 근본적인 차별화의 원천으로 삼고 싶다면 내부 역량을 소유해야만 한다. 개발은 내부 역량으로 이뤄질 때 훨씬 생산적이다. 데이터 사이언티스트와 소프트웨어 엔지니어가 문제의 맥락을 이해하고 적합한 기술을 찾아 개발하는 것이 외부 업체보다 몇 배 빠른 속도를 낼 수 있다. 또한 내부 기술자는 이전 문제 해결의 맥락을 이해하고 있어 다음 단계의 문제 해결도 빠르게 할 수 있다. 따라서 내부 개발은 혁신 주기를 단축시킨다.

장기적으로 디지털 전환 전담 조직을 구성하기 어렵다면 최고정보책임자 조직이 디지털 전환을 담당할 수 있다. 디지털 전환을 최고정보책임자 조직이 추진할 때 한계는 분명히 존재한다. 최고정보책임자의 전통적인 역할은 기업의 IT 인프라 구축과 관리 그리고 최적화다. 최고정보책임자는 안정성, 효율성, 비용 절감 등에 초점을 맞춘다. 하지만 디지털 전환은 빠르게 변화하는 비즈니스 환경에 대응하며 혁신적인 변화를 주도하는 것이 목표다. 이를 위해 최고정보책임자의 역할과 책임을 비즈니스 전략과 디지털 혁신을 통합하는 것으로 재정의하는 것이 필요하다. 전통적인 IT 관점을 넘어서야 한다. 이는 최고정보책임자에게 디지털 전환을 주도할 수 있는 더 넓은 권한과 책임을 부여하는 것을 의미한다. 최고정보책임자는 IT 예산 내에서 운영해야 하므로 디지털 전환 과제 예산 할당이 소극적으로 될 수 있다. 따라서 IT와 디지털 전환을 위한 예산을 분리하여 관리하는 것이 중요하다. 이를 통해 최고정보책임자는 IT 인프라 관리와 동시에 디지털 전환 프로젝트에 필요한 자원을 독립적으로 할당하고 관리할 수 있다.

외부 기관과의 협력을 통해 디지털 전환을 진행할 때는 프로젝트의 일관성과 품질 유지를 위해 실력 있는 디지털 전환 전문 회사와의 안정적이고 장기적인 협력 관계 구축이 중요하다. 장기 계약은 이를 뒷받침하는 좋은 방법이다. 계약 내용에는 지식 전수와 교육이 포함돼야 한다. 이를 통해 내부 인원이 필요한 기술과 지식을 습득할 수 있고 향후 프로젝트에 더 적극적으로 참여할 수 있다. 프로젝트에 관한 모든 프로세스와 시스템도 자세하게 문서로 만들어져야 한다. 후속 프로젝트 개발이나 시스템 업데이트 시 필요한 정보를 제공하고 개발의 연속성을 유지하는 데 도움이 된다. 또한 미래의 변경 사항을 쉽게 관리할 수 있게 한다.

프로젝트 완료 후에도 지속적인 서비스와 지원을 받을 수 있도록 후속 지원 및 유지보수 계획을 수립하는 것이 중요하다. 프로젝트의 지속가능한 성공을 보장하는 데 핵심적인 요소다. 이와 같은 접근 방식은 외부 기관과의 디지털 전환 협력 프로젝트의 성공 가능성을 높이고 디지털 전환 조직의 디지털 역량을 강화할 수 있다.

자원이 부족할수록 영리한 전략이 필요하다. 좋은 전략은 명확한 자기 인식에서 출발한다. 해낼 수 있는 과제를 중심으로 전략과 목표를 세워야 한다. 100미터만 달릴 수 있는 사람은 100미터 레이스에 맞는 전략을 세워야 목표에 도달할 가능성이 높다. 현실에 대한 이해 없는 전략은 무조건 실패다. 혁신은 실패와 성공이 반복하는 여정이지만 잘못된 전략과 목표로 인한 실패는 디지털 전환의 동력을 떨어뜨리는 나쁜 실패다.

디지털 전환은 시간과 자원을 많이 요구하며 성공을 보장받지 못하지만 포기할 수는 없는 중대한 과제다. 디지털 전환은 단기간에 성과를 내기보다는 장기적인 관점에서 조직의 성장과 혁신을 추구하는 여정임을 인식하는 것이 중요하다. 진짜 실패는 디지털 전환을 포기해 버리는 것이다. 디지털 전환은 완료형이 아니라 진행형이다. 기술의 지속적인 발전과 패러다임의 변화는 디지털 전환을 지속적인 여정으로 만든다. 즉각적이고 거대한 목표에 집중하기보다는 조직의 현 상황에 맞는 작은 목표를 설정하고 달성하는 경험을 쌓아가는 것이 중요하다. 작은 성공 경험들은 조직의 역량을 강화하고 팀원들의 디지털 마인드셋을 발전시킨다. 중요한 것은 조직이 디지털 전환을 지속적인 학습과 개선의 과정으로 보고 지속적으로 적응하고 발전해 나가는 것이다.

7장

디지털 전환 조직은 어떻게
역량을 강화할까

The DX

1

킹핀 전략으로 인재 전쟁을 대비하라

　새로운 일을 도모할 땐 사람부터 찾는 게 순서다. 디지털 전환을 고민하는 기업이 겪는 공통의 난제가 바로 디지털 전문가의 확보다. 디지털 전환은 인재의 역량이 성과에 미치는 영향이 매우 크다. 특히 디지털 전환 초기라면 최고디지털책임자를 비롯한 소프트웨어 인력의 역량이 곧 성공과 실패를 결정한다.

　세계적으로 디지털 전환 필수인력, 즉 빅데이터와 인공지능 전문가에 대한 수요는 꾸준히 증가하는 추세다. 빅테크 기업들의 인재 전쟁은 치열하다. 이런 사정은 국내도 마찬가지다. 네이버와 카카오 등 IT 대기업들도 A급 인재 확보와 유지에 힘을 쏟는다. 디지털 전환을 시도하려는 기업은 먼저 네이버와 같은 디지털 기업과 인재 전쟁을 치러야 한다. 높은 수준의 디지털 전문가들은 국내뿐 아니라 세계 어느 곳에서든지 최고의 금전적, 비금전적 보상을 받는다. 좋은 인재를 유인하려면 최소한 글로벌 수준의 '보상'은 맞춰야 한다. 네이버와 카카오 등과 최소한 같거나 더 나은 처우가 아니라면 디지털 전문가들이 비 디지털 기업의 디지털 전환 목표를 위해 조직에 합류하기 어렵다. 디지털 전환에 성공하기 위해서는 채용 시장에서 먼저 성공해야 한다.

대다수 비 디지털 기업은 디지털 인재 전쟁에서 승산이 많지 않다. 파격적인 대우로 몇 명을 채용할 수는 있지만 한두 명의 인재로는 불가능하다. 디지털 전환 조직만 별도의 보상 체계를 만드는 것도 쉽지 않다. 충분한 보상 능력이 있는 대기업조차 외부 인재를 대거 채용하여 디지털 전환 전담 조직을 구축하는 데 어려움을 겪는 것은 기존 제도와 관례 때문이다.

디지털 전환 조직 전체의 보상 체계를 바꾸지 못하더라도 좋은 인재를 가능한 한 많이 채용하려면 디지털 전환 조직 책임자에게 예산과 채용에 관한 거의 완전한 권한을 보장하여 융통성을 발휘하게 하는 것이다. 외부에서 영입한 디지털 전환 조직 책임자가 자신의 외부 인재 네트워크를 활용할 수 있도록 돕는 것이 목적이다. 디지털 전환 조직 책임자에게 부여된 권한의 크기가 클수록 다양한 아이디어를 적용할 수 있고 좋은 인재를 영입할 기회가 높아진다. 소위 킹핀Kingpin 인재 채용 전략이다. 킹핀은 볼링에서 사용하는 용어로 10개의 볼링핀을 모두 쓰러뜨릴 수 있는 핀을 말한다. 스트라이크를 하려면 1번 핀이 아니라 5번 핀을 공략하는 것처럼 핵심 인재를 공략하면 다른 인재들도 공략할 수 있다.

그런데 인재 채용 전략 측면에서는 킹핀을 볼링핀 개념이 아닌 킹핀Kingfin, 즉 가장 큰 지느러미를 가진 우두머리 물고기로 정의하는 것이 비유적으로 더 맞을 것 같다. 우두머리 물고기를 유인하면 다른 물고기들도 함께 잡을 수 있는 전략적 의미가 될 수 있다. 내가 제안하는 인재 채용 전략은 킹핀 전략이다.

돌이켜보면 나도 인적 자원HR, Human Resource 입장에서는 킹핀이었던 셈이다. 내가 LG전자에 입사한 시점에 초대한 네이버 핵심 인재는 네이버 최고기술책임자, 사용자 경험 센터장, 데이터 전문가 등 총 4명이었다. 또한 몇 년 전에 나의 후임으로 뽑은 사람도 내가 네이버 검색 본부장을 할 때 핵심 개발자 출신의 임원이었다. 이중 네이버 사용자 경험 센터장 출신은 1년 만에 LG전자를 떠났다. 디자인 직무였기 때문에 나의 조직에 합류하지 않았는데 당시 디자인 조직의 상급자가 조직원을 채 10명도 배정하지 않는 등 견제를 받았기 때문이다. 그는 최근까지 카카오 디자인센터장을 역임했다.

나는 과거 LG전자에 있을 때 업계 톱 클래스의 소프트웨어 전문가를 영입하는 데 성공했다. 이 전문가는 실리콘밸리 수준의 연봉과 미국 근무지 지정 등 상당히 까다로운 조건을 요구했다. 기업의 기존 규정을 그대로 적용하면 수용하기 어려운 조건이었지만 꼭 필요한 인재였기 때문에 노력 끝에 영입할 수 있었다.

당시 영입 조건을 충족할 수 있었던 것은 CEO와 인사관리 부서가 나에게 채용 권한을 온전히 준 덕분이었다. 물론 그만한 대우를 받을 수 있는 인재여야 한다는 것은 당연하다. 당시 디지털 전문가 영입의 조건은 오로지 경험과 전문성이었으며 나이와 학력 등은 중요하게 고려하지 않았다. 주어진 권한 안에서 유연하게 보상을 제안할 수 있었기 때문에 영입에 성공할 수 있었다.

그러나 같은 시기에 나를 찾아온 대여섯 명의 개발 인재 영입은 실패로 돌아갔다. 내가 팀 리더만 직접 처우를 협의하고 나머지 사람들은 회사의 인사관리 조직이 보상 협의를 주도했다. LG전자의 인사관리 채용 담당자는 기존의 인사관리 기준을 고수하려 했다. 그 이유는 기존 회사의 연봉 수준이 높고 출신 대학이 내부 채용 기준에 미치지 못했기 때문이다. 그러나 이들은 LG전자의 소프트웨어 개발자 스킬셋과는 다른 인터넷 소프트웨어 개발 전문가들이었다. 결국 LG전자는 일반적인 인사관리 기준으로 채용을 협상하려 했다. 그러자 리더와 팀원들은 실망하여 입사를 포기했다. 당시 리더였던 사람은 지금은 유명한 게임 회사의 최고기술책임자로 재직하고 있다.

인사조직은 조직 간 형평성과 총보상 규모를 고려해야 하는 현실적 어려움이 있다. 그러나 동종 업계는 물론 디지털 기업과의 인재 경쟁에서 승리하고 인재 밀도가 높은 혁신 조직을 만들려면 반드시 인사 혁신이 필요하다. 대기업이 인공지능이나 빅데이터 같은 이니셔티브를 성공으로 이끌기 위해서는 디지털 조직을 제대로 꾸릴 수 있는 인사관리 체계를 갖춰야 한다. 한두 명의 초일류급 인재 영입만으로는 부족하다. 현실적으로 인사관리 체계의 변경이 어렵다면 외부에서 소수의 실무자 리더급 인재를 확보하고 장기적으로는 내부에서 디지털 전환 인재를 양성해야 한다.

2

성장 욕구를 채워주는 보상을 하라

　좋은 인재를 확보하는 수단은 경제적 보상이 유일한가. 반드시 그런 것은 아니다. IT 업계 기준을 충족하는 보상이란 연봉만을 말하지 않는다. 어느 분야든 인재의 마음을 얻는 가장 중요한 키워드는 '성장'이다.

　사람은 누구나 '성장의 욕구'가 있다. 그런데 성장의 의미는 사람마다 조금씩 다르다. 성장의 욕구를 경제적 보상으로 충족하는 사람도 있고 직급과 직위로 충족하는 사람도 있다. 그런가 하면 새로운 도전을 통한 경험의 확장에 가장 큰 가치를 두는 사람도 있다. 신기술과 문화를 앞서 경험하고 주도하는 디지털 인재들의 주요 특징 중 하나가 바로 새로운 도전에 대한 욕구가 매우 강하다는 것이다.

　디지털 전환 조직에 최고 수준의 인재를 영입하고 또 안정적으로 유지하기 위한 전략은 성장의 비전을 제공하는 것이다. 디지털 전환 조직은 구성원이 각자 중요하게 생각하는 욕구와 가치를 이해하고 '원하는' 비전을 제공할 수 있어야 한다.

A급의 디지털 인재들은 IT 업계 톱 클래스 기업들은 물론이고 유명 컨설팅회사들까지 다양한 선택지를 손에 쥐고 있다. 이들에게 비 디지털 기업의 디지털 전환이 특별하게 매력적이기는 쉽지 않다. 금전적 보상이 같거나 크다고 해도 소프트웨어 기업과 다른 위계적 조직문화 등은 오히려 부정적 요소다. 이런 조건에서 디지털 전문가를 확보하고 유지하는 데 효과적인 동기부여 수단은 도전의 욕구를 자극하고 충족해 주는 것이다.

LG전자 디지털 전환 조직에 합류했던 한 클라우드 전문가는 대단히 성실하고 리더십이 뛰어났다. 그는 경영진으로 성장하고픈 욕구가 컸다. 이런 인재에게 필요한 보상은 가능성의 제공이다. "임원이 될 수 있다"는 격려는 기본이고 실질적으로 도움이 되는 경험을 쌓도록 지원을 아끼지 않았다. 이후 그는 실제로 임원이 되었다.

또 다른 빅데이터 전문가는 외부로부터 늘 스카우트 제안을 받고 있었다. 능력이 출중해 언제든지 다른 조직으로 이직이 가능한 인재였다. 그런데 그의 고민은 더 많은 연봉이 아니라 도전을 통한 역량의 성장이었다. 그를 처음 영입할 때도, 함께 일하며 마음이 흔들릴 때도 "빅데이터 전문가로서 LG전자만큼 다양한 프로젝트를 경험할 수 있는 곳은 없을 것"이라는 사실을 강조했다. 물론 인재를 붙잡기 위한 과장이 아니었다. 네이버나 카카오와 같은 IT 대

기업과 다른 LG전자의 독보적인 강점은 다양한 디지털 전환 문제 해결의 기회와 경험이다. 국내에서 전통 제조, 운영, 서비스의 빅데이터 프로젝트를 기획하고 실행하는 전 가치사슬에서 경험을 축적할 수 있는 기업은 극소수다. 도전의 욕구가 큰 인재에게는 매우 매력적인 요소다. 그를 붙잡기 위해 약속한 대로 다른 회사에서는 경험하기 어려운 의미 있는 과제를 기획하고 실행하는 기회를 제공하는 데 집중했다. 물론 도전에 매진할 수 있도록 다른 기업에서 받을 수 있는 수준의 합리적인 보상은 당연한 필요조건이다. 그도 결국 임원이 되었다.

디지털 전환 조직이 인재 경쟁력을 유지하는 방법은 '성장할 수 있는 환경'을 만드는 것이다. 합리적 보상과 함께 '도전할 이유와 기회'를 제공하여 개인의 성장을 지원하는 조직 환경을 조성해야 치열한 디지털 인재 경쟁 속에서도 조직이 앞으로 나아갈 수 있다.

3

구성원이 성장해서 떠나는 조직을 만들어라

"외부에서 전문가를 데려와 디지털 전환에 성공하기 어렵다. 결국에는 다 떠나더라. 디지털 전환은 내부에서 사람을 키워서 해야 한다."

언젠가 디지털 전환에 실패했던 어느 기업의 CEO가 밝힌 소회다. 그의 말은 반은 맞고 반은 틀렸다.

대부분의 디지털 전환은 외부에서 디지털 전문가를 영입하는 것으로 시작된다. 하지만 진행 과정에서 내부 인재의 양성은 필수다. 디지털 전환의 핵심은 단순한 기술의 도입이 아닌 조직 내 디지털 역량의 변화이기 때문이다. 디지털 전환 과정에서는 내부 인재 양성과 함께 지속적인 역량 향상에 집중해야 한다.

디지털 전환이 성공했다는 평가는 조직의 디지털 역량의 내재화가 성공했을 때 가능하다. 디지털 전환 과정에서 일부 핵심 인재들이 떠나더라도 그로 인해 디지털 전환 전체가 실패하는 경우는 없어야 한다. 인재들이 모두 떠나는 상황이라면 디지털 전환이 원활하게 진행되지 않고 성공하기 어려운 상황에 놓여 있기 때문일 것이다.

새로운 조직을 만든다는 건 미래를 위한 투자다. 새로 만든 조직이 제대로 성장해야 기업은 성과를 얻는다. 조직이 잘 성장하면 구성원들의 가치도 함께 높아진다. 개인에게는 또 다른 성장의 기회가 열리는 것이다. 디지털 전환도 마찬가지다. 디지털 전환으로 조직의 성장은 물론이고 개인도 성장할 수 있어야 한다.

디지털 전환은 새로운 기술 패러다임으로 많은 기술자가 크게 매력을 느끼는 분야다. 특히 비 디지털 기업에서 근무하는 소프트웨어 전공자들이 디지털 전환 조직에서 역량을 성장시키고 싶어 내부 전환 배치를 희망하는 경우가 많다. 하지만 기존 조직에서 이동을 억제하는 경우가 많다. 디지털 전환 전담 조직을 구성하고 인력을 충원하며 운영할 때 종종 겪는 자연스러운 저항력이다. 누가 인재를 뺏기고 싶겠는가. 그러나 회사의 미래를 위해서는 기존 조직의 도메인 전문성을 가진 인재가 디지털 전환 조직으로 이동하는 것이 필요하다. 내부 인재들이 디지털 전환 조직으로 계속 유입하는 것은 전체 조직의 디지털 변화를 가속하는 데 큰 도움이 된다.

기존 조직의 저항을 겪으며 어렵게 확보한 인재 중 일부는 다양한 기술과 경험을 쌓은 후에 다른 기업에서 더 좋은 조건을 제시받아 전직하기도 한다. 전체 인원 중 약 10%에 달하는 때도 있다. A급 인재는 승진과 보상을 통해 기업 내에서 잘 관리되지만 그런 대우를 못 받는 인재는 타 회사의 더 나은 보상 제안을 거절하기 쉽지 않다. 그렇지만 이런 인재 이동은 어느 정도는 필연적이다. 인재 밀도가 높은 조직에서는 B급 대우를 받지만 인재 밀도가 낮은 다른 회사에서 A급 인재로 대우받는 기회를 가지는 것은 좋은 일이다. 잘 나가는 조직을 외부에서 주목하고 탐내는 건 자연스러운 현상이며 그간의 인재에 대한 투자가 성공했다는 증거다.

디지털 전환 전담 조직은 초기에 특히 A급 인재의 역량이 디지털 전환의 결과를 결정할 정도로 절대적이다. 하지만 어느 조직도 완벽한 인재만으로 조직을 채울 수는 없다. 우수 인재의 영입만큼 중요한 건 구성원 모두가 성장을 경험할 수 있는 조직문화와 시스템이다. 디지털 전환 책임자는 각 구성원의 핵심역량을 파악해 팀을 구성하고 관리해야 한다. 각각의 전문가가 가장 잘할 수 있는 분야에 집중하여 적재적소에 인재를 배치하는 것이 중요하다.

때로는 구성원들이 이전에 경험하지 못한 새로운 업무에 도전해야 할 필요가 있다. 예를 들어 데이터 거버넌스와 같은 업무는 소프트웨어 품질 관리 경험이 있거나 다양한 조직과의 커뮤니케이션 능력이 뛰어난 구성원에게 맡길 수 있다. 이 경우에 후보자에게 인터뷰와 설득 과정을 통해 새로운 역할에 대한 흥미와 열정을 불러일으킬 수 있다. 역량에 맞는 올바른 역할을 준다면 구성원들은 새로운 업무를 수행하는 과정에서 자신도 몰랐던 새로운 직무 역량을 발견하고 성장하는 기회를 가질 수 있다. 실제로 그렇게 데이터 거버넌스 업무를 맡았던 책임자는 그 경험을 인정받아 다른 회사에 디지털 전환 책임 임원으로 스카우트되었다.

우리 사회는 전통적으로 한 직장에서 오래 근속하는 것을 중요시해 왔다. 그러나 IT 업계, 특히 해외 IT 기업에서는 2, 3년마다 직장을 옮기는 게 일반적인 현상으로 자리 잡았다. 책임감이 결여된 행동이 아니라 다양한 경험을 쌓고 역량을 확장하는 과정의 일부다. 성장한 인재들은 자신의 비전과 목표에 따라 새로운 기회를 탐색한다. 그들의 이동은 다른 인재들에게 자리를 열어주어 다른 차원의 조직 성장을 가능하게 한다. 이러한 흐름은 소프트웨어 및 IT 분야의 동적인 생태계의 특징이자 장점이다.

성장해서 떠나는 조직은 역설적으로 좋은 내부 인재들이 앞다퉈 오길 원한다. 디지털 전환 전담 조직은 내부의 인재들이 서로 지원하는 조직, 외부에서 데려가고 싶은 인재가 많은 조직, 더 나은 대우를 받고 떠날 수 있는 조직이 되어야 한다. 내부 인재들이 성장할 수 있는 환경을 조성하는 게 무엇보다 중요하다. 그렇지 못하면 디지털 전환 과정 중에 필요한 인재를 확보하고 유지하는 데 어려움을 겪고 결국 조직 내 형성된 인재 풀도 소진될 수 있다.

4

변화와 혁신을 위한 학습조직을 만들어라

디지털 전환 조직은 변화에 능동적으로 대응하고 지속해서 진화하며 적응하는 역량을 갖춘 학습조직이어야 한다. 현재 디지털 시대의 급변하는 환경에서 모든 기업은 학습조직으로의 변신이 필수적이다. 특히 혁신을 주도하는 디지털 전환 전담 조직에서는 더욱 중요하다.

디지털 전환 조직은 왜 반드시 학습조직이어야 하는가. 첫째, 기술의 변화에 대한 빠른 대응이 필요하기 때문이다. 디지털 분야는 어느 분야보다 빠르게 변화한다. 새로운 기술, 플랫폼, 도구 및 방법론 등이 계속 등장하며 기존의 방식이나 기술은 금방 구식이 되어버린다. 이런 변화에 유연하게 대응하려면 조직 스스로 학습을 통해 계속해서 성장하는 역량이 필수다.

둘째, 지속적인 혁신이 가능해야 하기 때문이다. 경쟁사와 차별화하고 시장을 선도하기 위해서는 지속적인 혁신이 필수적이다. 학습조직은 새로운 아이디어와 접근법을 계속 학습하고 실패에서도 배우는 문화를 가지고 있어야 지속적인 혁신이 가능하다.

셋째, 변화하는 고객 요구사항에 대응하기 위해서다. 디지털 시대의 고객들은 요구사항이 빠르게 변하고 개인화된 서비스를 원한다. 학습조직은 고객의 변화하는 요구사항을 빠르게 파악하고 적절한 해결책을 찾아낼 수 있다.

넷째, 복잡한 문제를 계속해서 해결해야 하기 때문이다. 디지털 전환은 복잡한 문제 해결의 연속이다. 학습조직은 문제 해결 과정에서 배운 내용을 지속해서 축적할 수 있어야 점점 더 복잡해지는 문제에 대응할 수 있다.

마지막으로 구성원이 전문가로서 성장해야 하기 때문이다. 학습조직은 개인의 성장을 지원하여 구성원들의 만족도와 헌신도를 높이며 재능 있는 인력을 끌어들이고 유지하는 데 도움을 준다. 디지털 전환은 기본적으로 학습조직으로의 변화를 통해 구성원들에게 빠른 성장의 기회를 제공할 수 있다.

디지털 전환은 근본부터 기술을 완전히 새롭게 개발하는 것이 아니다. 성공적인 디지털 전환은 문제를 해결하는 데 필요한 최적의 기술과 도구를 효율적으로 아웃소싱하고 활용하는 능력이 핵심이다. 디지털 전환 조직은 퍼블릭 클라우드라는 거인의 어깨를 빌려 짧은 시간 내 글로벌 수준으로 조직을 빌드업하는 과정을 밟는다. 이 과정에서 퍼블릭 클라우드를 통한 디지털 전환은 구성원들에게 자연스러운 학습 기회를 제공하며 높은 수준의 디지털 전문가로 성장시키는 효과를 얻는다. 기존의 하드웨어 중심의 소프트웨어 엔지니어가 인공지능과 빅데이터 기술의 전문가로 빠르게 전환하는 것이 가능하다. 이러한 변화에는 조직의 적극적인 학습 지원이 필수다.

LG전자에서 내가 있던 센터는 컴퓨팅 인프라를 아마존웹서비스 퍼블릭 클라우드로 전환한 후에 적극적으로 직원들의 클라우드 기술 자격증 취득을 지원했다. 기존 레거시 인프라의 역량을 신속하게 클라우드 네이티브 역량으로 전환해 클라우드 기반으로 디지털 전환을 진행하기 위해서였다. 매년 여러 명의 개발자를 글로벌 아마존웹서비스 콘퍼런스에 참가시키고 팀별 자격증 취득 비율을 성과 평가 지표로 삼았다.

학습은 구성원에만 국한되는 것이 아니다. 디지털 전환 조직 책임자도 학습의 중요한 주체다. 나는 아마존웹서비스의 글로벌 최고정보책임자 커미티 멤버로 활동하며 매년 아마존 클라우드의 최신 기술을 미리 접할 수 있었다. 아마존웹서비스는 새로운 기술을 출시하기 6개월 전에 최고정보책임자 커미티 멤버들에게 먼저 공개했기 때문이다. 이 자리는 새로운 디지털 기술은 물론이고 다른 선진 기업들의 디지털 전환 성공 사례를 통해 학습하는 귀중한 기회였다.

사물인터넷이 중요한 트렌드로 부상하자 아마존웹서비스는 LG전자와 같은 고객의 요구사항에 귀를 기울여 클라우드 플랫폼을 발전시켰다. 이러한 상호 학습의 관계는 LG전자가 스마트홈, 사물인터넷, 빅데이터, 인공지능 서비스 등에 클라우드 기술을 선도적으로 적용하는 데 도움이 되었다. 아마존웹서비스는 나를 포함한 LG전자의 팀 리더들을 본사로 여러 차례 초청하여 아마존웹서비스의 각 분야 기술 책임자과 직접 기술적 이슈들을 협의할 수 있도록 지원했다. 아마존웹서비스에도 디지털 전환 분야 확장을 위해 클라우드의 얼리 어답터 기업 의견을 제품에 반영하는 좋은 기회였다. 아마존의 고객 집착의 힘이 고객으로부터의 학습에서 나온다는 것을 그때 제대로 실감할 수 있었다.

학습조직으로의 변화는 단순한 교육 지원만으로는 충분치 않다. 실전을 통해 배우는 실제 현장 경험을 통한 학습이 중요하다. 일반적인 빅데이터 교육은 정제된 데이터를 기반으로 이론 위주로 진행된다. 그러나 실제 현장에서는 불규칙하고 누락된 부분이 많으며 예상치 못한 값이 포함된 데이터를 다루어야 한다. 이러한 데이터를 가비지Garbage 데이터라고 한다. 데이터 엔지니어와 데이터 사이언티스트는 가비지 데이터로 시작해서 문제를 해결해 나가야 한다. 누락된 부분을 보완하고 이상한 데이터를 식별하고 수정하며 데이터의 품질을 향상시키는 등의 문제를 해결해야 한다.

실무에서는 데이터의 크기, 복잡도, 분석 요구사항 등이 수시로 변한다. 변화가 상수인 환경에서 빠르게 적용하고 필요한 기술과 방법론을 습득하는 것은 이론 교육만으로는 얻을 수 없고 반드시 경험적 지식을 통해 얻어야 한다. 빅데이터의 세계에서는 실전 경험이 매우 중요하다. 현장에서 다양한 문제에 봉착하고 이를 해결하는 실전을 통해 문제 해결 능력과 분석 능력이 급속도로 향상된다.

5

실전 경험 중심의 학습 문화를 만들어라

LG전자 디지털 전환 전담 조직의 인재 투자 성과는 빠르게 나타났다. 불과 4명이었던 빅데이터 전문가 조직은 3년 뒤에는 약 70명의 조직으로 성장했고 클라우드 플랫폼 조직은 20여 명으로 시작해서 약 100명 이상의 조직으로 성장했다. 이 성장 기간에 LG전자의 디지털 전환도 순항했다. 디지털 전환 책임자로서 집중한 것은 바로 인재에 대한 투자였다. 적극적인 내외부 채용을 통해 우수 인재를 확보하고 기술 교육을 병행하여 직원들의 역량을 강화했다. 또한 실전 경험 중심의 학습 문화를 정착시켰다.

이러한 접근은 LG전자의 디지털 전환 전담 조직이 빠르게 성장해서 기술적 역량을 키워 디지털 전환에서 중요한 성과를 달성하는 데 결정적인 역할을 했다. 인재에 대한 지속적인 투자와 교육 그리고 실전 중심의 업무 문화는 디지털 전환 조직의 성공을 위한 핵심 요소임을 입증했다. 실제 업무에서의 디지털 전환 수행 과정을 효과적인 학습 기회로 전환하는 책임은 전적으로 리더에 있다. 디지털 전환 책임자는 '모든 구성원의 커리어 성장'을 조직 운영의 핵심 목표로 설정해야 한다. 각 팀의 리더들도 서로의 지식과 경험을 공유하고 학습을 촉진하는 환경을 조성하는 역할을 해야 한다.

디지털 전환은 이론적 지식을 넘어 실전적인 문제 해결 경험이 중요하다. LG전자의 디지털 전환 조직은 디지털 전환 과제의 해결 과정과 결과를 협업 플랫폼에 연구 노트처럼 기록하여 실전에서의 경험을 공유하고 학습 자료로 활용했다. 이 기록에는 각 과제에 사용된 기술의 상세한 설명과 문제 해결 방법이 포함되었다. 조직 구성원들은 이런 내용을 제한 없이 접근할 수 있었다.

또한 디지털 전환 조직의 구성원들은 자발적으로 정기적인 기술 스터디를 진행했다. 이 스터디의 목적은 새로운 기술의 문제 해결 가능성을 탐구하고 프로토타이핑을 통해 확인하는 것을 포함했다. 이러한 접근 방식의 핵심은 개발자들이 단순히 기술에만 집중하지 않고 실험을 통해 실용적인 문제 해결 방법을 찾는 것이다. 리더와 팀은 프로토타이핑 결과물을 실제 서비스에 어떻게 활용할지 아이디어를 논의하고 이를 과제로 구체화했다.

아마존의 경영 원칙인 고객 집착은 고객의 필요와 불편을 '집착에 가까울 정도로' 깊이 이해하는 것이 문제를 해결하는 혁신의 시작이라는 철학에서 비롯됐다. 아마존의 철학은 디지털 전환 성공의 원칙이기도 하다. 디지털 전환 조직은 고객과 내부 수요조직의 피드백으로부터 배우고 그 배움을 통해 문제를 해결해 나가는 자세를 가져야 한다.

　디지털 전환 조직의 학습 활동은 조직의 성장과 발전에 결정적인 역할을 한다. 하지만 이런 활동이 조직의 비전과 가치와 연결되지 않으면 개인의 성장을 위한 활동으로 제한될 수 있다. 조직의 학습 원칙은 개인의 성장이 조직의 발전과 성과로 연결되어야 한다는 것이다. 따라서 조직은 디지털 전환의 비전과 목표를 구성원들이 잘 이해하고 이를 개인의 목표와 연동시킬 수 있는 방법을 찾아야 한다.

　나는 LG전자에서 이러한 학습 활동을 위해 구글의 목표 및 핵심 결과지표 성과관리 기법을 도입했다. 이 기법을 통해 각 팀의 리더와 구성원들은 조직의 목표인 '왜Why-Objective'를 명확히 정의하고 '무엇을 달성할 것인가What-Key Results'에 합의했다. 덕분에 조직의 목표와 각 팀의 목표를 일치시키고 이들 사이에 명확한 연결 고리를 형성할 수 있었다. 이러한 접근은 구성원들이 조직의 전체적인 목표를 이해하고 자신의 역할이 조직의 목표 달성에 어떻게 기여하는지를 인식하도록 도울 수 있다.

6

모든 직원의 디지털화를 꾀하라

    디지털 전환은 소프트웨어 역량의 내재화가 필수다. 시작은 외부에서 디지털 DNA를 가져와 내부에 이식하는 것이지만 스스로 디지털 DNA를 배양하고 조직의 구석구석에 확산시키지 못하면 실패한다. 그렇다면 디지털 DNA란 무엇인가. 결국 '사람'이다. 디지털 기업으로의 전환은 곧 구성원의 변화다. 전문가 양성 못지않게 중요한 과제는 바로 전 구성원의 디지털화다.

    기업은 디지털 전환 관련 새로운 직무를 설계할 때 기존 소프트웨어 직무와는 다른 특별한 기술과 지식을 요구하는 직무를 검토해야 한다. 예를 들어 데이터 사이언티스트, 데이터 엔지니어, 인공지능과 머신러닝 엔지니어, 클라우드 아키텍트 등이 있다. 또한 전략기획 직무와는 별도로 디지털 전략 직무를 고려할 수 있다.

    디지털 전환 직무 정의의 신설은 다음과 같은 이유로 필요하다.

첫째, 구체적인 역할과 책임을 명확하게 제시해 인사팀이 적합한 지원자를 선별하고 교육 및 훈련 프로그램을 효과적으로 설계하고 실행하게 한다. 둘째, 필요한 기술과 역량을 파악하여 회사와 구성원들에게 커리어 발전 경로를 제시하고 미래 역량 개발 계획을 수립하는 데 도움을 준다.

전 사원 대상의 디지털 전환 교육은 디지털 전환 전담 조직이 단독으로 감당하기 어려운 일이다. 전사 교육 조직과 협력해 디지털 전환 커리큘럼을 개발하는 것이 바람직하며 기존의 소프트웨어 커리큘럼을 활용하고 확장하는 것이 효과적이다. 인공지능, 빅데이터, 클라우드 등의 디지털 기술은 기본적으로 소프트웨어 지식을 기반으로 하기 때문이다. 현장에서 '디지털 전환이 우리에게 왜 필요한가?'라는 의문을 제기하는 구성원들이 많다는 사실에 주목할 필요가 있다. 이러한 의문은 단순히 디지털 전환에 대한 지식이나 기술의 부족 때문이 아니다. 소프트웨어 및 디지털 기술의 가치에 대한 근본적인 이해 부족에서 비롯될 수 있다.

많은 사람이 소프트웨어 역량을 단순히 코딩 능력이나 특정 기술 지식으로 한정 짓는 경향이 있다. 그러나 실제로 소프트웨어 역량은 훨씬 광범위한 개념이다. 소프트웨어 설계 원칙의 이해, 다양한 개발 방법론의 활용 능력, 소프트웨어 맥락에서의 문제 해결 능력, 그리고 알고리즘 및 데이터 구조에 대한 지식 등을 포함한다. 또한 효과적인 팀워크, 사용자의 요구와 소프트웨어의 유용성 이해, 최신 기술 및 업계 동향에 대한 지속적인 관심도 중요한 요소이다. 소프트웨어가 기술 생태계 내에서 어떻게 개념화되고 생성되며 유지되고 발전하는지에 대한 포괄적인 이해가 필요하다.

소프트웨어는 단순한 도구가 아니다. 소프트웨어에 대한 이해와 역량은 비즈니스 모델을 혁신하고 경쟁력을 강화하고 고객 경험을 향상하는 핵심 요소다. 따라서 디지털 전환 교육은 단순한 기술 전수가 아니라 각 구성원의 직무에 맞는 교육을 통해 조직의 디지털 변화에 대한 인식과 접근 방식을 변화시키는 과정으로 설계되어야 한다. 그렇다면 어떻게 전 사원을 대상으로 디지털 전환 교육을 효과적으로 진행할 수 있을까? 업계의 모범사례를 바탕으로 몇 가지 방안을 고려할 수 있다.

먼저 디지털 전환의 의미에 대한 교육이다. 디지털 전환이 단순히 기술적인 문제가 아니라 조직 전체의 비즈니스 전략과 연계된 중요한 주제임을 강조하는 교육이 필요하다. 디지털 전환의 성공과 실패 사례를 공유하고 그 원인과 결과에 관해 토론함으로써 구성원들이 디지털 전환의 중요성을 체감하도록 한다.

둘째, 실무 연계 교육이다. 연구개발, 생산공정, 공급망관리, 영업 및 마케팅, 재무 회계, 인사와 행정에 이르기까지 디지털 전환 적용 영역은 실로 다양하다. 영역별로 디지털 전환이 어떻게 적용될 수 있는지 그리고 그 효과는 무엇인지에 대한 교육을 진행한다. 이를 통해 구성원들이 자신의 일상 업무와 디지털 전환을 연결 짓는 데 도움을 준다.

셋째, 단계별 교육 프로그램이다. 모든 사원이 같은 수준의 디지털 역량을 가지고 있지 않으므로 기본적인 디지털 리터러시Digital Literacy부터 고급 인공지능과 머신러닝 기술까지 다양한 레벨의 교육이 필요하다. 사원들의 현재 역량을 평가하여 각 레벨에 맞는 교육 프로그램을 설계하고 제공하는 것이 중요하다.

넷째, 실습 중심의 교육이다. 이론적인 지식 전달보다는 실제 업무 상황에서 마주칠 수 있는 문제나 사례를 중심으로 교육을 진행하는 것이 효과적이다. 이를 통해 사원들은 지식을 실제 업무에 적용하는 능력을 키울 수 있다. 현업 조직이 실제 문제와 데이터를 교육에 활용하여 팀 프로젝트 형식으로 진행하는 것이 큰 도움이 된다.

다섯째, 경험이 풍부한 사내 디지털 전환 전문가나 리더들이 주기적으로 워크숍을 개최하거나 개인 멘토링을 통해 학습 효과를 극대화할 수 있다.

여섯째, 교육 수료자에게 성과 평가나 디지털 전환 직무 전환 시 인센티브를 제공하는 것으로 조직의 디지털 리터러시를 높이고 디지털 조직 성장에 도움이 될 수 있도록 한다.

마지막으로 디지털 전환 리더십 교육이다. 상위 경영진과 리더들이 디지털 전환의 중요성을 강조하고 본인들도 해당 교육에 참여하여 구성원들의 참여 의지를 높인다.

전 사원의 디지털 역량 향상을 위한 교육은 전략적이고 체계적인 접근이 필요하다. 조직의 특성과 필요에 맞는 교육 프로그램을 설계하고 실행하는 것이 중요하다.

참고문헌

1. Bain & Company. From the vision to transformation: Digitalization must be given top priority. 2018년 https://www.bain.com/insights/digitalisierung-ist-chefsache-2018/.

2. BCG. Companies Can Flip the Odds of Success in Digital Transformations from 30% to 80%. 2022년 https://www.bcg.com/press/29october2020-companies-can-flip-the-odds-of-success-in-digital-transformations-from-30-to-80.

3. Bosch. Nexeed — welcome to the smart factory. 2023년 https://www.bosch.com/stories/nexeed-smart-factory/.

4. Boston Consulting Group. Flipping the Odds of Digital Transformation Success. 2020년 https://www.bcg.com/publications/2020/increasing-odds-of-success-in-digital-transformation.

5. Boston Consulting Group. Organizing for Digital Innovation. 2018년 https://www.bcg.com/publications/2018/most-innovative-companies-2018-organizing-digital.

6. Business Wire. C-Suite Threatens Digital Transformation Success as Managers Struggle with Disruptions 2.5x More, According to ABBYY Survey. 2021년 https://www.businesswire.com/news/home/20210608005313/en/C-Suite-Threatens-Digital-Transformation-Success-as-Managers-Struggle-with-Disruptions-2.5x-More-According-to-ABBYY-Survey.

7. Centric Digital. BIG DATA VISUALIZATION OFFERS THE KEY TO BETTER COLLABORATION. 2015년 https://www.centricdigital.com/blog/big-data-sharing.

8. Centric Digital. HOW BURBERRY EMBRACED DIGITAL AND TRANS-FORMED INTO A LEADING LUXURY BRAND. 2022년 https://www.centricdigital.com/blog/digital-transformation-in-traditional-fashion-burberry.

9. Computer Weekly. BBC's DMI project failure is a warning to all organisations. 2013년 https://www.computerweekly.com/opinion/BBCs-DMI-project-failure-is-a-warning-to-all-organisations.

10. Deloitte. Designing the modern digital function. 2021년 https://www.deloitte.com/global/en/our-thinking/insights/topics/digital-transformation/industry-4-0/chief-digital-officer-digital-transformation-journey.html.

11. Elon Musk. All Our Patent Are Belong To You. 2014년 https://www.tesla.com/blog/all-our-patent-are-belong-you.

12. Eric Stolterman, Anna Croon Fors. Information Technology and the Good Life. 2004년. https://www.researchgate.net/publication/46298817_Information_Technology_and_the_Good_Life.

13. Financial Review. Tim Cook surprised everyone by making Apple a $US3trn compa-

ny. 2022년 https://www.afr.com/markets/equity-markets/tim-cook-surprised-everyone-by-making-apple-a-us3trn-company-20220110-p59n07.

14. Flexera. 2023 State of the Cloud Report. 2023년 https://info.flexera.com/CM-RE-PORT-State-of-the-Cloud?lead_source=Website%20Visitor&id=Flexera.com-PR&_gl=1*geat2t*_gcl_au*MTUwMTU1Njk2NS4xNzAzNDA4NzQz.

15. Forbes. Companies That Failed At Digital Transformation And What We Can Learn From Them. 2019년 https://www.forbes.com/sites/blakemorgan/2019/09/30/companies-that-failed-at-digital-transformation-and-what-we-can-learn-from-them/?sh=53f12da6603c.

16. Forbes, Blake Morgan. 7 Examples Of How Digital Transformation Impacted Business Performance. 2019년

17. Fujitsu. Digital transformation trends in retail. 2021년 https://www.fujitsu.com/global/solutions/industry/retail/digital-transformation-trends-retail.html.

18. Goldman Sachs. Generative AI could raise global GDP by 7%. 2023년 https://www.goldmansachs.com/intelligence/pages/generative-ai-could-raise-global-gdp-by-7-percent.html.

19. Harvard Business Review. Discovery-Driven Digital Transformation. 2020년 https://hbr.org/2020/05/discovery-driven-digital-transformation.

20. IDC. Worldwide Digital Transformation Spending Guide. 2023년

21. Interbrand. Best Global Brands 2023. 2023년 https://interbrand.com/best-global-brands/.

22. Iskender Dirik. The Multiple Layers of Digital Transformation and AI Transformation. 2018년 https://community.thriveglobal.com/the-multiple-layers-of-digital-transformation-and-ai-transformation/.

23. Karl E. Weick. Small Wins. 1984년 https://homepages.se.edu/cvonbergen/files/2013/01/Small-Wins_Redefining-the-Scale-of-Social-Problems.pdf.

24. McKinsey & Company. Can IT rise to the digital challenge?. 2018년 https://www.mckinsey.com/capabilities/mckinsey-digital/our-insights/can-it-rise-to-the-digital-challenge.

25. McKinsey & Company. Disrupting the disruptors: Business building for banks. 2021년 https://www.mckinsey.com/industries/financial-services/our-insights/disrupting-the-disruptors-business-building-for-banks.

26. McKinsey & Company. Enabling a digital and analytics transformation in heavy-industry manufacturing. 2019년 https://www.mckinsey.com/capabilities/operations/our-insights/enabling-a-digital-and-analytics-transformation-in-heavy-industry-manufacturing.

27. McKinsey & Company. Every company is a software company: Six 'must dos' to succeed. 2022년 https://www.mckinsey.com/capabilities/mckinsey-digital/our-

insights/every-company-is-a-software-company-six-must-dos-to-succeed.

28. McKinsey & Company. Five facts: How customer analytics boosts corporate performance. 2014년 https://www.mckinsey.com/capabilities/growth-marketing-and-sales/our-insights/five-facts-how-customer-analytics-boosts-corporate-performance.

29. McKinsey & Company. In digital and AI transformations, start with the problem, not the technology. 2023년 https://www.mckinsey.com/capabilities/strategy-and-corporate-finance/our-insights/in-digital-and-ai-transformations-start-with-the-problem-not-the-technology.

30. McKinsey & Company. Losing from day one: Why even successful transformations fall short. 2021년 https://www.mckinsey.com/capabilities/people-and-organizational-performance/our-insights/successful-transformations.

31. McKinsey & Company. Matching the right projects with the right resources . 2017년 https://www.mckinsey.com/capabilities/operations/our-insights/matching-the-right-projects-with-the-right-resources.

32. McKinsey & Company. Modern CPG product development calls for a new kind of product manager. 2020년 https://www.mckinsey.com/capabilities/mckinsey-design/our-insights/modern-cpg-product-development-calls-for-a-new-kind-of-product-manager.

33. McKinsey & Company. Notes from the AI frontier: Applications and value of deep learning. 2018년 https://www.mckinsey.com/featured-insights/artificial-intelligence/notes-from-the-ai-frontier-applications-and-value-of-deep-learning.

34. McKinsey & Company. Products and platforms: Is your technology operating model ready?. 2020년 https://www.mckinsey.com/capabilities/mckinsey-digital/our-insights/products-and-platforms-is-your-technology-operating-model-ready.

35. McKinsey & Company. The State of Organizations 2023: Ten shifts transforming organizations. 2023년 https://www.mckinsey.com/capabilities/people-and-organizational-performance/our-insights/the-state-of-organizations-2023?stcr=AC A88B5C31B64F5FB41613522AF6F202&cid=other-eml-ttn-mip-mck&hlkid= 54506f000c5445b388679345134b30dc&hctky=15252055&hdpid=ffb3e8fd-24.

36. McKinsey & Company. The Value of Digital Transformation. 2023년 https://hbr. org/2023/07/the-value-of-digital-transformation.

37. McKinsey & Company. Three new mandates for capturing a digital transformation's full value. 2022년 https://www.mckinsey.com/capabilities/mckinsey-digital/our-insights/three-new-mandates-for-capturing-a-digital-transformations-full-value.

38. McKinsey & Company. Unlocking success in digital transformations. 2018년 https://www.mckinsey.com/capabilities/people-and-organizational-performance/our-insights/unlocking-success-in-digital-transformations.

39. McKinsey & Company. What is business transformation?. 2023년 https://www.mckinsey.com/featured-insights/mckinsey-explainers/what-is-business-transformation.

40. McKinsey & Company. What matters in customer-experience transformations. 2019년 https://www.mckinsey.com/capabilities/growth-marketing-and-sales/our-insights/what-matters-in-customer-experience-cx-transformations.

41. McKinsey & Company. 'The ghost in the machine': Managing technology risk. 2016년 https://www.mckinsey.com/capabilities/risk-and-resilience/our-insights/the-ghost-in-the-machine-managing-technology-risk.

42. McKinsey & Company. 'Transformer in chief': The new chief digital officer. 2015년 https://www.mckinsey.com/capabilities/people-and-organizational-performance/our-insights/transformer-in-chief-the-new-chief-digital-officer.

43. McKinsey Digital. An AI power play: Fueling the next wave of innovation in the energy sector. 2022년 https://www.mckinsey.com/capabilities/mckinsey-digital/how-we-help-clients/an-ai-power-play-fueling-the-next-wave-of-innovation-in-the-energy-sector.

44. McKinsey Digital. The economic potential of generative AI: The next productivity frontier. 2023년 https://www.mckinsey.com/capabilities/mckinsey-digital/our-insights/the-economic-potential-of-generative-ai-the-next-productivity-frontier#introduction.

45. McKinsey Digital. The economic potential of generative AI: The next productivity frontier. 2023년 https://www.mckinsey.com/capabilities/mckinsey-digital/our-insights/the-economic-potential-of-generative-ai-the-next-productivity-frontier?cid=other-eml-ttn-mip-mck&hlkid=5b5d1e3bf106422d8c052b1c9d84cf0c&hctky=15252055&hdpid=ffb3e8fd-2477-44be-8528-6edf703.

46. McKinsey Global Institute. Generative AI and the future of work in America. 2023년 https://www.mckinsey.com/mgi/our-research/generative-ai-and-the-future-of-work-in-america.

47. MIT Center for Digital Business and Capgemini Consulting. DIGITAL TRANSFORMATION: A ROADMAP. 2011년 https://www.capgemini.com/wp-content/uploads/2017/07/Digital_Transformation__A_Road-Map_for_Billion-Dollar_Organizations.pdf.

48. MIT Technology Review. Nvidia CEO: Software Is Eating the World, but AI Is Going to Eat Software. 2017년 https://www.technologyreview.com/2017/05/12/151722/nvidia-ceo-software-is-eating-the-world-but-ai-is-going-to-eat-software/.

49. Mukesh Rathi. Three Cs to accelerate the flywheel of Digital Transformation. 2023년 https://www.linkedin.com/pulse/three-cs-accelerate-flywheel-digital-transformation-part-mukesh-rathi/.

50. Nike. NIKE, Inc. Reports Fiscal 2023 Fourth Quarter and Full Year Results. 2023

년 https://about.nike.com/en/newsroom/reports/nike-inc-reports-fiscal-2023-fourth-quarter-and-full-year-results.

51. PC Magazine. IDC: The "Digital-First Enterprise" Will Be Half of the Economy by 2023. Are You Ready?. 2020년 https://www.pcmag.com/news/idc-the-digital-first-enterprise-will-be-half-of-the-economy-by-2023-are.

52. PTC. The Role of Artificial Intelligence in Digital Transformation. 2023년 https://www.ptc.com/en/blogs/corporate/artificial-intelligence-digital-transformation.

53. PwC. Review of the BBC's management of DMI. 2013년 https://downloads.bbc.co.uk/bbctrust/assets/files/pdf/review_report_research/vfm/dmi/pwc_dmi.pdf.

54. Stanford University Human-Centered Artificial Intelligence. Artificial Intelligence Index Report. 2023년 https://aiindex.stanford.edu/wp-content/uploads/2023/04/HAI_AI-Index-Report_2023.pdf.

55. Stanford University Human-Centered Artificial Intelligence. Generative AI: Perspectives from Stanford HAI. 2023년 https://hai.stanford.edu/generative-ai-perspectives-stanford-hai.

56. TechTarget CIO. How AI impacts digital transformation. 2023년 https://www.techtarget.com/searchcio/tip/How-AI-impacts-digital-transformation.

57. The Manufacturer. Gauging the mood of UK Manufacturing. 2019년

58. The Strategy Group. Digital Transformation Failures, and How we can learn from them. 2021년 https://www.thestrategygroup.com.au/digital-transformation-failures-2021/.

59. Thomas Gryta, Ted Mann. Lights Out : Pride, Delusion, and the Fall of General Electric. 2020년 https://www.amazon.com/Lights-Out-Delusion-General-Electric/dp/0358250412.

60. 삼성전자 반도체 뉴스룸. 삼성전자-네이버, AI 반도체 솔루션 개발 협력. 2022년 https://bit.ly/3iE9XFx.

61. 이투데이. 쏟아지는 토종 '생성형 AI'…수익 모델 고민 속 '밑 빠진 독' 우려. 2023년

62. 전자신문. 전체 VC 투자 중 CVC 비중 31%…"중견기업 CVC 지원해야". 2023년

63. 중앙일보. 국가 시스템을 '구멍가게'처럼 개발…"1만 7,000개 설계부터 뜯어봐야". 2023년 https://n.news.naver.com/article/009/0005220903?cds=news_edit.

64. 중앙일보. 맥킨지 "세계 은행권, AI 활용 시 매년 446조 원 가치 창출 가능". 2023년 https://news.koreadaily.com/2023/12/05/society/international/20231205233834811.html.

65. 중앙일보. 스벅 사이렌 오더 · 나이키 AR… '디지털 전환' 뒤엔 CEO 있었다. 2022년 https://www.joongang.co.kr/article/25113284#home.

66. 최숙영. 제4차 산업혁명 시대의 디지털 역량에 관한 고찰. 2018년 https://kdai-lab.tistory.com/12.

67. 한국산업진흥기술협회. 기업의 디지털 전환 추진현황 및 실태조사. 2023년 http://dt-quarterly.koita.or.kr/202309-news/%EA%B8%B0%EC%97%85%EC%9D%98-%EB%94%94%EC%A7%80%ED%84%B8-%EC%A0%84%ED%99%98DT-%EC%B6%94%EC%A7%84-%ED%98%84%ED%99%A9-%EB%B0%8F-%EC%8B%A4%ED%83%9C%EC%A1%B0%EC%82%AC.

The DX 더 디엑스
: 디지털 전환 실행 교과서

초판 1쇄 인쇄 2024년 2월 19일
초판 1쇄 발행 2024년 2월 27일

지은이 최성호
펴낸이 안현주

기획 류재운 **편집** 송무호 안선영 김재열 **브랜드마케팅** 이승민 **영업** 안현영
디자인 표지 정태성 본문 장덕종

펴낸 곳 클라우드나인 **출판등록** 2013년 12월 12일(제2013 – 101호)
주소 우) 03993 서울시 마포구 월드컵북로 4길 82(동교동) 신흥빌딩 3층
전화 02 – 332 – 8939 **팩스** 02 – 6008 – 8938
이메일 c9book@naver.com

값 20,000원
ISBN 979 – 11 – 92966 – 58 – 8 03320